本书是教育部大中小学思政课一体化共同体（辽宁省）的阶段性成果

本书是全国高校思政课名师工作室项目（辽宁大学）的阶段性成果
项目批准号：21SZJS21010140

本书是 2023 年度高校思想政治工作质量提升综合改革与精品建设项目《基于"真实问题"的"一网两翼五维"实践育人体系研究与实践》的阶段性成果。

辽宁省"大中小学思政课一体化建设"专题教学设计丛书

坚持党的领导融入大中小学思想政治理论课一体化教学设计案例集

洪晓楠 谢晓娟 高亮 王建 主编

谢晓娟 胡承波 丛书主编

辽宁人民出版社

图书在版编目（CIP）数据

坚持党的领导融入大中小学思想政治理论课一体化教
学设计案例集 / 谢晓娟, 高亮, 王建主编. -- 沈阳：
辽宁人民出版社, 2025.2. -- (辽宁省"大中小学思政
课一体化建设"专题教学设计丛书 / 洪晓楠, 谢晓娟,
胡承波主编). -- ISBN 978-7-205-11449-7

Ⅰ. D64

中国国家版本馆CIP数据核字第2025J4F980号

出版发行：辽宁人民出版社
　　　　　地址：沈阳市和平区十一纬路25号　邮编：110003
　　　　　电话：024-23284325（邮　购）　024-23284300（发行部）
　　　　　http://www.lnpph.com.cn
印　　刷：辽宁新华印务有限公司
幅面尺寸：170mm×240mm
印　　张：20.25
字　　数：315千字
出版时间：2025年2月第1版
印刷时间：2025年2月第1次印刷
责任编辑：娄　瓴
装帧设计：琥珀视觉
责任校对：吴艳杰
书　　号：ISBN 978-7-205-11449-7

定　　价：80.00元

辽宁省"大中小学思政课一体化建设"专题教学设计丛书

- 编 委 会 -

主 编

洪晓楠　谢晓娟　胡承波

编 委

（以姓氏笔画为序）

于海臣　马其南　王英伟　王明雪　王 建　王智莉

申淑征　刘 飞　刘继东　李洪军　张卫平　金国峰

胡承波　秦 明　袁 佺　贾玉明　钱英伟　徐丽曼

高 亮　蒋海彬　韩 影　谢晓娟　薛 孚

总　序

　　思想政治理论课是落实立德树人根本任务的关键课程，贯穿了国民教育体系的各学段。习近平总书记在学校思想政治理论课教师座谈会上强调，"在大中小学循序渐进、螺旋上升地开设思想政治理论课非常必要，是培养一代又一代社会主义建设者和接班人的重要保障"，提出"统筹推进大中小学思政课一体化建设"。党的二十大报告强调，"推进大中小学思想政治教育一体化建设"。在学校思想政治理论课教师座谈会召开五周年之际，习近平总书记对学校思政课建设作出重要指示，强调"深入推进大中小学思想政治教育一体化建设"。党的二十届三中全会通过的《决定》再次强调"推进大中小学思政课一体化改革创新"。

　　深入推进大中小学思想政治教育一体化建设，关系到"培养什么人、怎样培养人、为谁培养人"这个教育的根本问题。思政课贯穿人才培养的全过程，推进大中小学思政课一体化建设，是贯彻党的教育方针，肩负起为党育人、为国育才光荣使命的必然要求，是新时代党和国家推动思政课内涵式发展的一项重要部署，是思政课建设的时代要求和内在体现，是提高思政课教学质量及育人水平的必由之路，是落实立德树人根本任务的关键举措。如何针对不同学段学生的身心发展特点，遵循学生认知规律和教育教学规律设计教学内容、选择教学方法，是思政课教师面临的新任务和新挑战。

　　为进一步深入学习贯彻习近平总书记在学校思想政治理论课教师座谈会上的重要讲话精神，全面落实中共中央办公厅、国务院办公厅印发的《关于深化新时代学校思想政治理论课改革创新的若干意见》以及辽宁省委教育工委、辽宁省教育厅印发的《辽宁省进一步推进大中小学思政课一体化建设的若干举措》等文件精神，扎实推进辽宁省大中小学思政课一体化建设工作，辽宁省高校思想政治理论教育研究会、教育部大中小学思政课一体化共同体（辽宁省）面向全省各学校思政课教师开展了"大中小学思政课一体化建设"专题教学设计案例征集活动。

　　本次活动设立了九个专题，分别为坚持党的领导、传承中华优秀传统文化、弘扬时代精神、增强制度自信、铸牢中华民族共同体意识、法治中国建设、践行社会主义核心价值观、共筑国家安全防线、推进生态文明建设，大中小学不同学段思政课教师分别就以上专题融入大中小学思政课一体化设计教学案例。辽宁省高校思想政治理论教育研究会将教学设计案例征集活动中的优秀作品编辑出版，形成了辽宁省"大中小学思政课一体化建设"专题教学设计案例系列丛书。本套丛书按照一体化的思路，专题教学设计案例充分尊重各学段的不同特点，既强调各学段符合学生认知特点和教育规律的明显区分度，又强调循序渐进、螺旋上升的有效衔接度。

　　本套丛书是辽宁省在大中小学思政课一体化建设方面进一步探索与实践的成果，希望可以对广大教师在挖掘思政教育资源，推进大中小学思政课一体化建设等方面起到借鉴作用，为大中小学思政课一体化建设的高质量、内涵式发展作出一定的贡献。

　　由于时间仓促、水平有限，本套丛书中可能存在一些不足，望同行专家及广大读者批评指正。

2024 年 8 月

目 录

CONTENTS

星星之火可以燎原

沈河区二经街第二小学　杨一婷

一、课程基本信息

主讲课程：道德与法治

使用教材版本：人民教育出版社2019年版

教材章节出处：《道德与法治》五年级下册第三单元第九课《中国有了共产党》第二框题

二、教学设计概述

（一）教学设计思路

本课遵循"提出课题引发思索—云参观博物馆探究井冈山精神—课后实践发扬井冈山精神"的逻辑开展教学设计。通过课前调查了解学情，制定教学目标。根据心理发展规律，人们对一事物的真正认同需要经历知（了解、理解、掌握）、信（相信、信任、信仰）、行（拥护、维护、发展）等环节。相应地，"政治认同"教育也包括政治认知、政治感悟、政治践行三个层次，本课教学目标、教学设计思路与以上三个层次一一对应。

（二）理论依据

2022年版道德与法治课程标准明确指出，道德与法治课程要培养"五大核心素养"，其中"政治认同"是社会主义建设者和接班人必须具有的思想前提，作为"五大核心素养"之首，其重要性不言而喻。小学"政治认同"核心素养指具备热爱伟大祖国、中华民族、中华文化、中国共产党、中国特色社会主义的情感。遵循育人规律和成长规律，按照大中小学德育一体化的思路，确定本课的教学目标要对照其他学段目标。第一学段目标了解老一辈无产阶级革命家和英雄模范人物，对他们产生崇敬之情；第二学段目标结合革命故事，知道没有共产党就没有新中国，热爱中国共产党；第三学段目标是在"培养政治认同"这一核心素养下，探索近代以来中国人民为实现民族复兴所走过的艰难历程，感悟仁人志士的革命精神与爱国情怀，简要了解中国共产党的历史和革命传统；第四学段初步了解党史、新中国史、改革开放史、社会主义发展史，开展中国共产党人精神谱系教育。

本课是统编教材《道德与法治》五年级下册第三单元"百年追梦 复兴中华"中的第三课。本课包含三课时，内容分别是"开天辟地的大事"即中国共产党成立、"星星之火，可以燎原"即井冈山道路的开辟、"红军不怕远征难"即红军长征这三个重要历史事件，以时间为脉络，以精神为核心。学生通过分析和探究历史事件和历史人物，理解建党精神、井冈山精神、长征精神的内涵。所以本课的教学是为了初步了解党史、感悟革命精神、发扬革命传统，为初中学习"四史"打下基础。

（三）设计特色："优化教学方式 促进感悟建构"

1.创设云参观情境并贯穿始终。通过课题引导走进井冈山博物馆，教学过程中设置多种情境，学生体验多样化学习方法。设置议题式、小组合作式情境，分析两组资料，理解发动南昌起义和革命军转战井冈山原因，促进学生对"敢闯新路"这一井冈山精神的理解。在扮演红军宣布军规环节，用体验式情境，感悟"依靠群众求胜利"的精神。

2.精选案例，恰当运用，促进知行合一。博物馆中文字、图片、实物展品众多，教师需思索选择哪些案例能体现共产党人"艰苦奋斗"和"坚定执着追求理想"的革命精神。培养"政治认同"这一核心素养的课堂，教学内容的呈现要着重思考如何更加贴近学生的生活，让学生便于理解。学生都爱听故事，在众多红色故事中加以精选和提炼，恰到好处地运用到课堂教学中来，在展厅中精选三件展品，对应录制学生讲述毛泽东的油灯、朱德的扁担的故事和播放井冈山歌谣介绍三件展品，使他们在轻松愉快的氛围中学习知识，在故事情境中感悟道理，让学生愿意听、真相信、能思考，这样的课堂才能促进学生实现知行合一。

三、学情分析

五年级学生已经具备一定分析整理资料能力，他们的合作学习能力也在第一、第二学段得到充分培养。他们在思政课堂中初次接触党史，对于建党初期的历史，尤其是建立井冈山革命根据地和长征的历史没有深入细致的了解，仅仅是对相关名词有所耳闻。我通过调查问卷了解学情，一是了解学生对党史知识点的掌握程度，二是看学生是否理解共产党的精神内涵，仅有49%的学生能用无私奉献、艰苦朴素、为人民服务这种简单词语概括党的优良作风。可见学生对建立井冈山革命根据地的具体史实认识较模糊，更忽略了新时代如何传承井冈山精神。三是调查学生学习党史的兴趣方面，46%学生认为已有一定了解，46%学生感兴趣、但是不太了解。在学习形式上，86%学生学习党史时偏爱的学习方式是阅读书籍查资料，79%学生喜欢观看影视纪录片，70%学生愿意参观革命博物馆。本班学生喜爱阅读，多数学生能够通过阅读书籍和查找资料的方式进行课前预习。

四、教学目标

1.知道南昌起义的历史意义，知道中国共产党在井冈山创建了第一块农村革命根据地，培育了井冈山精神。

2.通过走进井冈山革命博物馆，了解井冈山革命根据地创建背景、发展过程和感人的故事，能对中国共产党产生认同和向往，理解敢闯新路、坚定执着、艰苦奋斗、依靠群众的井冈山精神内涵。

3.讨论新时代青少年应该如何弘扬光荣传统，赓续红色基因，结合学习和生活实际，制订具体可行的传承井冈山精神的行动计划。

五、教学重点难点

（一）教学重点

1.了解井冈山革命根据地创建背景、发展过程和感人的故事。

2.理解敢闯新路、坚定执着、艰苦奋斗、依靠群众的井冈山精神内涵。

（二）教学难点

1.理解井冈山精神"敢闯新路""坚定执着""艰苦奋斗""依靠群众"四个精神内涵。

2.结合新时代党员事迹，讨论新时代青少年应该如何弘扬光荣传统，赓续红色基因；结合学习和生活实际，制订具体可行的传承井冈山精神的行动计划。

六、教学设计总体思路

本课时共5个环节，根据课前调查学生倾向的党史学习方式，设计采用网上参观井冈山博物馆的形式串联起一堂课。

第一环节：谈话导入，思索课题含义。提出核心问题"星星之火可以燎原是什么含义"，引发思考和好奇。

第二环节：介绍背景，了解起义原因。利用展厅视频引领学生走进井冈山革命博物馆，采用分析资料的学习方法，理解南昌起义标志着共产党创建革命军队的开端。

第三环节：初探展厅，创立井冈新路。小组同学在资料中寻找答案，完成汇报单。本环节采用议题式、情境式教学法感悟中国共产党实事求是审时度势建立井冈山革命根据地，走出一条农村包围城市的中国革命新道路，理解敢闯新路的井冈山精神。

第四环节：再探展品，感悟井冈山精神。从博物馆展品中感受共产党人艰苦奋斗和坚定执着追求理想的革命精神。学生通过角色扮演，促进感悟建构，从红军的军规中感悟依靠群众求胜利的精神。

第五环节：传承精神，赓续红色基因。介绍习近平总书记指出"井冈山精神"的四个内涵。同桌交流：现代社会还需要传承井冈山精神吗？并在课后制订传承井冈山精神的行动计划。

七、教学过程

（一）教学流程设计

环节一：谈话导入，思索课题含义

教师活动：

1.提问：读课题，《星星之火，可以燎原》这句话是什么意思？

2.播放动画，验证答案。

3.引发思考：这是毛泽东对革命前途的准确判断。那么革命的星星之火是从何处点燃，并形成燎原之势的呢？我在网上找到了井冈山革命博物馆的公众号，这节课我们一边参观，一边寻找答案！（课件播放展厅简介）

学生活动：

1.预设回答：一点小火苗也可以烧掉整片大草原。

2.观看视频引发思考。

设计意图：开篇即提出核心问题，"星星之火，可以燎原是什么含义"，引发思考与好奇。播放动画初步解释星星之火可以燎原的含义，创设云参观井冈山博物馆情境，营造学习氛围。

环节二：介绍背景，了解起义原因

教师活动：

1.观察军旗，提问：走进博物馆，展现在我们眼前的是一面旗帜，你知道这是什么旗帜吗？

2.为什么旗帜上有"八一"字样？

3.阅读资料，了解南昌起义及其历史意义。

（1）谈话：大家说的对不对呢？让我们走进井冈山革命博物馆一号展厅，通过两份资料来验证一下。（课件播放"一号展厅介绍"）

资料1：

1927年4月，国民党发动了四一二反革命政变，开始大量逮捕和处决共产党人。他们公然叫嚣"宁可枉杀千人，不可使一人漏网"，几天之内，就有300多人被杀害，500多人被捕，5000多人失踪。

资料2：

1927年8月1日，中国共产党在周恩来、朱德等人的领导下，在江西南昌发动了武装起义，建立了第一支由中国共产党领导的人民军队。南昌起义是中国共产党独立领导武装斗争创建革命军队的开始。后来，中央人民政府把8月1日这一天定为中国人民解放军的建军节。

（2）提问：旗面上的"八一"和建军节有什么关系？为什么中国共产党要发动南昌起义呢？

（3）观察油画：大家说得对，国民党的血腥屠杀激起了共产党强烈的反抗，油画中描绘的就是起义前，周恩来做战前动员的场景，你猜他会说些什么？

（4）小结：南昌起义打响了武装反抗国民党反动统治的第一枪，我们的人民军队诞生了。

学生活动：

1. 预设回答：军旗。

2. 预设回答：这是中国人民解放军军旗，8月1日是建军节。

3. 学生自主阅读资料。

（1）预设回答：为了抗议国民党杀害共产党人的暴行，共产党在8月1日举行南昌起义，因为纪念这一壮举，所以把这一天定为建军节。

（2）预设回答：周恩来会说"同志们，我们不能坐以待毙，要奋起反抗……"

设计意图：运用展厅导览视频引领学生走进井冈山革命博物馆，分析八一南昌起义资料，知道南昌起义标志着共产党创建革命军队的开端。展示起义前周恩来做战前动员油画，再现起义情境，猜测南昌起义前周恩来对战士们说些什么。这样视频图画结合创设参观博物馆情境，用意是引导学生理解南昌起义的意义。

环节三：初探展厅，创立井冈新路

教师活动：

1. 我们接着来到二号展厅，南昌起义后，毛泽东领导秋收起义失败。党中央原计划攻打长沙，为什么最终却去了井冈山？在两份资料中寻找答案，小组合作完成汇报单。小组活动要求：①组内交流，控制音量。②有序讨论，组内汇总。③简单记录，组长汇报。

资料1：

井冈山会师

1927年9月，毛泽东领导了秋收起义。在进军长沙途中，工农革命军遭到敌人优势兵力的阻击，损失严重。毛泽东当机立断，决定放弃攻打长沙的计划，转战井冈山。朱德、陈毅率领部分队伍到达井冈山与毛泽东领导的队伍会师。两军合编为中国工农革命军第四军，后改称中国工农红军第四军。红军革命武装力量不断壮大，井冈山革命根据地得以扩大。

资料2：

井冈山地理位置

井冈山位于罗霄山脉中段，险峻的山势、茂密的林木是这里的天然屏障，山上有生产粮食的水田和地势平坦的村庄，这里进可攻，退可守。井冈山地处江西、湖南两省边界，敌人驻扎的军队少，统治力量薄弱。

问题	我的想法
1. 党中央原计划攻打长沙等大城市，为什么毛泽东放弃了原定计划？	
2. 为什么选择井冈山建立根据地？	
3. 你认为毛泽东提出转战井冈山这项决策，说明他是一个什么样的人？	

2. 提问：你找到"星星之火，可以燎原"的第一个原因了吗？

3. 小结：正因为我们的军队能够审时度势，才能够在敌强我弱的情况下走出一条农村包围城市的中国革命新道路，建立了第一块革命根据地——井冈山革命根据地。孕育出敢闯新路、坚定执着的共产党人精神。（板书：敢闯新路、坚定执着）

学生活动：

1. 学生小组合作探究，填写课堂学习汇报单，小组汇报。

2.预设回答：我觉得我们在战斗中能够根据实际情况进行战略部署，不硬碰硬，是"星星之火，可以燎原"的原因之一。

设计意图：本环节采用议题式、情境式教学法感悟中国共产党实事求是审时度势建立井冈山革命根据地，坚定执着地走出一条"农村包围城市"的中国革命新道路，并找到"星星之火，可以燎原"的原因。这样设计是遵循新课标中坚持教师价值引导和学生主体建构相统一的课程理念，创设参观博物馆这一学习情境，引导学生利用资料开展合作探究，突出学生的主体地位。教师提出的问题要有价值、有深度，比如学习单中的三个问题就是经过反复推敲提出的层层递进式的问题，让学生在合作探究中体验收获知识的成就感。

环节四：再探展品，感悟井冈山精神

教师活动：

1.从博物馆展品中感受共产党人艰苦奋斗和革命乐观主义精神。

（1）过渡："星星之火，可以燎原"的原因还有什么呢？让我们继续探索三号展厅，这里有三件展品。（课件出示展品，讲述它们背后的故事。）

展品1：毛泽东的油灯

井冈山时期，红军官兵们生活很艰苦。就拿油来说，炒菜要用油，点灯也要用油，为了节约有限的资源，军队对点灯用油进行了规定。按规定，毛泽东同志在办公时可以用三根灯芯，但他为了节省用油，坚持只用一盏灯、一根灯芯。就是在这昏暗的灯光下，他完成了《井冈山的斗争》《中国红色政权为什么能够存在》两篇著作，为中国革命指明了正确的前进方向。

展品2：朱德的扁担

井冈山上的粮食很少，部队要吃粮、储粮，都得去山下挑。因此，"挑谷上山"成了红军战士们一项经常做的工作。当时，朱德同志已经四十多岁了，白天跟大家一起参加劳动，夜里还要制订作战计划，大家怕他累坏了，便劝他不要挑粮，有位战士还偷偷把他的扁担藏了起来。谁知，朱德同志发现自己的扁担不见了，又做了一根新扁担，还在扁担上写了"朱德的扁担"五个大字，依然像往常一样和大家挑粮去。

展品3：井冈山歌谣《毛委员和我们在一起》

红米饭那个南瓜汤哟咳罗咳，

挖野菜那个也当粮罗咳罗咳，

毛委员和我们在一起罗咳罗咳，

咳餐餐味道香味道香咳罗咳。

干稻草那个软又黄哟咳罗咳，

金丝被那个盖身上罗咳罗咳，

毛委员和我们在一起罗咳罗咳，

咳心里暖洋洋暖洋洋咳罗咳。

（2）提问：从这三件展品中，你感受到了什么？

（3）萌发情感：看来同学感触很深，第三展厅展示的不仅仅是展品本身，还展示当年红军官兵一心、同甘共苦、艰苦奋斗和革命乐观主义精神。这就是"星星之火，可以燎原"的第二个原因了。（板书：艰苦奋斗）

2. 从红军的军规中感悟依靠群众求胜利的精神。

（1）角色扮演：一支军队要想发展壮大还要有严明的纪律，假如你是当年红军队伍中的一个将领，你会给你的士兵制定什么样的军规呢？请你扮演红军将领当众宣布军规。

（2）比较分析：在第三展厅里就展示了红军当年的军规，你发现红军的军规有什么特点？（出示红军军规，《三项纪律》：行动听指挥；不拿农民一个红薯；打土豪筹款子要归公。《六项注意》：还门板；还铺草；说话和气；买卖公平；借东西要还；损坏东西要赔。）

（3）思考交流：看到这一份军规，你觉得这是一支怎样的队伍？

（4）教师分享：这份《三大纪律六项注意》的军规，后来根据形势的发展又进行了增加和修改，后来形成了我们耳熟能详的《三大纪律八项注意》。

（5）解决问题：看到一支这样的军队，你认为"星星之火，可以燎原"还依靠什么呢?

（6）归纳：因为红军尊重老百姓，为老百姓谋福利，所以百姓们才会支持他们，愿意帮助他们。（板书：依靠群众）

3.小结：正是因为在艰苦的生活条件下，红军战士们依然严格遵守军规，尊重百姓，保护百姓，红军才会赢得老百姓的支持和拥戴。最终，也正是凭借井冈山精神，中国共产党才不断发展壮大，革命根据地越来越多，星星之火终成燎原之势！（板书：井冈山精神）

学生活动：

1.博物馆展品

（1）学生选择感兴趣的展品，观看对应视频。分别介绍毛泽东的油灯和朱德的扁担故事，播放《毛委员和我们在一起》歌谣。

（2）学生观看展品后谈感受：红军当时生活条件艰苦，但是他们依然保持乐观的态度。毛泽东、朱德作为领导人以身作则和其他官兵一起艰苦奋斗。

2.红军军规

（1）学生扮演红军将领宣布军规：不许后退。一切行动听指挥。不能当逃兵……

（2）分析军规特点：这些规定中对于士兵作战的要求很少，大部分的规定都是针对士兵在日常生活中如何跟老百姓打交道的。

（3）谈对红军队伍的印象：这支队伍不仅遵守纪律，而且特别重视老百姓，尊重人民。人民会欢迎他们。

（4）预设回答："星星之火，可以燎原"还要依靠百姓的力量和支持。

设计意图：这一环节分两个层次。一是从博物馆展品中感受共产党人艰苦奋斗和坚定执着追求理想的革命精神。培养"政治认同"这一核心素养的课堂，教学内容的呈现要着重思考如何更加贴近学生的生活，让学生便于理解。学生都爱听故事，根据教学内容的需要，在众多红色故事中加以精选和提炼，恰到好处地运用到课堂教学中来，用毛泽东的油灯、朱德的扁担的故事和井冈山歌谣，激发学生的想象和思考的积极性，使他们在轻松愉快的氛围中学习知识，在故事情境中感悟道理，让学生愿意听、真相信、能思考。二是从红军的军规中感悟依靠群众求胜利的精神。学生通过角色扮演，促进感悟建构。把自己想象成当年红军队伍中的一个将领，戴上军帽宣布自己制定的军规。再对比《三大纪律八项注意》，感悟共产党以人民为中心，全心全意为人民服务的宗旨。

环节五：传承精神，赓续红色基因

教师活动：

1. 介绍习近平总书记的话引发思考：2016年2月习近平总书记第三次来到井冈山，他深情地说，井冈山是革命的山、战斗的山，也是英雄的山、光荣的山。总书记指出，"井冈山时期留给我们最为宝贵的财富，就是跨越时空的井冈山精神"，要结合新的时代条件，坚持坚定执着追理想、实事求是闯新路、艰苦奋斗攻难关、依靠群众求胜利，让井冈山精神放射出新的时代光芒。现在我们还需要发扬井冈山精神吗？

2. 介绍新时代党员：新时代各行各业的共产党员还在以实际行动践行着井冈山精神，"七一勋章"获得者张桂梅是云南丽江华坪女子中学的书记、校长，在云南贫困的大山里，重男轻女的传统观念影响着一代又一代女性的命运，张桂梅创办免费的女子高中，她的梦想是让大山里的女孩也有受教育的机会。她身患20多种疾病，依然带病坚持教学，坚持家访，不让一个女孩因贫困而辍学。她用信仰照亮大山女孩的未来，这就是坚定执着追求理想的党员代表。袁隆平爷爷则把功勋书写在祖国大地上，他被称为"中国杂交水稻之父"，袁隆平在几十万株稻穗中找到6个特殊稻株进行实验，累倒在酷热的稻田地里爬起来继续寻找，从第一株天然杂交稻到培育出稳定的稻种，他和学生们用了10年时间。袁爷爷用艰苦奋斗的作风攻克杂交水稻技术难关，杂交水稻成为解决全球粮食短缺问题的"中国方案"。

3. 独立思考，再与同桌交流：你在学习生活中有没有遇到什么困难？你会怎么想，又会怎么做？

4. 课后延伸：请同学们结合学习和生活实际，思考能否用井冈山精神打

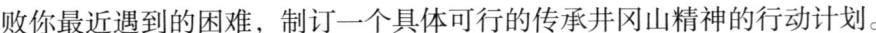

败你最近遇到的困难，制订一个具体可行的传承井冈山精神的行动计划。

5.总结：如今，我们作为少先队员，更要传承和发扬井冈山精神，在困难和挑战中不轻易言败和认输，让革命精神一代代传承下去！

学生活动：

1.再次总结井冈山精神，讨论是否需要继续传承井冈山精神。

2.聆听新时代党员故事。

3.学生汇报如何发扬井冈山精神：学习中保持刻苦精神；遇到困难不退缩，而是想方设法解决它……

4.课后制订传承井冈山精神的行动计划。

设计意图：引用习近平总书记对井冈山精神的概括是对本课情感态度价值观的升华。讨论新时代青少年应该如何弘扬井冈山光荣传统目的是深度挖掘井冈山精神体现的时代性，在课堂上受时间的限制，对于发扬和传承井冈山精神学生的回答还不够深入，安排课后作业环节：根据自己学习生活中遇到的困难制订传承井冈山精神行动计划。目的是引导学生将知识迁移到应用层面，在生活实践中将情感升华。

（二）课堂小结

课程设计要遵循育人规律和学生成长规律，强化课程一体化设计，本课主要学习内容是建立井冈山革命根据地和革命领袖事迹，理解伟大建党精神。在小学阶段通过教师创设的参观博物馆情境，在学生头脑中形成历史线索，了解那段艰难的岁月，坚定学生听党话、跟党走的信念。关于党史内容学生后续在中学、大学思政课上还会深入学习。本单元帮助学生将历史性的知识产生横向串联，从"政治认同"维度培养核心素养即可。

（三）板书设计

星星之火，可以燎原

敢闯新路
坚定执着
艰苦奋斗　　——　井冈山精神
依靠群众

（四）作业设计

1.在井冈山革命博物馆公众号上继续参观其他展厅，并进行网上祭扫。

2.结合学习和生活实际，思考能否用井冈山精神打败你最近遇到的困难，制订一个具体可行的传承井冈山精神的行动计划。

（五）参考资料

1.《义务教育道德与法治课程标准（2022版）》，北京师范大学出版社，2022年。

2.《义务教育课程方案（2022版）》，北京师范大学出版社，2022年。

3.《统编小学道德与法治教科书教学设计与指导》，华东师范大学出版社，2022年。

4.陈式华：《论思想政治学科"政治认同"核心素养的培育》，《中国德育》，2017年第7期。

八、教学总结与反思

本课教学设计遵循新课标中坚持教师价值引导和学生主体建构相统一的课程理念，坚持素养导向，使用"井冈山革命博物馆"公众号作为课程资源，创设云参观博物馆学习情境。学生利用文字、视频资料开展合作探究，突出学生的主体地位。教师深度挖掘教材，把握党史课程思想性内涵，以发展学生核心素养为目标，尝试提出有价值、有深度的问题。比如"初探展厅创立井冈新路"环节，出示两段文字资料，让学生通过完成学习汇报单来理解井冈山革命根据地的建立是一项前无古人的壮举，开辟了革命新道路。汇报单上的三个问题就是经过反复推敲提出的层层递进式的，让学生在探究中体验收获知识的成就感。

开天辟地的大事变

沈阳市沈河区朝阳街第一小学沈北分校　李欣恬

一、课程基本信息

主讲课程：道德与法治

使用教材版本：人民教育出版社2019年版

教材章节出处：《道德与法治》五年级下册第三单元第九课《中国有了共产党》

二、教学设计概述

根据《义务教育道德与法治课程标准（2022年版）》，本课旨在让学生了解中国共产党的成立，知道只有中国共产党才能救中国，使学生能够养成亲社会的行为品格，提升道德和人格修养；能够增强对伟大祖国、中华民族、中华文化、中国共产党、中国特色社会主义的认同，关心国家大事，为实现中华民族伟大复兴而努力学习，小学道德与法治教材五年级下册第三单元主题为"百年追梦　复兴中华"，共安排了6课内容，其中《中国有了共产党》《夺取抗日战争和人民解放战争的胜利》《屹立在世界的东方》《富起来到强起来》以时间为脉络，以精神为核心，呈现了中国共产党带领全国人民救国、兴国、富国、强国，实现民族复兴的历史进程，使学生了解知道只有中国共产党才能救中国，坚持中国共产党的领导。中国的近现代史就是一部革命先辈们不甘屈服、奋起抗争、艰苦奋斗、奋发图强的历史。历史教学不仅要呈现史实，更重要的是儿童的人文情怀。儿童天生喜欢听故事、讲故事、演故事，聚焦党史中的英雄人物和故事进行教学，让党史生动地呈现在儿童面前，才能激发儿童学习的兴趣，有效涵养儿童的精神世界。

《中国有了共产党》一课的教学中，通过歌曲导入进入本课，在新授环节中对近一百年来中国探索救国之路失败的原因进行分析，理解中国共产党产生的历史必然性。通过了解中国共产党成立后对中国革命产生的影响，坚定没有共产党就没有新中国的信念。通过新旧社会中国人民生活的变化，以及新中国成立后中国取得的各方面的成就，体会只有社会主义才能救中国的真理。

三、学情分析

我校一直以来将爱党爱国红色教育作为学校德育工作重点展开，加上前期对"国家"内容的学习，学生对于中国共产党已经有了初步的了解。但对于马克思主义、五四运动及中国共产党成立这些史实不了解，对于当下的幸福生活没有追源的意识，要让学生明白先辈们为了探索革命道路付出了艰辛努力，从而培育热爱共产党和热爱社会主义的情感。我班学生具备较好的合作能力，有一定思辨能力，乐于表达自我观点，能通过老师引导及学习材料进行深入的探究性学习。小学五年级的儿童是心理健康成长的关键时刻，已经具有一定的动手动脑的能力，而且大部分学生平衡能力和动手能力较强。学生有极大的学习热情，学生作为学习的主体，又具有其独立性。通过课前的调查问卷发现，本课的内容对于五年级的学生来说还是有一定难度的，中国共产党的成立是一个历史性的过程，因此，在课前，需要学生针对本课内容进行资料的查找、收集和整理，才能让学生在课堂上有更深入的学习。

四、教学目标

1.通过对一百多年来中国探索救国之路失败的原因进行分析，理解中国共产党产生的历史必然性。通过了解中国共产党成立后对中国革命产生的影响，坚定没有共产党就没有新中国的信念。通过新旧社会中国人民生活的变化，以及新中国成立后中国取得的各方面的成就，体会只有社会主义才能救中国的真理。学生能够主动维护国家荣誉，理解中国共产党对中国发展的重要作用，培养爱党爱祖国的民族自豪感。

2.通过思考、讨论中国共产党对中国革命产生的影响，知道共产党对中国革命的领导地位，明白共产党对中国解放的重要作用。通过新中国取得的各项成就，理解只有社会主义才是中国的必然出路。

3.通过查阅李大钊不惧死亡的原因、五四运动、巴黎和会不平等待遇、南昌起义、八一建军节的由来和井冈山会师等中国共产党抗战史相关资料，学生能够提升分析问题、总结提升的能力。中国共产党自诞生之日起，就是中国工人阶级的先锋队，同时是中国人民和中华民族的先锋队。中国共产党的成立，给中国革命指明了方向，给灾难深重的中国人民带来了光明和希望。中国共产党成立后，领导全国各族人民推翻了帝国主义、封建主义和官僚资本主义，带领人民找到了一条以农村包围城市、武装夺取政权的正确革命道路，取得了新民主主义革命的胜利，建立了人民民主专政的中华人民共和国，实现了一百多年来中国人民梦寐以求的民族独立和国家统一。中国人民从此站了起来！历史充分证明了：没有共产党就没有新中国！学生能够学会运用历史的、辩证的、发展的眼光看问题，了解没有共产党就没有新中国，只有社会主义才能救中国，坚持中国共产党的领导。

五、教学重点难点

教学重点：通过角色扮演、资料查询、视频放映等方式，学生认识到中国共产党成立初期的历史背景，以及诞生到逐步发展壮大的过程。学生感受到中国共产党的诞生是中国革命发展的需要，是马克思主义同中国工人运动相结合的产物。中国共产党自诞生之日起，就是中国工人阶级的先锋队，同时是中国人民和中华民族的先锋队。中国共产党的成立，给中国革命指明了方向，给灾难深重的中国人民带来了光明和希望。

教学难点：在认识中国共产党诞生的过程中，通过活动及小组讨论，感受到中国共产党不怕牺牲、不畏艰险、积极乐观的革命精神，认识到中国共产党的成立是一个开天辟地的大事变，中国共产党代表着工人阶级和广大人民群众的根本利益，要热爱中国共产党。

六、教学设计总体思路

《中国有了共产党》一课的教学中，通过新闻眼——读图时代导入进入本课，在新授环节中对近一百年来中国探索救国之路失败的原因进行分析，理解中国共产党产生的历史必然性。通过了解中国共产党成立后对中国革命产生的影响，坚定没有共产党就没有新中国的信念。通过新旧社会中国人民生活的变化，以及新中国成立后中国取得的各方面的成就，体会只有社会主义才能救中国的真理。

在活动中，通过教师引导学生查阅资料，了解李大钊在面对酷刑和死亡威胁时的态度，了解五四运动、巴黎和会、南昌起义，以及八一建军节的由来和井冈山会师等相关资料，锻炼学生分析问题、总结提升的能力。学会运用历史的、辩证的、发展的眼光看问题。通过思考、讨论中国共产党对中国革命产生的影响，知道共产党对中国革命的领导地位，明白共产党对中国解放的重要作用。通过新中国取得的各项成就，理解只有社会主义才是中国的必然出路。使学生了解没有共产党就没有新中国，只有共产党才能救中国。使学生理解中国共产党对中国发展的重要作用，培养爱党爱祖国的情怀。小组合作体现以学生为中心的教学方式，学生分享环节能够发挥学生的自主性、主体性。

七、教学过程

（一）教学流程设计

环节一：【激趣导入】新闻眼 ——读图时代

教师活动：同学们好，新闻眼，读图时代，今天老师为大家带来的这些图片，你熟悉吗？（教师出示"天宫课堂"图片）再看这张图：这是1949年开国大典上的17架飞机。我们从航空航天的小缩影看见了中国的快速发展，从富起来到强起来，是谁带领中国人民走上了伟大复兴的道路？（中国共产党）今天，请带上你们的课前预习知识，让我们穿越历史回到中国共产党成立前夕。

学生活动：通过新闻眼——读图时代感悟只有共产党才能救中国。

设计意图：结合当下热点时事，学生感受百年大发展，感受中国共产党领导下的中华民族伟大复兴。

环节二：【重拾时光】回顾历史

教师活动：教师组织学生分享课前调查

1917年俄国爆发的十月社会主义革命，震动了全世界，也照亮了中国革命的道路。中国的先进知识分子，找到了指路的明灯，最终选择了马克思主义，并逐渐认识到建立无产阶级政党的必要性。各地中国共产党的早期组织建立后，开展了一系列革命活动。《新青年》是陈独秀创办的著名刊物，高举"民主""科学"大旗，推动了新文化运动的发展。李大钊是颂扬十月革命胜利和系统传播马克思主义的第一人，是中国共产党的主要创始人之一。1927年4月6日，李大钊不幸被军阀逮捕。他在狱中受尽酷刑，但始终严守党的秘密，大义凛然，坚贞不屈。4月28日，李大钊在临刑前慷慨激昂地发表了最后一次演说："不能因为你们今天绞死了我，就绞死了伟大的共产主义！我们已经培养了很多同志，如同红花的种子，撒遍各地！我们深信，共产主义在世界、在中国，必然要得到光荣的胜利！"下面请同学们查阅李大钊的生平资料，议一议，李大钊为何不惧死亡？

学生活动：根据自己收集的资料汇报。

教师活动：虽然这些斗争失败的原因各不相同，但归根结底，都是因为没有先进的、正确的理论指导，没有代表人民利益的先进的政党的领导。所以，要拯救中国，必须要有一个具有先进指导思想并代表人民利益的政党来领导革命，这就是中国共产党。中国共产党以马克思列宁主义为指导，以广大的工农群众为基础，代表了最广大人民群众的根本利益。下面请同学来介绍中国共产党的诞生。

学生活动：学生交流讨论李大钊不惧死亡的原因。

设计意图：通过分享课前调查及讨论，让学生充分交流分享，感受要拯救中国，必须要有一个具有先进指导思想并代表人民利益的政党来领导革命，这就是中国共产党。

环节三：【穿越体验】新青年与马克思主义

教师活动：教师入戏讲述马克思主义（道具入戏：《新青年》）同学们你们好，我是北大中文系的李沁雅。你问我手上拿的什么？这是我们最喜欢的刊物《新青年》，这可是由我的导师陈独秀先生创办的，他高举"科学"和"民主"的大旗，给我们带来了新的文化思想。最近我们被李大钊先生的文章《我的马克思主义观》震惊了，大家都在热烈讨论！提问：你们呢？关于"马克思主义"你了解多少？

学生活动：学生回答对"马克思主义"了解了多少。

教师小结：俄国十月社会主义革命爆发后，马克思主义照亮了未来的道路，先进的知识分子认识到建立无产阶级政党的重要性。中国共产党的思想起源正是马克思主义！中国共产党的诞生是中国革命发展的需要，是马克思主义同中国工人运动相结合的产物。

设计意图：通过穿越体验，学生能够理解中国共产党的诞生是中国革命发展的需要，是马克思主义同中国工人运动相结合的产物。

环节四：【感悟历史】党的成立

教师活动：出示视频：中共一大通过了《中国共产党党纲》，党纲决定，党的名称为中国共产党，党的性质是无产阶级政党。党的奋斗目标是"以无产阶级革命军队推翻资产阶级"，由劳动阶级重建国家，直至消灭阶级差别。党实现这一奋斗目标的途径是"采用无产阶级专政"，以达到阶级斗争的目的——消灭阶级，废除资本所有制，没收一切生产资料归社会所有。1921年7月23日晚，中国共产党第一次全国代表大会在上海秘密召开。参会代表13人，代表着全国的50多名党员，其中包括长沙的毛泽东、何叔衡，武汉的董必武、陈潭秋，济南的王尽美、邓恩铭，等等。会议宣告中国共产党正式成立。中国共产党的成立，是中国近代历史上开天辟地的大事变。自从有了中国共产党，中国革命的面貌焕然一新。后来，每年的7月1日被确定为中国共产党的诞辰纪念日。

教师提问：中国共产党对中国革命产生了什么影响？

教师小结：中国共产党自诞生之日起，就是中国工人阶级的先锋队，同时是中国人民和中华民族的先锋队。中国共产党的成立，给中国革命指明了方向，给灾难深重的中国人民带来了光明和希望。

中国共产党成立后，领导全国各族人民推翻了帝国主义、封建主义和官僚资本主义，带领人民找到了一条以农村包围城市、武装夺取政权的正确革命道路，取得了新民主主义革命的胜利，建立了人民民主专政的中华人民共和国，实现了一百多年来中国人民梦寐以求的民族独立和国家统一。中国人民从此站了起来！历史充分证明了：没有共产党就没有新中国！

学生活动：学生观看视频并回答，中国共产党对中国革命产生了什么影响？

学生小组讨论并分角色扮演，通过活动在红色历史中汲取力量，不忘初心、牢记使命。

设计意图：学生通过活动在红色历史中汲取力量，不忘初心、牢记使命。

环节五：萌新芽，奠基础

教师活动：

1.出示材料：学生分角色扮演

1921年7月30日晚，会议正在进行时，一名陌生男子突然闯入会场，环视一周后又匆忙离去。他的举动引起大家警觉，会议被迫终止，大部分代表迅速撤离。最后一天的会议转移到浙江嘉兴南湖的一艘木船上继续进行。会议通过了中国共产党第一个纲领，确定了党的名称为"中国共产党"，党的奋斗目标是推翻资产阶级政权，建立无产阶级专政，实现共产主义。如今，上海一大会址纪念馆和嘉兴南湖每天迎接着来自五湖四海的瞻仰者。共产党在这里诞生，从这里出征。我们在红色历史中汲取力量，为的是不忘初心、牢记使命。无论时代怎么变迁，"红船精神"永放光芒，激励一代代共产党人继续前进。

教师提问：你认为"红船精神"是什么？

2.出示视频：1978年3月，邓小平在全国科学大会上作报告

1978年，在全国科学大会开幕式上，邓小平强调："党委的领导，主

要是政治上的领导，保证正确的政治方向，保证党的路线、方针、政策的贯彻，调动各个方面的积极性。"正是因为我们始终坚持党的政治领导，才能战胜改革开放中的各种风险和挑战，保证中国特色社会主义事业沿着正确方向前进。在中国特色社会主义新时代，坚持党的政治领导，就是要确保党和国家的事业沿着正确方向前进。最重要的是，必须增强政治意识、大局意识、核心意识、看齐意识，自觉维护党中央权威和集中统一领导，确保党在世界形势深刻变化的历史进程中始终走在时代前列，在应对国内外各种风险和考验的历史进程中始终成为全国人民的主心骨，在坚持和发展中国特色社会主义的历史进程中始终成为坚强领导核心。

当前，中国特色社会主义进入新时代，我们党更要旗帜鲜明讲政治，善于从政治上考量和解决问题。党的十九大将牢固树立政治意识、大局意识、核心意识、看齐意识，坚定维护以习近平同志为核心的党中央权威和集中统一领导写入党章。各地各部门把坚决维护习近平同志核心地位、坚决维护党中央权威和集中统一领导作为根本政治原则，把学习贯彻习近平新时代中国特色社会主义思想作为重大政治任务，把不折不扣贯彻落实党中央重大决策部署作为首要政治担当，推动党中央各项决策部署落地生根。

3. 教师小结

社会主义革命和建设取得的伟大胜利充分证明：只有社会主义才能救中国！社会主义的发展和完善是一个长期的历史进程。在中国共产党的领导下，我国人民自力更生、艰苦创业，克服了一个又一个困难，创造了一个又一个奇迹，不断地为社会主义的理论和实践谱写新的壮丽篇章。

学生活动：

学生回答，你认为"红船精神"是什么？

学生观看视频，感悟正是因为我们始终坚持党的政治领导，才能战胜改革开放中的各种风险和挑战，保证中国特色社会主义事业沿着正确方向前进。

设计意图：通过活动认识到在中国共产党的领导下，我国人民自力更生、艰苦创业，克服了一个又一个困难，创造了一个又一个奇迹，不断地为社会主义的理论和实践谱写新的壮丽篇章。社会主义革命和建设取得的伟大胜利充分证明，只有社会主义才能救中国！社会主义的发展和完善是一个长期的历史进程。增强学生的社会主义认同感，坚持中国共产党的领导。

（二）课堂小结

没有共产党就没有新中国，中国共产党是中国工人阶级的先锋队，是中国人民和中华民族的先锋队，是中国特色社会主义事业的领导核心。中国在党的领导下不断地发展、壮大，建立和完善了社会主义制度，逐步变成了富强、民主、文明、和谐、美丽的国家。作为国家的一员，我们也应该铭记历史，不忘初心，努力奋斗，为祖国的发展奉献自己的一份力量。

让我们一起写下对祖国的祝福，为我的国点赞！

学生活动：在歌曲《厉害了，我的国！》歌声中，写下对祖国的祝福。

设计意图：课堂升华。

（三）板书设计

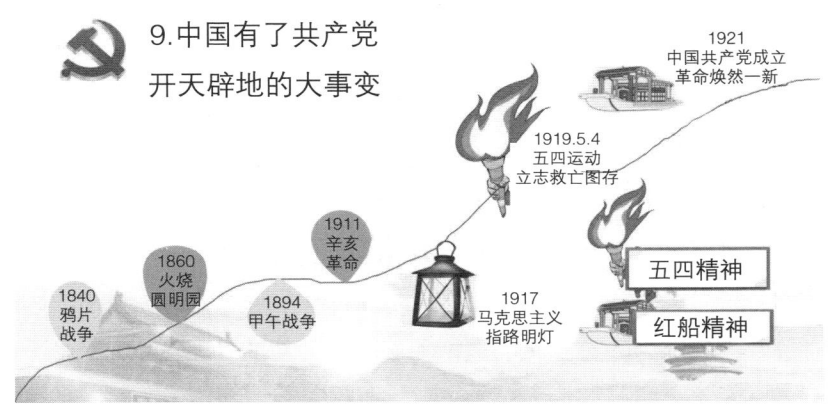

（四）作业设计

1.和爸爸妈妈一起观看电影《建党伟业》，了解早期共产党人的英勇事迹。

2.任选一项"建党100周年"的庆祝活动参与其中，为党献礼。

（五）参考资料

1.中共中央党史研究室：《中国共产党历史》第一卷（1921—1949）上

册，中共党史出版社，2011年。

2.毛泽东：《毛泽东选集》第四卷，人民出版社，1991年。

3.《义务教育道德与法治课程标准（2022年版）》，北京师范大学出版社，2022年。

八、教学总结与反思

教学总结：通过交流中国共产党发展都经历了哪些历史事件，近年来我国发展取得的伟大成就，了解中国共产党百年历史，培养爱国情怀。

教学反思：本课能够准确地把握教学重、难点，充分利用信息技术手段和丰富的教学资源落实教学目标，充分体现学生的主体地位和教师的主导作用。课前能认真地研究教材、学习课标，对习近平新时代中国特色社会主义思想认识全面。课堂上教态庄重，富有感染力，语言精练，条理性强，信息技术应用熟练。板书设计新颖独特，突出了教学重点和难点。

在本课的教学中我也有一些遗憾，在课堂上与学生的交流不够自如。新课程要求我们要有新观念。这次的教学实践让我提高了认识，积累收获的同时也认识到了自己的不足之处。关注学生、潜心教学是我以后努力的方向。同时还要注重学生的参与度和课堂表现，鼓励学生提问和分享自己的观点。

坚持以人民为中心

大连市甘井子区前牧城驿小学　李　雪

一、课程基本信息

主讲课程：道德与法治

使用教材版本：人民教育出版社2021年6月版

教材章节出处：《习近平新时代中国特色社会主义思想学生读本》（小学高年级）第3讲《把人民放在心中最高位置》

二、教学设计概述

（一）教学设计思路

第一个教学环节：故事导入。通过习近平爷爷与沼气池的故事，激发学生的学习兴趣，同时学生了解修建沼气池的不容易。第二个教学环节：了解习近平爷爷在梁家河为百姓办的实事。教师结合图片、视频，引导学生了解习近平在梁家河修建沼气池、淤地坝、兴办铁业社等对人民有好处的事，解决了村民们生产、生活的大事，使梁家河从原来的贫困村发展成为现在的新农村。第三个教学环节：了解习近平爷爷在浙江省工作时把人民放在第一位，为百姓办实事。教师拓展"非典"时期习近平在浙江省亲自指挥、精心部署，坚持人民至上，真正做到"我将无我，不负人民"。第四个教学环节：交流党和国家为人民办的实事。教师课前布置学生收集中国共产党在执政过程中坚持为人民办实事、办好事的具体事件，课堂上进行汇报，学生从而了解不仅习近平爷爷坚持以人民为中心，党和国家也在为人民办实事。第五个教学环节：新时代少年的责任——从我做起。教师通过课前任务让学生通过观察、询问家长等方法，了解我们生活发生的变化。知道党和国家始终坚持以人民为中心，作为一名新时代的小学生我们要从我做起，从身边小事做起。第六个教学环节：课堂总结。

（二）理论依据

马克思主义唯物史观的基本原理认为，人民是历史的创造者，是物质资料的主要生产者，支撑着人类实践活动的物质基础。这一原理为"以人民为中心"的思想提供了坚实的理论基础。

中国共产党始终是以人民为中心。从党的成立之初，就确立了全心全意为人民服务的根本宗旨，把党的群众路线贯彻到治国理政全部活动之中。这一执政理念和实践经验是"以人民为中心"思想的重要来源。

党的十九大报告对"以人民为中心"的思想进行了系统论述，强调人民是历史的创造者，是决定党和国家前途命运的根本力量。这一重要论述不仅是对马克思主义唯物史观基本原理的继承和发展，也是对中国共产党长期执政理念的深刻总结和提升。

课标要求：

1.政治方向。明确中国共产党的领导地位，培养学生的社会责任感和公民意识，使学生从小树立起为人民服务的观念，认识到个人成长与社会进步紧密相连。

2.价值取向。践行社会主义核心价值观，特别是其中的"民主、文明、和谐、自由、平等、公正、法治"等理念，这些与"以人民为中心"的发展思想相契合。

（三）设计特色

本教学设计通过六个教学环节，从个人、国家、学生三个维度帮助学生深入理解和践行"坚持以人民为中心"的发展思想，本课程不仅有助于培养学生社会责任感和公民意识，还能给未来参与社会公共事务打下坚实基础。通过拓展资料、社会实践等多种方式，成为有理想、有道德、有文化、有纪律的社会主义新时代好少年。

三、学情分析

（一）思想特点

小学高年级学生正处于思想启蒙和道德观念形成的关键时期，开始对社会现象和道德价值产生独立的思考，具备了一定的批判性思维能力。同时，开始关注社会公平和正义，对于人民福祉和公共利益有了一定的认识。然而，由于年龄和经验的限制，思想观点可能还不够成熟和全面，需要教师的引导和帮助。

（二）知识储备

小学高年级学生已经积累了一定的社会知识和政治常识。通过之前的学习和生活经验，对于国家、政府、人民等基本概念有了一定的了解。同时，也掌握了一些基本的道德规范和社会规则。然而，对于"坚持以人民为中心"这样较为抽象的政治概念，学生的知识储备可能还不够充分，需要教师进行深入的讲解和引导。

（三）能力水平

小学高年级学生的能力水平已经有了一定的提升，具备了一定的阅读理解能力、分析能力和解决问题的能力。同时，也开始具备一定的合作学习和自主探究的能力。然而，由于年龄和经验的限制，他们在理解和分析较为复杂的社会现象和政治概念时可能还存在一定的困难。

四、教学目标

（一）知识目标

通过教学活动，学生能说出"坚持以人民为中心"的基本含义和重要性，明确人民在社会进步和国家发展中的主体地位。同时，认识到发展为了人民、发展依靠人民、发展成果由人民共享的理念。

（二）能力目标

1.了解坚持以人民为中心的发展思想，提升社会责任感和服务意识。关注人民福祉和公共利益，树立正确的价值观和道德观。同时，具有批判思维和多元文化意识，能够独立思考和判断社会现象。

2.通过教学活动和讨论，形成分析、归纳、总结和批判性思维能力。同时，学生具备自主探究和合作学习的能力，能够主动参与课堂讨论和实践活动。

（三）情感态度与价值观目标

通过实践活动，将坚持以人民为中心的发展理念应用于实际生活中。培养关注身边的社会问题的意识，乐于积极参与社区服务和公益活动，为人民的福祉和公共利益贡献自己的力量。

本节课旨在通过知识、能力、情感态度与价值观三个方面的养成，关注身边的社会问题的意识，乐于积极参与社区服务和公益活动，为人民的福祉和公共利益贡献自己的力量。

五、教学重点难点

（一）教学重点

理解人民在社会进步和国家发展中的主体地位，以及他们如何创造历史伟业。

通过教学活动，培养以人民为中心的情怀，关心人民福祉，关注社会公共利益。

认识人民的重要性：认识到人民是中国共产党执政的最深厚基础和最大底气，从而更加坚定地坚持以人民为中心的发展思想。

（二）教学难点

理解人民的含义及坚持以人民为中心的重要意义，举例说说哪些作为是以人民为中心的。

将坚持以人民为中心的理论知识与实际生活中的例子相结合，真正理解和应用这一理念，并用自己的行动在生活中落实。

除了理论知识的传授外，如何培养实践能力，在日常生活中践行以人民为中心的发展理念，也是一个需要重点关注的难点。

六、教学设计总体思路

第一个教学环节：故事导入。通过讲述习近平爷爷建沼气池的故事，激发学生的学习兴趣，同时了解修建沼气池的不容易。

第二个教学环节：了解习近平爷爷在梁家河为百姓办的实事。教师结合图片、视频帮助学生了解习近平在梁家河修建沼气池、淤地坝、兴办铁业社等对人民有好处的事，解决了村民们生产、生活的大事，使梁家河从原来的贫困村发展成为现在的新农村。

第三个教学环节：了解习近平爷爷在浙江省工作时把人民放在第一位，为百姓办实事。教师拓展"非典"时期习近平在浙江省亲自指挥、精心部署，坚持人民至上，真正做到了"我将无我，不负人民"。

第四个教学环节：交流党和国家为人民办的实事。教师课前布置学生收集中国共产党在执政过程中坚持为人民办实事、办好事的具体事件。课堂上进行汇报，学生从而了解不仅习近平爷爷坚持以人民为中心，党和国家也在为人民办实事。

第五个教学环节：新时代少年的责任——从我做起。教师通过课前任务让学生通过观察、询问家长等方法，了解我们生活发生的变化。知道党和国家始终坚持以人民为中心，作为一名新时代的小学生我们要从我做起，从身边小事做起。

第六个教学环节：课堂总结。

七、教学过程

（一）教学流程设计

环节一：故事导入

教师活动：

1.同学们，你们知道沼气池的原理吗？你们知道为什么要修建沼气池吗？下面请听老师给你们讲讲关于习近平爷爷建沼气池的故事吧。

2.习近平爷爷担任陕北梁家河大队党支部书记时，为了改变梁家河的面貌、改善村民们的生活，开始着手试验建沼气池。没有石头，他就带人到烂泥潭里去挖；没有沙子，他就带人去村外背。手上磨出了茧，背上磨破了皮，他没叫一声苦，没喊一声累。在他的带领下，梁家河的沼气池终于建成了，这是陕西省的第一口沼气池。

学生活动：听故事，思考问题。

设计意图：通过习近平爷爷建沼气池的故事，激发学生的学习兴趣，同时学生了解修建沼气池的不容易。

环节二：交流习近平爷爷在梁家河为百姓办的实事

教师活动：

1.习近平爷爷为什么要修建沼气池呢？

沼气最初是在自然界中发现的，可以作为燃料使用，习爷爷带领村民修建的沼气池是把动植物废弃物投入沼气池中，通过发酵产生沼气，村民利用沼气可以照明、做饭等，沼气发酵后的残留物就是肥料，这是一种有机肥，可以改善土壤条件，提高农作物的产量。沼气池不仅方便了村民们的生活，还改善土壤使粮食丰收，这真是一件对人民有好处的事。

2.习近平爷爷在梁家河时还带领村民修建淤地坝，同学们知道为什么要修建淤地坝吗？

因为梁家河地处黄土高原，水土流失严重，耕地少，土地贫瘠，百姓生活十分困苦。怎样才能改变这一现状让百姓过上好日子呢？让我们一起看看习近平爷爷当时是怎样做的。

3.出示视频资料。

4.修建淤地坝改善了梁家河的土地条件，实现了习近平爷爷让老百姓吃饱饭的朴素心愿。习近平爷爷还想了哪些办法让老百姓过上好日子呢？

5.习近平爷爷在梁家河兴办了铁业社。为什么要办铁业社呢？

因为村子里有人会铁匠手艺，所以习近平爷爷就想到让他们发挥特长，服务村民，为村民打农具、修农具，铁业社的兴办方便了群众，降低了成本，节约了时间，铁匠通过记工分还可以增加收入。

6.习近平爷爷在梁家河除了修建沼气池、淤地坝、办铁业社，还带领村民打水井、办磨坊、缝纫社、代销店等，习近平爷爷为村民做的这些事极大地振兴了工业、发展了农业，同时增加了人民的收入，使人民的生活更加便利，这也是对人民有好处的事。今日的梁家河又有哪些变化呢？我们一起通过视频看看吧！

7.小结：正是因为习近平爷爷在梁家河做了这么多对人民有好处的事，解决了村民们生产、生活的大事，使梁家河从原来的贫困村发展成现在的新农村。

学生活动：

1.通过故事，学生思考问题。

2.了解沼气池的工作原理，给人们的生活带来哪些便利。

3.观看视频，了解习近平爷爷修建淤地坝的原因。

4.观看视频，了解习近平爷爷在梁家河还做了哪些对人民有好处的事，如今的梁家河又有哪些变化。

设计意图：通过习近平爷爷在梁家河时为人民办实事、办好事，体会习近平爷爷是如何做到坚持以人民为中心的。

环节三：了解习近平爷爷在浙江省工作时把人民放在第一位，为人民办实事

教师活动：

1.习近平爷爷到哪儿都做对人民有好处的事。2002年，国内发现首例"非典"病例时，浙江省虽然还没发现疫情，但习近平爷爷亲自指挥、精心部署。他对大家说："做好非典的预防、治疗和控制工作，直接关系广大人民群众生命安全和身体健康。"非典疫情发生后，习近平爷爷指出：要"深入思考如何努力把人民群众的根本利益实现好、维护好、发展好，始终把人民生命安全和身体健康放在第一位，切实解决群众生产生活中的困难和问题"。

2.小结：习近平爷爷坚持人民至上，真正做到了"我将无我，不负人民"。

3.同学们，听了习近平爷爷的故事，你有什么感受呢？

4.小结：在梁家河的七年岁月里，习近平爷爷真正理解了老百姓，把老百姓的事放在心上，也是从那时起习近平爷爷就树立了为老百姓办实事、为人民奉献自己的理想信念。

学生活动：习近平爷爷在不同时期、不同地点始终坚持以人民为中心、为人民办实事，请学生说说自己的感受。

设计意图：通过了解习近平爷爷在不同时期、不同地点始终为人民做实事，学生真实感受到习近平爷爷始终坚持以人民为中心。

环节四：交流党和国家为人民办的实事

教师活动：

1.同学们，你们还知道哪些中国共产党在执政过程中坚持为人民办实事、办好事的具体事件呢？

2.小结：党和国家改造老旧小区、垃圾分类、医疗改革、教育改革等，就是抓住人民最关心最直接最现实的利益问题，把人民群众的小事当作大事，从人民群众关心的事情做起，从让人民群众满意的事情做起，真正做到了以人民为中心。

3.习近平爷爷是这样说的：我们的目标很宏伟，但也很朴素，归根结底就是让全体中国人都过上更好的日子。我们有充分的信心实现我们的目标。

学生活动：

1.全班汇报课前了解到的老旧小区改造、垃圾分类等党和国家为人民办实事、办好事的具体事件。

2.学生理解党和国家为人民办实事、办好事的具体事件就是在贯彻以人民为中心的发展思想。

设计意图：了解以人民为中心的发展思想在现实中的具体体现。

环节五：新时代少年的责任——从我做起

教师活动：

1.作为一名新时代少年，我们应该从身边小事做起，从一点一滴做起，比如我们可以开展义卖活动、到敬老院看望老人、做科技馆志愿讲解员。除了这些，作为一名小学生，我们还可以做哪些事？

2.小结：作为新时代少年，我们不仅要从我做起，从身边的小事做起，还应该肩负起我们应尽的责任。

学生活动：学生可以从不同角度思考，作为一名新时代少年可以做哪些事？

设计意图：培养学生要从我做起，从身边小事做起的责任意识。

（二）课堂小结

环节六：课堂总结

通过本节课的学习，我们知道做人民关心的事、人民满意的事，就是坚持以人民为中心。作为一名新时代少年，应该从我做起，从身边小事做起。

设计意图：课堂升华。

（三）板书设计

把人民放在心中最高的位置　坚持以人民为中心

人民 ——→ 从我做起

人民关心的事　人民满意的事

（四）作业设计

【作业练习一】

向社区了解是否有需要帮助的老人，利用周末休息时间，可以和爸爸妈妈一起到老人家里帮他做些力所能及的家务事。

【作业练习二】

实践活动任务单

课程名称		作业类型	
组长		成员分工	
调查内容			
老旧小区改造项目有什么			
人们对老旧小区改造的感受			
人们对小区改造还有哪些愿望			
……			

（五）参考资料

1.《习近平新时代中国特色社会主义思想学生读本》小学高年级

2.统编小学教材《道德与法治》五年级

3.学习强国平台

4.央视网

八、教学总结与反思

（一）教学总结

教师围绕"坚持以人民为中心"的课程教学主题，通过讲解、讨论等多种方式，帮助学生理解"坚持以人民为中心"的思想。课程主要围绕以下几个方面展开：

1.理解"坚持以人民为中心"的内涵：通过习近平爷爷为人民做实事、做好事的具体事例，明确"坚持以人民为中心"的发展思想是指在社会发展过程中，始终把人民的利益放在首位，以满足人民的需求为出发点和落脚点。

2.认识"坚持以人民为中心"的重要性：通过事例分析，知道只有坚持以人民为中心，才能实现社会的持续发展，提高人民的生活水平。

3.培养"坚持以人民为中心"的情感态度：通过小组讨论，从自身做起，关心他人，尊重他人，帮助他人，培养为人民服务的意识。

在教学过程中，教师注重学生的主体性，引导学生积极参与，学生在思考、讨论、体验中加深对"坚持以人民为中心"的理解。同时，教师也注重课堂氛围的营造，学生在轻松愉快的氛围中学习。

（二）教学反思

经过本次教学，我深感"坚持以人民为中心"的发展理念不仅是道德与法治课程的重要内容，也是培养学生良好品德的重要途径。然而，在教学过程中，我也发现了一些问题和不足：

1.学生参与度不均：虽然大部分学生能够积极参与讨论和活动，但仍有部分学生表现出一定的消极态度，不愿参与。这可能与他们的学习习惯、性格特点等有关，需要教师进一步研究和引导。

2.教学方法单一：本次教学主要采用了讲解、讨论和具体实例分析的方法，虽然取得了一定的效果，但仍有改进的空间。在今后的教学中，教师可以尝试引入更多的教学方法和手段，如角色扮演、情境模拟等，以激发学生的学习兴趣和积极性。

中国有了共产党

大连经济技术开发区金湾小学　迟　慧

一、课程基本信息

主讲课程：道德与法治

使用教材版本：人民教育出版社2018年版

教材章节出处：《道德与法治》五年级下册第三单元第九课《中国有了共产党》

二、教学设计概述

（一）教学设计思路

本课是统编教材《道德与法治》五年级下册第三单元第九课，由三个话题组成，三个话题分别是"开天辟地的大事变""星星之火，可以燎原""红军不怕远征难"。本课讲授的是第一个话题，紧扣2022年版《义务教育道德与法治课程标准》中"政治认同"及"责任意识"等核心素养，反映课程理念，确立课程目标，突出学习主题。

本课时教学设计思路：本堂课从中国共产党成立之前的社会背景讲起，引出十月革命，中国先进的知识分子选择了马克思主义，并积极寻求救亡图存的道路，讲到召开中共一大、中国共产党成立。按照这条主线，让学生了解中国人民之所以能取得新民主主义革命的胜利，建立人民民主专政的中华人民共和国，实现一百多年来中国人民梦寐以求的民族独立和国家统一，都得益于中国共产党的领导。中国人民从此站了起来！历史充分证明了：没有共产党就没有新中国！

对小学生来说，单纯的理论灌输无法吸引孩子们的兴趣。因此，本堂课采用了讲故事、小组讨论、看视频、听音乐、画党旗、送祝福等多种形式，运用多媒体手段让孩子参与其中，从而更深刻地沉浸于课堂，了解党史，并学有所获。

本课的教学设计，注重充分发挥学生的主体作用，把学生置于一个信息丰富的环境中，在课前让学生通过各种方式收集故事，在教学中密切联系学生的生活实际以及社会发展的现实情况，紧扣时代脉搏。旨在通过课堂教学，让师生一起重温伟大的中国共产党从建立到发展所走过的辉煌历程，让学生深刻体会以李大钊为代表的革命先辈身上艰苦奋斗、不怕牺牲、不屈不挠的革命精神，这种精神将激励着他们在今后的学习和生活中不怕困难、奋勇向前，为实现中华民族伟大复兴的"中国梦"贡献自己的力量。

（二）理论依据

习近平强调，新时代新征程上，思政课建设面临新形势新任务，必须有新气象新作为。要坚持以新时代中国特色社会主义思想为指导，全面贯彻党的教育方针，落实立德树人根本任务，坚持思政课建设与党的创新理论武装同步推进，构建以新时代中国特色社会主义思想为核心内容的课程教材体系，深入推进大中小学思想政治教育一体化建设。要始终坚持马克思主义指导地位，以中国特色社会主义取得的举世瞩目成就为内容支撑，以中华优秀传统文化、革命文化和社会主义先进文化为力量根基，把道理讲深讲透讲活，守正创新推动思政课建设内涵式发展，不断提高思政课的针对性和吸引力。

课标要求：政治认同主要表现为：

1.政治方向。明确中国共产党的核心领导地位，充分认识中国共产党领导是中国特色社会主义最本质的特征，是中国特色社会主义制度的最大优势。拥护中国共产党，坚持中国特色社会主义道路。

2.价值取向。践行和弘扬社会主义核心价值观，坚定共产主义远大理想和中国特色社会主义共同理想，增进中华民族价值认同和文化自信。

3.家国情怀。热爱伟大祖国，热爱中华民族，自觉铸牢中华民族共同体意识，有以实现中华民族伟大复兴为己任的使命感。

培育学生的政治认同，有助于他们形成正确的世界观、人生观、价值观，坚定正确的政治方向，初步树立共产主义远大理想和中国特色社会主义共同理想，成为德智体美劳全面发展的社会主义建设者和接班人。

责任意识主要表现为：

1.主人翁意识。关心国家，维护祖国统一和国家安全，具备国家利益高于一切的观念。

2.担当精神。具有为人民服务的奉献精神。

总目标：学生能够初步了解中国的基本国情，了解中国共产党的历史和革命传统，汲取党史、新中国史所蕴含的精神力量，热爱伟大祖国、中华民族、中华文化、中国共产党和中国特色社会主义，为自己是中国人而自豪。

本课从党史出发，结合革命故事，简要了解中国共产党的历史和革命传统，了解中国共产党带领人民彻底摆脱了被欺负、被压迫、被奴役的命运，成为国家、社会、自己命运的主人，引导学生热爱中国共产党。

（三）设计特色

本课由"十月革命""五四运动""中共一大"三个史实组成，课堂设计便从这三个史实出发，从激趣导入到话题讲解、最后总结升华三部分，运用多媒体课件，通过视频、图片、音乐的呈现，将看似晦涩难懂的党课与学生的生活、学习实际相结合，让学生畅所欲言，在学中悟，在悟中学。

三、学情分析

（一）基本素养

五年级的学生，大部分已经初步养成了良好的生活习惯和学习习惯，多数学生文明有礼貌，能遵守课堂学习规定，能积极学习，能安全健康地生活。还有少数学生比较顽皮，自我控制能力差，在课堂上、集体活动中不能很好地约束自己，甚至个别孩子有模仿社会上不良言行的现象。虽然学生基础、智力因素和认知水平均有差异，但是大部分学生都初步具备了认识世界的能力，对待事情都有着自己的看法和观点，且具有判断是非的能力。但

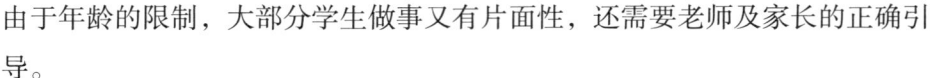

由于年龄的限制，大部分学生做事又有片面性，还需要老师及家长的正确引导。

（二）理论基础

作为少先队员，在日常学习及社会实践中，他们对中国共产党有了初步的认识及感性的认知，树立了初步的世界观、人生观、价值观，也初步具有了爱党的情感。但学生对党的初心和使命以及党的伟大征程的相关概念及具体史实了解相对欠缺。通过本课的教学，旨在让学生进一步了解党的历史以及党对国家和人民的巨大贡献，加深学生对中国共产党的热爱之情，明白党和人民心连心，真正使红色基因渗进血液、浸入心肺。

四、教学目标

（一）知识目标

1.知道中国共产党的成立是中国近代历史上开天辟地的大事，中国共产党代表着工人阶级和广大人民群众的根本利益，自从有了中国共产党，中国革命的面貌焕然一新。

2.了解马克思主义在中国的传播及五四运动的相关史实，知道中国共产党的创建是历史的必然选择。

3.了解中国共产党第一次全国代表大会召开的时间、地点、内容及意义。

4.知道中国共产党党旗、党徽是党的象征和标志。

5.知道全心全意为人民服务是中国共产党的根本宗旨。

6.理解中国共产党对中国发展的重要作用。

（二）技能目标

1.在情景体验、讨论交流的过程中，学习先辈们不怕牺牲、敢于探索的精神。

2.锻炼分析问题、总结提升的能力，学会运用历史的、辩证的、发展的眼光看问题。

（三）素质目标

1.学习先辈们从小立志、严于律己、不怕困难、不断追求等优良品质。

2.养成尊重历史文化、发扬革命传统、努力学习报效祖国的好习惯。

3.坚定没有共产党就没有新中国的信念。

4.学习以毛泽东同志为代表的共产党人的红船精神。

5.能主动维护国家荣誉，培养爱党爱祖国的民族自豪感。

本节课旨在通过知识、技能和素质三个方面培养学生的核心素养，知道中国共产党成立的历史，加深对社会主义祖国和中国共产党的热爱之情，形成社会主义建设者和接班人必须具备的思想前提和担当民族复兴大任时代新人的内在要求。

五、教学重点难点

（一）教学重点

1.了解马克思主义在中国的传播及五四运动的相关史实，知道中国共产党的创建是历史的必然选择。

2.学习以毛泽东同志为代表的共产党人的红船精神。

（二）教学难点

1.能主动维护国家荣誉，培养爱党爱祖国的情怀和民族自豪感。

2.锻炼分析问题、总结提升的能力，学会运用历史的、辩证的、发展的眼光看问题。

六、教学设计总体思路

环节一：激趣导入

本环节让学生畅所欲言，通过讲身边的故事、唱《没有共产党就没有新中国》，将思绪沉浸到中国共产党的光辉历程之中。

环节二：明党史，悟精神。

本环节结合本课三个史实展开，帮助学生了解从马克思主义传入中国到中国共产党成立的历史，强调马克思主义的传播和五四运动的重要影响，以及中国共产党诞生的伟大意义，歌颂革命烈士宁死不屈的斗争精神和五四青年的爱国情怀。

1.十月革命

通过看视频、明背景等环节，帮助学生了解因为俄国爆发的十月革命，为中国指明了革命的道路，促进了马克思主义在中国的传播。同时，通过陈独秀、李大钊两个革命先驱及《新青年》这个革命阵地，展示中国共产党人崇高的革命气节，以及勇于献身、坚贞不渝的革命精神，引导学生缅怀先烈，接受革命传统教育。

2.五四运动

通过看视频、明背景、谈感受、喊口号等环节，介绍马克思主义在中国传播的影响，了解五四运动的基本史实，引导学生认识国家富强、民族振兴的重要意义，在学生的畅所欲言中，号召其为之努力。

3.中共一大

通过看视频、填学习任务单等环节，介绍中共一大召开的影响及中国共产党诞生的历史意义，并由此引出红船精神，帮助学生认识红船精神的内涵。

通过出示党旗、党徽，引导学生认识到它们是中国共产党的象征和标志，加深学生对中国共产党的认识，增强其敬党爱党之情，激发其争做优秀接班人的使命感。

第三个环节：胸怀爱党心、厚植爱国情

课程结尾，我设计了在多功能白板上画党旗、听音乐、给祖国送祝福的活动，让孩子们不仅产生爱党、爱国的情感，且严肃认真地感悟中国共产党给我们中华民族带来的巨大财富，培养学生政治认同及责任意识的同时，引导学生把共产党深深地印刻在自己的心中。

七、教学过程

（一）教学流程设计

环节一：激趣导入

教师活动：

1.播放歌曲《没有共产党就没有新中国》。

2.提问：从这首歌曲中你能想到什么？为什么说没有共产党就没有新中国？（指名回答）

3.你身边有共产党员吗？他们有什么特点？（指名回答）

教师总结：其实，学校的老师也有许多是共产党员。千千万万的共产党员都在各自的岗位上努力着，都在为人民服务中贡献自己的全部力量！今天，就让我们走进第九课——中国有了共产党。（板书）齐读课题。

学生活动：

1.学生跟唱。

2.回答问题。

预设一：我想到共产党让中国变得更美好。

预设二：因为共产党一心为了人民，带领全中国摆脱了水深火热的情况。

3.回答问题。

预设一：我妈妈是共产党员，妈妈在工作中非常勤恳，对待她的学生特别好，就像对待自己的孩子一样。

预设二：我爷爷是一名老共产党员，他非常严肃，每次和我说话都喜欢用教育的语气。

4.齐读课题。

设计意图：通过听歌、唱歌、讲身边的共产党人，让学生在讲述与聆听中初步了解共产党的特点，树立作为一名中国人的自豪感与使命感，导入本课课题"中国有了共产党"。

环节二：明党史，悟精神

教师活动：

1.十月革命

（课件出示旧中国图片）

让我们的思绪回到20世纪初……当时的中国国力衰退，正处于内忧外患的艰难处境。外有西方资本主义国家的蓄意侵略掠夺，内有腐败无能的清政府摇摇欲坠的统治，百姓生活在水深火热之中。此时的中国急需一股新鲜

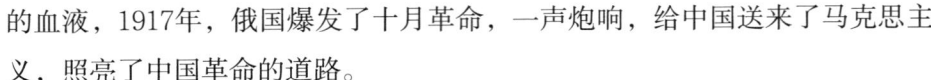

的血液，1917年，俄国爆发了十月革命，一声炮响，给中国送来了马克思主义，照亮了中国革命的道路。

（播放十月革命视频）

中国的先进知识分子认识到马克思主义的先进性，并逐渐认识到建立无产阶级政党的必要性，中国国内早期的共产党组织也进行了一系列的革命活动。我们来看这两个重要的人物。

（课件出示人物简介）

陈独秀创办了《新青年》，高举"民主""科学"大旗，推动了新文化运动的发展。

李大钊是颂扬十月革命胜利和系统传播马克思主义的第一人，是中国共产党的主要创始人之一。

（课件出示李大钊的故事）

1927年4月6日，李大钊不幸被捕，在狱中受尽酷刑，但始终严守党的秘密，坚贞不屈。临刑前，李大钊发表了最后一次演说："不能因为你们今天绞死了我，就绞死了伟大的共产主义！我们已经培养了很多同志，如同红花的种子，撒遍各地！我们深信，共产主义在世界、在中国，必然要得到光荣的胜利！"

提问：请同学们议一议，李大钊为何宁死不屈？（指名回答）

教师总结：正是因为李大钊作为共产党人坚贞不屈、甘愿献身的革命精神及其想用自己的牺牲唤醒沉睡中的群众的革命勇气，所以他不惧死亡。

虽然斗争失败的原因各不相同，但归根结底，都是因为没有先进的、正确的理论指导，没有代表人民利益的先进的政党的领导。所以，要拯救中国，必须要有一个具有先进指导思想并代表人民利益的政党来领导革命，这就是中国共产党。

2.五四运动

（课件出示五四运动背景）

1919年初，第一次世界大战的战胜国在法国巴黎召开"和平会议"。当时的北洋政府屈服于列强的压力，准备同意不公平合约。此消息传到国内，激起社会各界的强烈愤慨。如果我们穿越时空，听到政府将签署如此不平等的条约，你会如何想？如何做？

（课件出示五四运动的视频及五四运动的口号）

1919年5月4日，北京大学等在校大学生在天安门前集合，高呼"外争主权，内除国贼"等口号，游行示威。随后，上海等地学生罢课，工人罢工，商人罢市，形成全国范围的群众性反帝爱国运动。最终，北洋政府迫于压力，中国代表团拒绝在合约上签字，五四运动取得胜利。你能带着自己对口号的理解试着喊出来吗？（指名回答）

正因为这些思想进步的人们，所以五四运动取得了胜利。这不仅促进了马克思主义在中国的传播，还标志着中国新民主主义革命的开端，为中国共产党的成立作了思想上和组织上的准备。

3.中共一大

（播放《中国共产党成立》纪录片）

1921年7月23日，中国共产党第一次全国代表大会在上海秘密召开，参会代表13人，代表着全国的50多名党员，其中包括长沙的毛泽东、何叔衡，武汉的董必武、陈潭秋，济南的王尽美、邓恩铭等。7月30日傍晚，中共一大第六次会议刚开始不久，突然有名陌生男子闯入会场，谎称找人，又声称找错人了，环视一周后又匆忙离去。他的举动引起大家警觉，会议被迫终止，代表们迅速撤离。经研究，最后一天的会议转移到浙江嘉兴南湖的一艘游船上继续进行。会议通过了中国共产党第一个纲领，确定了党的名称为"中国共产党"，党的奋斗目标是推翻资产阶级政权，建立无产阶级专政，实现共产主义。如今，位于上海的中国共产党第一次全国代表大会纪念馆和嘉兴南湖的红船成为很多爱国人士参观瞻仰的热门景点。

（课件出示"红船精神"）

"红船精神"指的是开天辟地、敢为人先的首创精神，坚定理想、百折不挠的奋斗精神，立党为公、忠诚为民的奉献精神。中国共产党代表们在那艘简陋的游船上坚持开完了第一次代表大会，并且通过了党的第一个纲领，中国共产党在这里诞生，中国共产党人从这里出征，无论时代怎么变迁，

"红船精神"永放光芒，激励着一代代共产党人砥砺前行。

正因为进步青年的觉醒与求索，才有了马克思主义的中国化，才有了共产主义的萌芽。中国的发展与先进的思想分不开，与爱国人士的努力分不开，与革命先烈的英勇牺牲分不开，与共产党的正确领导更是分不开。没有共产党就没有新中国，理解了红船精神，那如何把这种精神落实在行动中，做新时代好少年呢？（指名回答）

教师总结：少年强则国强。爱祖国，就要树立主人翁的责任感、使命感，不仅有报国之心、报国之志，更要有报国之才、报国之行。青少年理应只争朝夕，刻苦学习，努力拼搏，将来为建设祖国贡献自己的力量。

（出示党旗、党徽实物）

党旗的内涵：中国共产党党旗底色为红色，红色象征革命，黄色的锤子、镰刀代表工人和农民的劳动工具，象征着中国共产党是中国工人阶级的先锋队，代表着工人阶级和广大人民群众的根本利益。

看，老师胸前戴着的就是党徽，上面闪耀着五个大字"为人民服务"，这也是中国共产党的宗旨。

学生活动：

1.看图片，了解旧中国的社会样貌。

2.看视频，知道俄国十月革命是无产阶级的革命，并且取得了胜利，中国先进的知识分子接受了马克思主义，并在国内掀起了马克思主义的思潮。

3.看人物简介，了解中国共产党早期的代表人物——陈独秀和李大钊，知道《新青年》作为马克思主义传播的主阵地，促进了新民主主义运动的发展。

4.自由读故事，小组讨论，并汇报。

预设一：因为他知道组织已经培养了很多同志，即使他牺牲了，还有更多的人能革命。

预设二：因为他是共产党人，他有着坚贞不屈的精神，所以他不惧死亡。

5.学生自读五四运动背景，并回答：

预设一：我会罢课，找到志同道合的伙伴一起上街游行。

预设二：我会想，政府为什么如此软弱无能，中国人民应该联合起来，抗争到底。

6.感受五四青年的心情，谈对口号的理解，用悲愤的心情喊五四口号。

7.观看纪录片，感受中国共产党成立的危机重重和振奋人心，填写学习任务单。

1. 中国共产党诞辰纪念日是哪一天？
2. 中国共产党第一次全国代表大会在什么地方召开的？
3. 参会代表有多少人？你能说出其中几名代表的名字吗？

8.带着理解，齐读红船精神。

9.回答问题。

预设一：我们要努力学习，成为合格的社会主义接班人。

预设二：未来我要专心科研，让中国的科技更发达，让中国屹立在世界强国之林。

设计意图：通过学生感兴趣的听故事、看视频等方式，把中国共产党领导的中国革命的内涵形象生动地表现出来，展示中国共产党人崇高的革命气节，便于学生理解。用几个史实让学生更深入地了解马克思主义在中国的传播及五四运动的深远影响，认识中国共产党成立的意义，了解中国共产党的历史和革命传统，汲取党史中所蕴含的精神力量，培养学生对中国共产党的热爱之情。

环节三：胸怀爱党心、厚植爱国情

教师活动:十八岁那年，老师做了人生中最重要的决定——郑重地写下入党志愿书。从努力做社会主义事业的接班人，到悉心培养社会主义事业的接班人，我爱党、爱国、爱社会主义的初心始终没变！入党时我许下的誓言仿佛还萦绕在耳畔，我志愿加入中国共产党，随时准备为党和人民牺牲一切，永不叛党！

（播放《党的誓言》纪录片）

请同学们依次走到台前，描绘党旗的形状，然后在《我爱你，中国》的歌声中说出自己对祖国的祝福。（指名回答）

老师听到了你们的心声，祖国也听到了你们的祝福，在课程的最后，让我们一起大声地喊出每个中国人心中的那句话："我爱你，中国！"

学生活动：

1.在互动白板上画党旗。

2.在歌声中说出对祖国的祝福：

预设一：祝我的祖国繁荣富强！

预设二：祝我的祖国国泰民安！

3.齐说："我爱你，中国！"

（二）课堂小结

没有共产党就没有新中国，中国共产党是中国工人阶级的先锋队，是中国人民和中华民族的先锋队，是中国特色社会主义事业的领导核心。它不仅代表工人阶级的利益，还代表中国广大人民和整个中华民族的利益。它的诞生给灾难深重的中国人民带来了光明和希望。中国在党的领导下不断地发展、壮大，建立和完善了社会主义制度，逐步变成了富强、民主、文明、和谐、美丽的国家。作为国家的一员，作为一名少先队员，作为新时代先锋队的我们，应该且必须铭记历史，不忘初心，努力奋斗，为祖国的发展奉献自己的一份力量。这节课让学生接触党的诞生，而在接下来的课程中，我们还会从党的发展中更深刻地去体会共产党人的精神内核。

（三）板书设计

第九课 中国有了共产党

十月革命

五四运动

中共一大

（四）作业设计

1.我是小党员

化身小党员，给家人们讲讲中国共产党的故事。

2.我为国家送祝福

用手抄报等形式写下自己对祖国的祝福。

3.我是国家小主人

写一写作为国家的小主人，你应该如何去做。

4."红船精神"主题演讲

准备一篇以"红船精神"为主题的演讲稿。

（五）参考资料

1.《义务教育道德与法治课程标准》，北京师范大学出版社，2022年版。

2.《义务教育道德与法治五年级下册教师教学用书》，人民教育出版社，2019年版。

3.习近平：《习近平谈治国理政》第一卷，外文出版社，2018年版。

4.习近平：《论中国共产党历史》，中央文献出版社，2021年版。

5.习近平：《弘扬"红船精神" 走在时代前列》，光明日报，2005年6月21日。

6.《党史百年·重要论述》，中央党史和文献研究院官网。

7.郑谦，庞松等：《中华人民共和国通史》（全七卷），广东人民出版社，2019年。

八、教学总结与反思

（一）好的方面

本堂课从道德与法治学科的核心素养出发，着力培养学生的政治认同感及责任意识。坚持教师为主导、学生为主体、面向所有学生的教学原则，采用创设情境、启发、讨论、讲授等教法，创设良好的课堂教学环境，让学生在整堂课中不断提出问题、解决问题，使学习变得丰富而有个性，营造了支持学生学习的积极的心理氛围，也极大地提高了课堂教学效率。

　　学习中共党史，就是要学习、继承和发扬党的理论联系实际，密切联系群众和批评与自我批评的优良传统和作风；学习、继承和发扬老一辈无产阶级革命家、革命先烈艰苦卓绝、不屈不挠，全心全意为人民的革命精神和崇高品质；肩负起继往开来的历史重任，增强爱国主义观念，树立共产主义的远大理想，为建设中国特色社会主义而奋斗。从这一角度来说，本堂课紧扣主题，合理地运用多媒体手段，设计了丰富的环节，让学生更直白地了解共产党，了解共产党对中国发展的重要作用。

（二）待改进的方面

　　本堂课在理论知识上灌输得较多，但是学生对于党史的理解还是不够深刻，需要长期坚持，在日常的课堂中逐步渗透，让孩子把对党的热爱融入到每一天，而不是单独的某节课或者某个时间点。切实地通过思政课，既达到传授知识、提高学生政治理论知识水平的教学效果，又发挥德育功能，提高学生道德觉悟和政治素质，使知与行达到统一。

没有共产党就没有今天的中国

朝阳市文化路小学　夏　宇

一、课程基本信息

主讲课程： 道德与法治

使用教材版本： 人民教育出版社2021年版

教材章节出处： 《习近平新时代中国特色社会主义思想学生读本》（小学高年级）第2讲第一节《没有共产党就没有今天的中国》

二、教学设计概述

（一）课程目标设定

本课程以习近平新时代中国特色社会主义思想为指导，通过红色教育，引导学生深刻理解和认识坚持党的领导的重要性，让学生懂得没有共产党就没有今天的中国，培育学生的红色基因，增强学生的历史使命感和社会责任感，培养德智体美劳全面发展的社会主义建设者和接班人。

（二）红色教育内容

课程内容主要涵盖党的历史、党的基本理论、党的基本路线、党的基本纲领和党的优良传统等方面，确保学生通过学习，全面了解和认同党的光辉历程和伟大成就。

（三）教学方法与手段

采用多种教学方法，如课堂讲授、情景模拟、小组讨论、实践操作、案例分析等，结合现代教育技术手段，如多媒体教学、网络教学等，提高教学效果，激发学生的学习兴趣和主动性。

（四）学生参与与互动

鼓励学生积极参与课堂讨论、小组活动、实践项目和模拟活动，加强师生互动和生生互动，营造积极向上的学习氛围，促进学生的全面发展。

（五）教学评价与反馈

建立科学的教学评价体系，通过作业、测验、考试等多种方式，全面评价学生的学习效果。及时反馈评价结果，指导学生进行针对性的改进，确保教学质量。

（六）实践活动与体验

组织学生参加红色教育基地参观、志愿服务、社会实践等活动，让学生亲身体验党的历史和革命精神，加强红色教育的感染力和实效性。

（七）教师角色与要求

教师在课程中要发挥主导作用，引导学生深入思考和学习。同时，教师也要不断提高自身的政治素质和教学能力，确保课程的高质量实施。

（八）教学资源与支持

充分利用现有的红色教育资源，如红色教育基地、革命历史遗址等，为课程教学提供有力支持。同时，加强与相关部门的合作，争取更多的资源和政策支持，为红色教育的深入开展提供保障。

三、学情分析

六年级学生对党的领导有基本的认识，懂得没有共产党就没有新中国，对党的基本路线、方针、政策有一定的了解。他们普遍认同社会主义核心价值观，对党和国家的未来充满期待。学生对于与党相关的学习内容表现出浓厚的兴趣，愿意主动参与思政教育活动。同时，他们在课堂上的表现活跃，愿意分享自己的见解和体验。学生的抽象思维能力正在快速发展，能够对复杂的政治现象进行初步的分析和判断。他们具备一定的辨别力，能够识别并抵制不良信息。他们对党和国家有着深厚的感情，对英雄模范人物充满敬意。他们普遍认同集体主义精神，愿意为班级和学校的发展贡献力量，与此同时，他们明白"打铁还需自身硬"的道理，通过自己的努力将来为国家做贡献。

四、教学目标

（一）知识目标

学生了解党的光辉历程、伟大成就和宝贵经验，没有共产党就没有今天的中国，培养学生对党的信仰和敬畏之情，激发学生爱国热情和历史责任感。

（二）能力目标

学生认识到党的领导是中国特色社会主义最本质的特征，是中国特色社会主义制度的最大优势，引导学生理解并拥护党的领导。

（三）情感态度与价值观目标

学生深刻理解社会主义核心价值观的内涵，将其内化于心、外化于行，培养学生良好的道德品质和社会责任感。

通过传承红色基因、弘扬革命精神，让学生了解党的优良传统和革命文化，培养学生的爱国情怀和革命精神。

五、教学重点难点

（一）教学重点

学生了解中国共产党的发展历程和伟大成就，理解党的领导和社会主义制度的优越性，没有共产党就没有今天的中国。

通过传承红色基因、弘扬革命精神，培养学生爱党爱国的情感，激发学生为实现中华民族伟大复兴的中国梦而努力奋斗的热情，知道打铁还需自身硬的道理。

学生理解"主心骨"和"定海神针"的作用，引导学生树立正确的群众观念，增强为人民服务的意识和能力。

（二）教学难点

学生理解党的基本知识和历史，认识到党在国家和人民生活中的核心领导地位。

如何将抽象的政治理论知识转化为生动具体的教学内容，让学生易于理解和接受，培养学生爱国情怀，为做对未来国家有用的栋梁人才做规划。

如何有效引导学生将课堂所学知识转化为实际行动，实现知行合一。

六、教学设计总体思路

（一）导入

播放歌曲《没有共产党就没有新中国》、党的发展历程的短视频，激发学生的兴趣，引入主题。

（二）新课讲解

使用PPT向学生展示中国共产党的历史发展脉络和基本理念。深入讲解党旗的设计意义和象征，让学生通过图片和文字了解其背后的故事。

案例分析：教师分享一些党的光辉事迹和英雄人物，引导学生感受党的伟大精神。

（三）互动环节

分组讨论：学生分组，分享他们对党的理解和认知，以及对党旗的敬畏之情。

（四）实践活动

手工制作：指导学生制作党旗，让他们感受党旗的神圣与庄严。

模拟党旗下活动、宣誓等环节：模拟党旗下活动后带领学生进行简短的宣誓，强化他们的红色精神。

（五）课堂总结

引用习近平总书记的话，对本节课内容进行升华。

（六）课后作业布置

鼓励学生写一篇关于中国共产党的光辉事迹的感想或为实现中华民族伟大复兴之中国梦对自己未来的规划。

通过"主心骨"和"定海神针"的实际案例分析，让学生了解党的领导在实际工作中的运用和成效，增强学生对党的领导的信心和认知。

通过以上教学设计概括，我们可以看出，坚持党的领导培养红色未来是一项系统工程，需要我们在课程目标设定、红色教育内容、教学方法与手段、学生参与互动、教学评价与反馈、实践活动与体验、教师角色与要求以及教学资源与支持等方面做出全面规划和努力。只有这样，我们才能培养出真正具有红色基因、能担当起历史使命和社会责任的社会主义建设者和接班人。

七、教学过程

（一）教学流程设计

环节一：倾听音乐、导入新课

教师活动：导入新课（播放歌曲《没有共产党就没有新中国》）2分钟。

提问："你们知道党旗的含义吗？为什么没有共产党就没有今天的中国？"引导学生思考并分享自己的想法。

学生活动：倾听、思考、汇报。

设计意图：通过展示党旗、播放红色歌曲等方式，营造浓厚的红色氛围。

环节二：观看PPT

教师活动：

1.知识讲解（播放视频）5分钟

简要介绍党的基本理论和历史知识，重点突出党在革命建设和改革中的伟大成就。强调"主心骨"和"定海神针"的作用，培养学生"打铁还需自身硬"的思想。

问题：党的领导对个人成长的重要性？如何在日常生活中践行红色精神？

2.教师选取几个党领导下的先进事迹，如"雷锋精神""焦裕禄精神"等，进行详细分析。

问题：这些事迹给我们带来了哪些启示？如何做对国家有用的栋梁之材？（引导学生深入思考并分享感悟）

学生活动：

1.学生分组探讨党的领导对个人成长的重要性以及如何在日常生活中践

行红色精神，分享这些案例给我们带来的启示，以及如何成为国家有用的栋梁之材。（分组讨论、汇报）

2.学生分享心得体会党领导的重要性、红色精神、革命先烈或优秀党员的信仰等内容和事迹。（根据自己收集的资料汇报）

3.引导学生深入理解红色精神，以此为契机，培养学生对未来做规划。

设计意图：阐述红色精神的内涵和价值，包括爱国主义、集体主义、奉献精神等，加深学生的理解。通过案例分析，引导学生深入思考并感悟红色历史，激发学生的爱国情怀。

环节三：手工制作

教师活动：指导学生制作党旗，让他们在制作过程中感受党旗的神圣与庄严。

学生活动：同桌共做一面党旗。

设计意图：培养学生的动手能力、合作意识，将课堂所学知识转化为实际行动，实现知行合一。

环节四：模拟党旗下活动和宣誓环节

教师活动：创设党旗下活动情境，参与活动后，带领学生进行简短的宣誓，对本节课内容进行升华。

学生活动：进行党旗下活动，学生宣誓，强化他们的红色精神。

设计意图：通过党旗活动和宣誓，让学生了解党的优良传统和革命文化，培养学生的爱国情怀和革命精神。

环节五：课堂小结

教师活动：本节课有哪些收获，并鼓励学生在日常生活中积极践行红色精神，成为有理想、有道德、有文化、有纪律的新时代青少年。

学生活动：学生倾听、总结。

设计意图：总结本节课的主要内容和学习成果，强调党的领导和红色精神的重要性，懂得"打铁还需自身硬"，长大为国家做贡献。

（二）课堂小结

本节课的主题是"没有共产党就没有今天的中国"。我们围绕这一主题，以习近平新时代中国特色社会主义思想为指导，深入探讨了党的历史、基本理念以及党旗的象征意义，深刻理解党的领导在社会主义现代化建设中的重要性，通过学习，我们要懂得红色精神赋予我们社会责任感。我们不仅了解了党的历史和基本理念，更要深刻体会到党的领导的重要性和红色精神的力量。我们要有坚定理想信念，增强责任感和使命感，为实现中华民族伟大复兴的中国梦贡献自己的力量。我们是新时代的少先队员，党对我们倾注了无限的爱，给予了殷切的期望，我们要时刻听党的话，永远跟党走，做合格的社会主义接班人。

设计意图：升华本课。

（三）板书设计

（没有共产党就没有今天的中国
一 党的领导 党的光辉历程
二 党旗领航成长 红色教育
三 小结 政治认同 自身修为）

（四）作业设计

1.主题作业：没有共产党就没有今天的中国（红色故事分享）

（1）目的：通过分享红色故事，让学生更深入地了解党的历史，感受红色精神，增强对党的认同感和归属感。

（2）要求：学生选择一个与党的历史或红色精神相关的故事（可以是历史事件、人物故事等）；对所选故事进行整理和简要分析，说明它为什么是一个"红色故事"；在班级或小组内分享这个故事，并阐述其对个人的启示和影响。

2.制作党旗。

目的：培养学生核心素养，通过实践，知行合一。

要求：同桌合作制作党旗。

3.模拟党旗下活动并宣誓。

目的：通过模拟党旗下的活动，让学生体验党的领导在集体行动中的作用，培养团队精神和集体荣誉感。

要求：学生分组，每组模拟一次党旗下的集体行动（如环保活动、志愿服务等）；在模拟活动前，制订详细的活动计划，明确活动目的、流程和分工；完成模拟活动后，讨论党旗领航下集体行动的意义和价值。跟着老师进行宣誓，用宣誓对本课进行升华，我们要听党话，跟党走。

4.课后作业。

让学生与家人分享今天学到的关于党的知识，鼓励学生写一篇关于中国共产党的光辉事迹的感想或为实现中国伟大梦想自己未来的规划。

（五）参考资料

1.习近平. 决胜全面建成小康社会　夺取新时代中国特色社会主义伟大胜利——在中国共产党第十九次全国代表大会上的报告[R]. 人民出版社，2017.

2.毛泽东选集[M]. 北京：人民出版社，1991.

3.胡绳. 中国共产党的七十年[M]. 北京：中共党史出版社，1991.

4.金冲及. 二十世纪中国史纲[M]. 北京：社会科学文献出版社，2009.

5.欧阳淞. 没有共产党就没有新中国[N]. 人民日报，2019-09-11.

八、教学总结与反思

（一）教学总结

本次"坚持党的领导　培养红色未来"的教学活动，我们围绕"没有共产党就没有今天的中国"主题，通过一系列图文并茂的展示、互动讨论和实践活动的开展，学生们对党的历史、基本理念以及党旗的象征意义有了更加深入的了解。同时，学生们也通过制作党旗、模拟党旗下活动后宣誓环节，进一步感受到了党旗的庄严与神圣，以及坚持党的领导的重要性，我们的主心骨和定海神针都离不开党。在教学过程中，学生们积极参与、讨论热烈，显示出浓厚的学习兴趣和热情。他们在实践中学习，在学习中体验，深刻领会了红色精神的内涵和意义。

（二）教学反思

　　教学内容的深度与广度有待加深：虽然我们对党的基本知识和历史进行了介绍，但考虑到学生的年龄和认知水平，部分内容可能过于抽象和深奥。未来可以考虑增加更多与学生生活紧密相关的内容，使教学更加贴近实际，更具吸引力。

　　教学方法的多样性：虽然本次教学采用了多种教学方法，但仍有进一步改进的空间。例如，可以增加一些角色扮演、情景模拟等更加生动有趣的教学方式，让学生在更加轻松愉快的氛围中学习。

中国有了共产党之开天辟地大事变

沈阳市沈北新区辽宁大学附属实验学校　朱雪微

一、课程基本信息

主讲课程：《道德与法治》

使用教材版本：人民教育出版社2019年版

教材章节出处：《道德与法治》五年级下册第三单元第九课《中国有了共产党》

二、教学设计概述

（一）教学设计思路

1. 教学背景与目标

在当前社会背景下，让学生了解中国共产党的诞生、发展及其伟大贡献，对于培养他们的历史责任感、民族自豪感和爱国情怀至关重要。通过本课，我们旨在让学生全面理解中国共产党的历史地位、基本理论和未来发展。

2. 中国共产党成立意义

中国共产党的成立，标志着中国工人阶级有了自己的先锋队，也为中国革命指明了方向。它的诞生，是近现代中国历史发展的必然产物，为中国带来了新希望。

3. 党的历史发展脉络

从建党初期的艰苦奋斗，到抗日战争、解放战争的胜利，再到新中国的建立、改革开放的伟大实践，党领导中国人民走过了波澜壮阔的历史。在新时代，党继续深化改革开放，推动国家治理体系和治理能力现代化，为实现中华民族伟大复兴的中国梦不懈努力。

4.党的未来发展展望

展望未来，中国共产党将继续引领中国人民走中国特色社会主义道路，全面建设社会主义现代化国家，为人类进步事业作出更大贡献。

5.教学反思与评估

课后，我们将根据学生的反馈和课堂表现，对本次教学效果进行评估，不断反思和改进教学方法，确保学生能够真正理解和领悟中国共产党的伟大历程和贡献。

综上所述，通过对"中国有了共产党"的深入教学，我们期望学生能够深刻理解中国共产党成立的伟大历史意义和历史贡献，增强他们的历史责任感和使命感，为祖国的繁荣富强贡献自己的力量。

（二）理论依据

1.学生发展理论

小学生处于品德与社会性发展的重要时期，此阶段他们开始对社会历史、国家发展等有初步的认知需求和探索欲望。通过学习"中国有了共产党"，可以满足学生了解国家历史、培养爱国主义情感和民族自豪感的发展需求。

六年级学生的思维能力逐渐从具体形象思维向抽象逻辑思维过渡，能够理解较为复杂的历史事件和人物行为背后的意义。该课程内容可以帮助学生锻炼分析、归纳和综合等思维能力。

2.学科课程标准

《义务教育道德与法治课程标准（2022年版）》明确指出，要培养学生热爱祖国，珍视祖国的历史、文化传统。"中国有了共产党"这一内容紧扣课程标准要求，让学生了解中国共产党的诞生及领导中国人民进行革命斗争的历史，增强学生对祖国的认同感和责任感。

课程标准强调引导学生了解不同历史时期的社会变迁和重大事件，培养学生的历史意识和社会责任感。本课程内容通过讲述中国共产党成立前后的历史，使学生认识到中国共产党在国家发展中的重要作用。

（三）设计特色

1.历史情境创设，增强代入感

通过图片、视频、故事等多种形式，创设中国共产党成立前后的历史情境。比如播放"五四运动"的纪录片片段，让学生仿佛置身于时代当中，感受青年学生的爱国热情和为国家命运抗争的精神。在讲述中共一大召开时，可以展示当时的会址图片和参会代表的生平故事，使学生更深入地了解这一重大历史事件的背景和意义。

2.互动体验活动，提升参与度

设计多样化的互动体验活动，让学生积极参与到课程中来。例如组织小组讨论，师生共同探究"中国共产党成立的历史必然性"，学生们可以结合所学知识和课前收集的资料，在交流中加深对中国共产党历史使命的理解，增强学生对历史人物的情感共鸣。

3.多元评价方式，促进全面发展

采用多元化的评价方式，全面评价学生的学习成果。可以结合学生在课堂讨论、互动活动、实践拓展中的表现进行评价。鼓励学生自我评价和互评，让学生在评价中发现自己的优点和不足，促进自我反思和成长。同时，教师及时给予学生肯定和鼓励，激发学生的学习兴趣和积极性。

三、学情分析

"中国有了共产党"这一主题的教学，其核心教学目标是帮助学生全面、深入理解中国共产党的历史地位、伟大贡献以及对中国社会、政治、经济和文化的深远影响。具体目标如下：

1.确立历史观念

通过教学使学生明确中国共产党是中国革命、建设和改革事业的领导核心，是中国特色社会主义事业的坚强领导力量。帮助学生确立正确的历史观念，认识到中国共产党领导中国人民取得的历史性成就和发生的历史性变革。

2.培养爱国情怀

引导学生深入理解中国共产党为中国人民谋幸福、为中华民族谋复兴的初心和使命，激发学生的爱国情怀和民族自豪感。通过学习，使学生更加珍惜来之不易的幸福生活，更加坚定走中国特色社会主义道路的信心和决心。

3. 增强社会责任感

通过教学，使学生认识到作为新时代的青少年，应该继承和发扬中国共产党的优良传统和作风，积极投身社会实践，为实现中华民族伟大复兴的中国梦贡献自己的力量。同时，增强学生的社会责任感，使其明确自己在国家发展和社会进步中的责任和担当。

4. 提高思辨能力

在教学过程中，注重培养学生的思辨能力。通过组织讨论、案例分析等方式，引导学生对历史事件、人物和观点进行深入思考和分析，培养学生的批判性思维和创新精神。

5. 促进全面发展

"中国有了共产党"这一主题的教学不仅关注学生的知识掌握，还注重学生的全面发展。通过多样化的教学方式和手段，激发学生的学习兴趣和潜能，促进其德、智、体、美、劳全面发展。

综上所述，中国有了共产党的教学目标旨在帮助学生全面、深入地理解中国共产党的历史地位、伟大贡献和影响，确立正确的历史观念，培养爱国情怀和社会责任感，提高思辨能力，促进其全面发展。

四、教学目标

1. 使学生了解中国共产党的成立背景、历史意义以及早期的主要活动和成就，理解中国共产党在中国革命和建设中的核心领导作用。

2. 通过课堂讲授、小组讨论、案例研究等多种教学方法，培养学生的历史分析能力和批判性思维，引导学生自主思考和解决问题。

3. 培养学生对中国共产党的认同感和自豪感，激发他们爱国爱党的热情，引导他们树立正确的历史观和价值观。

通过"中国有了共产党"这一课题的教学，不仅可以让学生深入了解中国共产党的历史和发展，还可以培养学生的爱国情怀和社会责任感。同时，这一课题的教学也有助于引导学生正确看待历史，认识历史规律，从而更好地理解当今中国的发展和变革。

在教学过程中，根据学生的年龄和认知水平，选择合适的教学方法和手段，注重启发式教学，激发学生的学习兴趣和积极性。同时，教师还应关注学生的学习过程，及时给予指导和帮助，确保教学目标的顺利实现。

五、教学重点难点

（一）教学重点

通过史实分析，了解坚定地捍卫国家民族利益是中国共产党的革命目标之一。在抗日战争时期，中国共产党倡导并建立了抗日民族统一战线，为抵抗日本侵略做出了重要贡献。同时，中国共产党解决了农民的土地问题，高度的民主和廉洁的作风赢得了广大人民的拥护和支持。没有中国共产党的领导，中国人民不可能取得抗日战争的胜利，也不可能建立新中国。树立"没有共产党就没有新中国"的思想基础。

（二）教学难点

使学生认识到只有社会主义才能救中国，因为只有社会主义才能满足中国人民的根本利益。近代以来，由于西方列强入侵和封建统治腐败，中国沦为半殖民地半封建社会，中国人民生活在苦难和屈辱之中。为了实现民族独立、人民解放，无数仁人志士前赴后继、不懈探索，努力寻找科学的理论、正确的道路和可依靠的社会力量。然而，很多救国方案在实践中一次又一次地失败了。最终登上历史舞台的中国共产党主动选择了社会主义，才真正解决了"救中国"的问题。这昭示了"只有社会主义才能救中国"的历史必然性。社会主义与中华优秀传统文化的基因相契合，能在中国扎根。中华优秀传统文化强调的世界大同、协和万邦、兼济天下、和衷共济、民为邦本等价值理念与社会主义核心价值观高度契合。因此，只有社会主义才能救中国，这是历史的必然选择。

六、教学设计总体思路

"中国有了共产党"整体教学设计思路从以下几个方面展开：

（一）明确教学目标

教学的首要任务是明确教学目标。在教授"中国有了共产党"这一主题时，应着重帮助学生理解共产党的成立对于中国历史进程的重大影响，以及共产党如何领导中国人民取得革命、建设和改革的伟大成就。通过教学，引导学生认识到共产党的伟大领导核心地位，深刻理解社会主义制度在中国的优越性。

（二）梳理教学内容

教学内容应围绕共产党的成立背景、历史使命、奋斗历程以及取得的伟大成就展开。可以从以下几个方面进行梳理：

1. 共产党的成立背景：介绍近代中国的社会状况，以及为什么需要共产党的领导来拯救中国。

2. 共产党的历史使命：阐述共产党的初心和使命，即为中国人民谋幸福、为中华民族谋复兴。

3. 共产党的奋斗历程：回顾共产党领导中国人民进行革命、建设和改革的历史进程，重点介绍关键事件和转折点。

4. 共产党的伟大成就：总结共产党领导中国人民取得的伟大成就，包括新中国的成立、社会主义制度的确立、改革开放和社会主义现代化建设等。

（三）选择适当的教学方法

为实现上述教学目标，可以选择以下方法：

1. 课堂讲授：通过讲解共产党的发展历程和成就，帮助学生构建整体认识。

2. 讨论交流：组织学生进行小组讨论，分享对共产党领导地位的理解和认识，提高思辨能力。

3. 案例分析：选取典型的历史事件或案例，引导学生进行深入分析和思考，增强对共产党领导地位的认识。

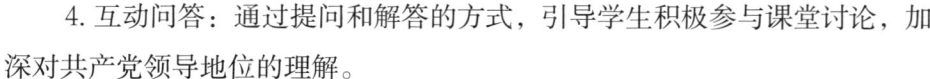

4.互动问答：通过提问和解答的方式，引导学生积极参与课堂讨论，加深对共产党领导地位的理解。

（四）强调理论与实践相结合

在教学过程中，应注重理论与实践相结合。通过组织学生参观革命历史遗址、观看相关纪录片或进行实地考察等方式，让学生亲身感受共产党领导中国人民取得的伟大成就。同时，鼓励学生将所学知识运用到实际生活中，培养其运用理论分析和解决实际问题的能力。

（五）培养学生的爱国情怀和社会责任感

通过教学"中国有了共产党"这一主题，培养学生的爱国情怀和社会责任感。引导学生认识到作为新时代青少年，应该继承和发扬共产党的优良传统和作风，为实现中华民族伟大复兴的中国梦贡献自己的力量。同时，培养学生的历史使命感和责任感，使其明确自己在国家发展和社会进步中的责任和担当。

综上所述，"中国有了共产党"整体教学设计思路应注重明确教学目标、梳理教学内容、选择适当的教学方法、强调理论与实践相结合以及培养学生的爱国情怀和社会责任感等方面。通过这一思路的实施，可以帮助学生全面深入地理解共产党的领导地位和作用，增强其历史使命感和责任感，为培养德智体美劳全面发展的社会主义建设者和接班人奠定坚实基础。

七、教学过程

（一）教学流程设计

环节一：导入

教师活动：复习导入

教师提问：

1.我们国家在近代是怎样的境遇？

2.有没有人想挽救当时的祖国？他是谁？领导了什么革命？成功了吗？

3.中国人民真的站起来吗？真的过上好日子了吗？（播放天津难民区的视频）

4.接视频提问：这样的国家有救吗？

学生活动：

1.学生回答。

2.通过视频感受当时的中国人民仍旧处在水深火热之中。

设计意图：通过复习导入，一方面让学生复习已经学过的知识，另一方面为学生认识到只有共产党才能救中国打下牢固的思想基础。让学生初步了解中国共产党领导中国人民走出黑暗，走向光明。提出问题，也是具有递进性，营造思想意境。

环节二：党的诞生过程

教师活动：

环节引导：党的诞生是时代孕育的过程。整体概括可以说是：一场革命、一个人、一部刊物、一次运动。同学结合书中内容找到这些分别指什么。（学生板书：十月革命、李大钊、《新青年》、五四运动）

一场革命

1.通过书上第58页的内容回答，"一场革命"是指哪场革命？

教师引导：当时的俄国人民可谓是处在水深火热之中，谁站出来领导俄国人民？（列宁）革命成功了！人民当家作主，人民成为国家的主人！再反观当时的中国，我们虽然推翻封建统治，但是人民的生活依旧是（水深火热），而当时的俄国和中国的国情相似，爱国青年知识分子看到俄国十月革命的胜利，仿佛就看见了曙光。

2.十月革命的胜利给我们带来了什么？

3.我们要走代表更多人的无产阶级道路还是代表少数人的资产阶级道路？而马克思主义就是代表无产阶级的思想。

一个人

教师引导：认识到走无产阶级道路的必要性。

1.但是这种思想是怎样从俄国传播到中国的呢？是谁来宣传？这一个人是谁呢？

2.哪位同学来介绍一下李大钊？你是在哪里找到的？同学把这句话画下

来：

李大钊是中国系统传播马克思主义的第一人，是中国共产党的主要创始人之一。

一部刊物

1.李大钊同志是通过怎样的途径宣传马克思主义思想的呢？

2.李大钊是怎样让更多人看到他写的文章并了解马克思主义思想的呢？

（播放视频）

3.当时的杂志那么多，为什么李大钊同志要在《新青年》上宣传马克思主义呢？哪位同学能在书中找到准确的描述？

4.讲到这里，"指路明灯"指的是什么呢？这盏指路明灯给当时中国带来了什么呢？谁能在书中找到？

衔接：正如同学们刚刚所说，马克思主义的传播促进了特别是青年知识分子的觉醒，在当时的中国，同学们认为知识分子是多数还是少数？

那个时候还没有人人都可以接受教育的条件，马克思主义的这盏指路明灯是如何照亮整个中华大地的呢？

一次运动

1.哪个小组可以在书中找到为什么会有五四运动？并简略概括。

（播放视频"五四运动"）

2.看完视频，同学们有什么感受？你的心情是怎样的？

我们打赢了，我们是战胜国！应该把青岛主权还给我们，所谓的"和平会议"却要把青岛的主权从德国给日本。这个合理吗？

3.如果你身处当时的中国，你会怎样做？

老师很欣慰，你们的想法和当时中国的有志青年一模一样！（播放视频"五四运动口号"）

4.我们来看看当时的他们，听听他们当时的口号。可以写在书中第59页对应位置上。

5.五四运动是一场爱国运动，但是却遭到谁的镇压？最后五四运动成功了吗？

6.五四运动的意义是什么？给当时的中国带来了什么？

7.为什么中国在巴黎和会遭到不平等待遇？（弱国无外交）

8.经过五四运动，看到了民生凋敝，你的心情是怎样的？北洋政府可以给人民带来幸福生活吗？

你们的想法和我党的创始人一样。

9.李大钊是我党的早期创始人之一，另一位就是创办《新青年》的陈独秀。（播放视频"南陈北李相约建党"）

这盏微微星火的指路明灯终于照亮了整个中华大地。

学生活动：

1.通过先前的问题设置让学生带着问题学习，同时增强学习的整体性、连贯性。

2.学生学会看书，在书中找答案。

3.通过对当时的俄国与我国人民生活的对比，学生理解"指路明灯"的含义。

4.理解走无产阶级道路的必要性。

5.学生回答：李大钊。

6.学生回答：李大钊是中国马克思主义思想传播的先驱，是中国共产党主要创始人之一。

7.学生回答：写文章。

8.学生回答：在《新青年》上发表。

9.学生回答：因为是《新青年》高举民主、科学两面大旗！

10.学生回答：科学与民主。

11.学生回答：马克思主义。

12.在书上第59页：马克思主义的广泛传播进一步促进了中国人民，特别是青年知识分子的觉醒。

13.学生回答：读书是少数人的权利。

14.学生回答：五四运动。

15.学生回答：难受、压抑、愤慨……

不合理！！！

16.学生回答：不让他们签订、游行……

17.学生书写记录。

遭到了北洋政府的镇压、成功了！

五四运动促进了马克思主义在中国的传播，其与工人运动相结合，标志着中国新民主主义革命的开端，为中国共产党的成立做了思想上和组织上的准备。

18.学生回答：因为我们太弱了！

不能！

设计意图：将分散的知识整体化，有利于构建整体的学习思路，让学生自己在书中寻找答案，培养自主学习的能力，激发学习的主观能动性。通过学生自己阅读书上内容和补充课前查阅的资料，知道了五四运动中都提出了哪些口号，明白了中国在巴黎和会上为什么会遭遇不平等对待的原因，了解中国共产党产生的思想基础、背景，感受中国共产党是顺应历史发展潮流产生的马克思主义政党，在历史发展中自然生成的。

环节三：中共一大

教师活动：

1.请同学通过阅读完成中共一大档案卡。

2.中共一大最后是在哪里完成会议的？

孩子们，100年，才100年！一艘小小红船变成带领中华民族踏浪前行的巍巍巨轮！

3.同学们，通过这节课的交流，我们党是怎样将这小小的红船蜕变成如今的巨轮的呢？

4.创立了中国历史上没有人做的事情：

面对困难，没有退缩

他们这么做是为了谁？

没错，而这就是红船精神。（视频"红船精神"）

5.身为祖国未来的我们，应该怎样做呢？

学生活动：

学生通过书中内容完成中共一大档案卡。

学生回答：浙江嘉兴红船。

学生：勇敢、不怕困难、一心为民……

首创精神

奋斗精神

奉献精神

学生回答：好好学习、帮助身边的人、增强自己的本领、学习更多的知识……

设计意图：通过小组合作探究，学生能够从深层次理解国家的精神文明建设。

环节四：请党放心　强国有我

教师活动：

同学们说得都没错！时代只会眷顾"风卷红旗过大关的奋进者"，而不会等待"雪拥蓝关马不前"的畏难者。在中国式现代化，这场充满艰难与困苦、光荣与梦想的征途中，我们身为祖国的未来可谓是身逢盛世，肩负重任。一代人有一代人的使命，我们这一代的使命是什么？

何其有幸，生于华夏。革命先辈用鲜血和生命为我们换来的和平富强的祖国仍然需要我们继续建设，为实现中华民族的伟大复兴竭尽全力！祖国的未来，拜托了！

学生活动：学生齐颂：请党放心，强国有我。

设计意图：对本课内容进行概括、总结，使学生们明确中国共产党的性质，以及对中国革命和建设起到的重要作用。通过本节课的学习，学生们比较全面了解了中国的近代史，能树立一定的忧患意识，更加珍惜现在生活的来之不易，并为祖国的发展贡献自己的力量。通过写祝福的活动，增强学生们的爱国热情。

（二）课堂小结

环节五：课堂总结

今天，我们一同探索了"中国有了共产党"这一具有深远历史意义的主题。通过本次课堂的学习与讨论，我们深入了解了中国共产党自成立之初就肩负起的历史使命，以及党如何带领中国人民历经艰苦卓绝的斗争，最终赢得了新中国的诞生和社会主义事业的伟大胜利。

首先，我们认识到中国共产党不仅是中国革命的领导核心，更是中国特色社会主义事业的坚强领导力量。从艰苦卓绝的革命斗争到波澜壮阔的建设与改革，每一步都离不开共产党的坚强领导。

其次，我们被共产党人的初心和使命所感动。他们始终坚持以人民为中心的发展思想，全心全意为人民服务，为实现中华民族伟大复兴的中国梦不懈奋斗。这种坚定的理想信念和无私奉献精神，值得我们每一个人学习和传承。

此外，我们还通过具体的历史事件和案例，深入分析了共产党领导中国人民取得的历史性成就和发生的历史性变革。从新中国的建立到改革开放的伟大实践，再到新时代中国特色社会主义的蓬勃发展，这些成就和变革都充分证明了共产党领导的正确性和有效性。

最后，我们意识到作为新时代的青少年，我们应该继承和发扬中国共产党的优良传统和作风，积极投身社会实践，为实现中华民族伟大复兴的中国梦贡献自己的力量。同时，我们也要珍惜来之不易的幸福生活，努力学习科学文化知识，提高自身素质和能力水平，为国家和人民的发展贡献自己的智慧和力量。

总之，通过本次课堂的学习与讨论，我们对中国共产党有了更加全面、深入的了解和认识。我们要牢记历史、珍惜当下、展望未来，为实现中华民族伟大复兴的中国梦而努力奋斗。

设计意图：课堂升华。

（三）板书设计

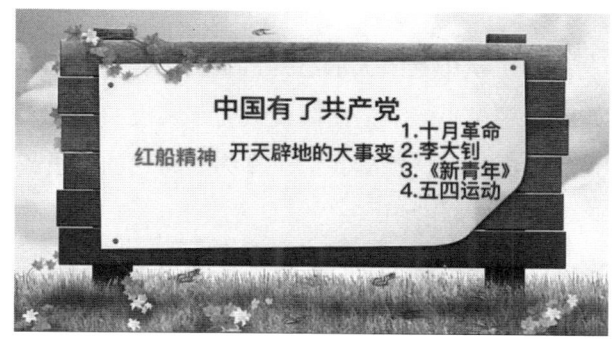

（四）作业设计

深入了解中国共产党的历史、宗旨、使命和奋斗目标等基本知识，并思考其对中国社会、政治、经济和文化等方面的深远影响。

（五）参考资料

1.影视剧《觉醒年代》，中共北京市委宣传部、中共安徽省委宣传部、北京市广播电视局和安徽省广播电视局联合摄制，由北京北广传媒影视股份有限公司和安徽华星传媒投资有限公司承制，由北京北广传媒影视股份有限公司、安徽华星传媒投资有限公司、优酷信息技术（北京）有限公司和上海克顿文化传媒有限公司，2021年。

2.红色题材影片《建党伟业》，中国电影股份有限公司领衔、电影频道节目中心、江苏省广播电视总台、成都市对外文化交流协会等，2011年。

3.毛泽东：《毛泽东选集》（第一卷），人民出版社，1951年。

八、教学总结与反思

《中国有了共产党》第一课时的学习，不仅是一次历史的回顾，更是一次深刻的思想洗礼和党性教育。这一课通过讲述中国共产党的诞生背景、创立过程以及初期斗争的艰辛与伟大，让我们深刻认识到中国共产党对于中国革命、建设和改革事业的决定性作用。以下是对这一课时的几点反思：

1. 历史必然性与人民选择：中国共产党的成立，是近代中国历史发展的必然产物，是人民反抗帝国主义和封建主义斗争的迫切需要。这让我们深刻理解到，一个政党的诞生和发展，必须深深扎根于人民群众之中，代表最广大人民的根本利益。

2. 初心与使命：从中共一大的召开，到提出党的最高纲领和最低纲领，中国共产党始终不忘初心，牢记使命，致力于实现共产主义远大理想和中华民族伟大复兴的中国梦。这提醒我们，作为新时代的党员或青年，要时刻保持对初心的坚守和对使命的担当。

3. 革命精神的传承：在初创时期，中国共产党面临着极其艰难的环境和条件，但党员们凭借着坚定的信仰和革命精神，克服重重困难，推动了革命的进程。这种精神是我们宝贵的财富，应该在新时代继续传承和发扬。

4. 理论与实践的结合：中国共产党在成立初期就注重将马克思主义基本原理同中国具体实际相结合，探索适合中国国情的革命道路。这启示我们，无论是学习还是工作，都要坚持理论联系实际的原则，勇于创新，敢于实践。

5. 自我革命与自我完善：中国共产党在成长过程中，不断进行自我革命和自我完善，以适应时代发展的需要。这要求我们在新的历史时期，也要保持自我警醒，勇于自我革命，不断提升自身的素质和能力。

总之，《中国有了共产党》第一课时的学习让我们更加深刻地认识到了中国共产党的伟大和光荣。在未来的日子里，我们要继续学习党的历史，传承党的精神，为实现中华民族的伟大复兴贡献自己的力量。

我们都是少先队员

辽宁大学附属实验学校　张汇钰

一、课程基本信息

主讲课程：《道德与法治》

使用教材版本：人民教育出版社2019年版

教材章节出处：《道德与法治》一年级下册第四单元第十七课《我们都是少先队员》

二、教学设计概述

（一）教学设计思路

本课共三个话题，分别为"我们入队时，我们行队礼，在队旗下成长"。

本课时教学设计思路：第一个教学环节：我们都是少先队员。教师播放视频，学生回忆自己入队时的场景。第二个教学环节：我们入队时。教师讲故事，开展知识竞赛，探索红领巾与国旗的关系，促使学生感受加入少先队的光荣与美好，领会红领巾的重要意义，树立爱护红领巾的意识。第三个教学环节：我们行队礼。教师开展标准队礼评选活动，探寻队礼的意义，让学生学习规范的敬队礼方式，学会在适当场合敬队礼。第四个教学环节：在队旗下成长。教师引导学生认识队旗，列举鲜活的人物案例，引领学生了解队旗的含义，感党恩，听党话，跟党走，在队旗下学习、成长、前进，向优秀少先队员学习，也争取成为一名优秀的少先队员。第五个教学环节：课堂总结。

（二）理论依据

中国少年先锋队是中国少年儿童的群团组织，是少年儿童学习中国特色社会主义和共产主义的学校，是建设社会主义和共产主义的预备队。中国少年先锋队的前身为中国少年儿童队，成立于1949年10月13日，这一天被确立为建队日。中国少年儿童的革命组织，从20世纪初的劳动童子团算起，已有将近100年的历史。从1921年中国共产党成立之日起，党就十分重视儿童组织的建设。在中国革命的各个时期，革命儿童组织都十分活跃，并为人民的解放事业做出了贡献。课标要求：政治认同主要表现为：

1.政治方向。本设计以课程标准为依据，本课程围绕道德与法治课程核心素养，注重培养学生的政治认同感，学段目标是学生认识队旗，热爱中国共产党，积极加入中国少年先锋队；学习主题为中华优秀传统文化与革命传统教育；课程内容要求学生了解中国少年先锋队是中国少年儿童的先锋组织，是少年儿童学习中国特色社会主义和共产主义的学校，是建设社会主义和共产主义的预备队。

2.价值取向。通过带领学生了解中国少年先锋队的由来，回忆入队仪式活动，学系红领巾、练习敬队礼等活动，以及学习队旗、队徽的含义，齐唱队歌，培养学生的爱国主义情感。学生结合学校组织的少先队入队教育和班团队会活动，学习唱队歌，学习系红领巾，了解红领巾是少先队员的标志，它代表红旗的一角，是无数革命先烈用鲜血染成的，每个队员都应该佩戴它、爱护它，为它增添新的荣誉。中国少年先锋队队旗是少先队组织的标志，是印有五角星加火炬的红旗，五角星代表党的领导，火炬象征光明，红旗象征革命胜利。中国少年先锋队队徽是由五角星加火炬和写有"中国少先队"的红色绶带组成的。在活动中培育学生的政治认同，有助于他们形成正确的世界观、人生观、价值观，坚定正确的政治方向，初步树立共产主义远大理想和中国特色社会主义共同理想，成为德智体美劳全面发展的社会主义建设者和接班人，爱党、爱国、爱社会主义，勇担重任，身体力行。

"我们都是少先队员"讲述了少先队员的使命担当，让学生悦纳新身份，适应新集体，学会更加积极愉快、负责任地生活，积极参与家务劳动、社会生活，用实际行动为红领巾增光，争做新时代好少年。

（三）设计特色

本教学设计通过五个教学环节，结合学生参与少先队活动的体验，形成对集体和社会生活的正确态度，学会关心，学会爱，学会负责任，养成良好的品德和行为习惯，为其成为爱祖国、爱人民、爱劳动、爱科学、爱社会主义的公民奠定基础。本课程设计不是对儿童既有生活的简单重复，而是与少先队活动的有机融合与提升，力图使儿童在真实的生活世界中感受、体验、领悟并得到各方面的发展。

三、学情分析

一年级上学期，学生通过探索校园知道有一个地方很特别，对少先队有了一个初步的了解，渴望加入少先队。经过一段时间的学校生活，在一年级下学期，学生开始加入少先队，但是仍然存在学习适应和环境适应的问题，特别是面临着成为少先队员后的自我认知提升问题，需要适应少先队员的身份。从新晋队员个体发展来讲，学生能够积极认识自我，知道少先队员使命光荣、责任重大，树立积极向上的观念，适应少先队员的身份。

多数新晋少先队员能够慢慢地适应少先队集体生活，但也存在部分新晋队员无法适应少先队集体生活，主要表现在对少先队集体规则和制度的不适应、对少先队集体活动的不适应、队员之间的人际关系的不适应，等等。在刚刚加入少先队这个阶段里，每个新晋队员都在探索队员之间的人际关系。队员对辅导员充满着尊敬、崇拜，也可能会有一点儿害怕，如果这些关系没有得到合理的处理，有可能会对新晋队员的交往能力和适应能力造成一定的影响。

四、教学目标

（一）知识目标

悦纳新身份，适应新集体，愉快地参加组织生活，养成在少先队集体交往中的基本行为方式和礼仪习惯。

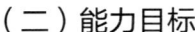

（二）能力目标

掌握正确佩戴和爱护红领巾的方法，知道队礼的适用场合，感受在少先队集体中与其他队员在一起成长、进步的快乐。

（三）情感态度与价值观目标

树立崇高的理想信念，感受作为一名少先队员的光荣，积极参与社会生活，产生为红领巾增光、做新时代好少年的意愿。

一年级新晋少先队员在少先队组织生活中有一个从陌生到熟悉、从跟从到积极主动的过程，我们的课堂教学要帮助学生顺利地度过这一适应期。学生结合刚刚经历的入队仪式及参加少先队各项活动的经历与体验，进一步提升新晋少先队员的"角色意识"，帮助他们适应少先队的组织生活，并开展为人民做好事等活动，让他们感受到作为一名少先队员的光荣。

通过玩游戏、唱队歌，回忆、交流入队时的情景，增强对新身份的认同感，体会作为一名少先队员的光荣。通过故事讲述，了解红领巾的意义，学系红领巾，结合自己的生活落实爱护红领巾的要求。通过场景范例，知道规范行队礼，探究队礼的适用场合，让自己的行为符合少先队员的新身份。

通过回顾丰富多彩的学校少先队活动，感受与其他少先队员在一起的快乐，学会更加积极愉快、负责任地生活。通过积极参与家务劳动、社会生活，感受在少先队组织中自己的成长和进步，增强为红领巾增光、做新时代好少年的意愿。

五、教学重点难点

（一）教学重点

学习少先队基本知识，热爱中国共产党，热爱祖国，热爱人民，掌握正确佩戴和爱护红领巾的方法，知道队礼的适用场合，感受在少先队集体中与其他队员在一起成长、进步的快乐，成为一名优秀的少先队员。

（二）教学难点

悦纳新身份，适应新集体，愉快地参加组织生活，养成在少先队集体交往中的基本行为方式和礼仪习惯。树立崇高的理想信念，感受作为一名少先队员的光荣，积极参与家务劳动和社会生活，产生为红领巾增光、做新时代好少年的意愿。向优秀少先队员学习，在队旗指引下前进，成为一名优秀的少先队员。

六、教学设计总体思路

《课程标准》从低年级儿童的生活经验出发，指导学生"健康、安全地生活，愉快、积极地生活，负责任、有爱心地生活，动脑筋、有创意地生活"。把学科教学与少先队活动有效结合起来，组织富有成效的课堂教学活动，以新的教育教学观念来讲授《我们都是少先队员》这一课。

在此教学设计中，通过建立灵活、弹性、多元的评价机制，为每个少先队员创造参与体验的机会，给他们提供了展示的舞台。在生动活泼、时代感强、队员喜闻乐见的活动中，倡导自主、合作、创新精神，让队员有了实实在在的收获体验和成长感悟。

课堂教学设计采用讲故事、学榜样、体验少先队组织仪式等方式，取得了较好的效果。道德与法治课堂教学注重从孩子熟悉的生活入手，重视孩子生活中的实际问题，并尽可能地调动他们已有的生活体验，创设条件，让孩子在课堂上充分交流自己在生活中的所见、所想、所惑，促使道德内化。在使用教材的过程中，不应该拘泥于教材设计的内容，而是根据孩子的实际情况进行再加工、再创造。本课教学设计的创新点在于创设了一些密切联系儿童的主题活动情境，采用了带有"儿童视角"又与学习内容密切配合的活动方式，帮助学生提高了认识。

第一个教学环节：我们都是少先队员。通过观看视频，回忆自己入队时的场景。

第二个教学环节：我们入队时。感受加入少先队的光荣与美好，领会红领巾的重要意义，树立爱护红领巾的意识。

第三个教学环节：我们行队礼。学习规范的敬队礼方式，学会在适当场合敬队礼。

第四个教学环节：在队旗下成长。了解队旗的含义，在队旗下学习、成长、前进。向优秀少先队员学习，争取也成为一名优秀的少先队员。

第五个教学环节：课堂总结。

七、教学过程

（一）教学流程设计

环节一：我们都是少先队员

教师活动：播放视频：我们都是少先队员啦！

学生活动：认真观看视频，回忆自己入队时的场景。

设计意图：导入新课。视频故事导入能更加吸引学生的注意力。学生知道今天要讲的课题内容与"我们都是少先队员"有关，快速进入学习状态，渴望学习新知识，增长新本领。

环节二：我们入队时

教师活动：

1.小知识：少先队的由来

进行小故事讲解和开展知识竞答。

2.少先队员回忆录：你是在哪一天成为少先队员的？这一天，你最难忘的事情是什么？

3.总结与过渡：

今天，我们入队了，成为了一名光荣的少年队员，这将会成为我们童年最美好、最浓重的回忆。

今天，我们入队了，拥有了一条鲜艳的红领巾，它就这样飘扬在我们的胸前，告诉我们铭记自己的使命。

4.小活动：试一试，用我们班同学的红领巾能不能拼成一面国旗呢？

5.小采访：看到这面用红领巾拼成的国旗，你有什么感想？你知道为什么红领巾可以拼成国旗吗？

6.视频：红领巾的意义。

7.思考与讨论：了解了红领巾的重要意义以后，你有什么想法？你会怎样对待你的"红领巾"呢？

8.爱护我的"红领巾":

（1）学会佩戴红领巾。

（2）每天摘下红领巾以后要叠好、放好。

（3）当它脏了，要及时清洗干净。

学生活动：

1.学习少先队的历史，学习少先队的基础知识。

2.学生回答：

入队那天，是高年级的哥哥姐姐为我们戴红领巾的。当一位小姐姐给我戴上红领巾时，我开心极了!

第一次戴上红领巾，我觉得特别自豪，真想马上把这个好消息告诉所有我认识的人。

戴上了红领巾，我觉得特别光荣，感觉校园里的小树小草都在为我点赞。

3.认识到成为少先队员责任重大，使命光荣。

4.学生回答：

不能。国旗是长方形的，而红领巾是三角形的，所以我们班同学的红领巾不能拼成一面国旗。

5.学生回答：

感觉特别的神奇，感到特别震撼。

因为红领巾是国旗的一角，红领巾是由国旗裁剪得来的，所以红领巾可以拼成国旗。

6.认真观看视频，学习红领巾的意义。

7.学生回答：

红领巾代表国旗的一角。红领巾是用革命先辈的鲜血染成的，我们要珍惜。我会好好爱护自己的红领巾。

8.学生回答：

每天自己佩戴红领巾。把红领巾叠整齐、摆放好，不会乱扔乱放。

自己清洗红领巾，保持红领巾的整洁。

设计意图：用学生喜欢的方式巩固少先队相关知识，调动学生课堂学习的积极性。

一年级学生初入校园，都对加入少先队怀有满满的期待，加入少先队也是他们入学后经历的集体性重大活动。回忆成为少先队员的入队仪式，再现入队场景，模拟宣誓，感受加入少先队的光荣与美好，让还没入队的学生充满了对中国少年先锋队的向往。

红领巾是少先队员的标志，也是少先队员的荣誉。要领会红领巾的重要意义，树立爱护红领巾的意识。学习正确佩戴红领巾的方法，感知日常要爱惜红领巾。在创设情境和实际操作中学会在生活中应该如何爱惜红领巾。

环节三：我们行队礼

教师活动：

1.比一比：谁敬的队礼最标准。

2.说一说：你知道少先队队礼代表什么吗？你还知道什么时候、哪些地方可以行队礼吗？

3.认识少先队队礼：少先队的敬礼是右手五指并紧，高举过头，表示人民的利益高于一切。这是因为，人民最伟大，人民创造财富，人民创造文明，人民创造历史。我们党是为人民的利益而奋斗的。

学生活动：

1.选出"最美队礼"，向优秀的同学学习。

2.学生回答：

一种责任和担当。代表我们是优秀的好少年。

升旗仪式上要行队礼。队会课上要行队礼。红领巾志愿者站岗执勤时要行队礼。举行少先队活动时要行队礼。同桌互敬队礼。

3.互相评价队礼动作是否规范。

学习中国少年先锋队标志、礼仪、基本规范。

小组模拟场景表演，向全班同学展示少先队员优良的精神面貌。

设计意图：运用多媒体素材及信息化教学手段，让学生更加直观地学习敬队礼的动作要领。自主练习、相互评价，使敬队礼更加标准的目标能够达成，学会在适当的场合敬队礼。

结合少先队教育，引导队员们知道行队礼的意义、规范及适用的场合。不是简单重复少先队知识，而是引导学生探究在生活中怎样大方、得体地行礼，注重具体性、情境性和规范性。

环节四：在队旗下成长

教师活动：

1.认识少先队队旗：少先队的队旗是少先队组织的标志，中国少年先锋队队旗是五角星加火炬的红旗。队旗为红色，象征革命胜利；队旗中央的五角星，代表中国共产党的领导；火炬象征光明。队旗寓意着：在中国共产党的领导下，向着光明的未来前进。

2.小组讨论：成为一名少先队员后，我们就要在中国共产党的领导下，向着光明的未来前进，用自己的行动来证明自己是一名合格的少先队员。那么，作为一名合格的少先队员，我们应该做些什么呢？

（1）在学校集体中：学习少先队知识、缅怀先烈、高唱队歌。

（2）在日常生活中：做家人的好帮手、服务社会、与邻里互帮互助。

3.想一想：我们还可以组织哪些队旗下的活动，帮助大家更加了解少先队，向优秀少先队员学习呢？

4.观看"全国十佳少先队员"事迹简介。

5.说一说：从这些优秀少先队员身上，你学习到了什么？成为新时代的好少年，我们还要做哪些努力？

6.讲解习近平总书记寄语，激励学生在队旗下前进，做合格少先队员。

7.齐唱《中国少年先锋队队歌》。

学生活动：

1.认真学习少先队队旗相关知识。了解少先队队旗的含义、象征以及美好的寓意。

2.学生回答：

我在家里帮妈妈干家务，洗碗、拖地、收拾屋子，我都会。

我在家会帮爷爷奶奶盛饭。

戴上红领巾后，我就开始学着自己的事情自己做，自己收拾书包，自己收拾房间。

上课不迟到，在课间文明游戏，将垃圾分类投放，在校园内文明玩耍。

邻居王奶奶儿女都不在身边，主动帮王奶奶清扫院子。

3.学生回答：

我们可以在队旗下学习雷锋精神。

我们可以在队旗下缅怀先烈。

我们可以在队旗下开展读书活动，做一个有知识的少先队员。

我们还可以在队旗下植树。

4.认真观看"全国十佳少先队员"事迹简介。

5.学生回答：

要主动去帮助别人。

要做自己力所能及的事。

升国旗时要肃立、敬礼，要爱祖国。

对老师有礼貌，和同学不打闹。

在家里，自己的房间自己收拾，自己的红领巾自己洗。

在公交车上，看到老人要主动让座。

6.认真学习习近平总书记讲话。

7.齐唱《中国少年先锋队队歌》。

设计意图：了解队旗的含义，在队旗下学习、成长、前进。

倡导少先队员们人人主动参与，积极实践。通过为少先队活动"出谋划策"将自己与组织联系在一起，进一步形成对集体的正确态度，增强少先队员的组织归属感。调动学生已有的生活经验，让学生回顾参加过的少先队活动，引发学生思考。让学生畅享丰富多彩的少先队活动，增强他们对少先队这个先进组织的向往。

播放视频让学生意识到，成为一名少先队员后，要以高标准要求自己，不仅在学校里要表现好，在家庭里、在社会上，也要提高对自己的要求，明确自己努力的方向。向优秀少先队员学习，也争取成为一名优秀的少先队员。用习近平总书记的话激发学生争做新时代好青年，用学生喜欢的方式齐唱《中国少年先锋队队歌》，使本课在激情中结束。

（二）课堂总结

环节五：课堂总结

在今天的学习中我们再一次回顾了庄严的入队仪式，了解了更多的少先队知识，通过丰富多彩的少先队活动感受到了少先队组织就在我们的身边，作为一名光荣的少先队员，我们应该时时刻刻以少先队员的标准严格要求自己，热爱中国共产党、热爱祖国、热爱人民，真正做新时代好少年。

设计意图：课堂升华。

（三）板书设计

（四）作业设计

1.学会给自己系红领巾。

2.参加一次社区志愿活动，为社区建设贡献一点儿力量。

（五）参考资料

1.《义务教育道德与法治课程标准（2022年版）》，北京师范大学出版社，2022年。

2.《义务教育道德与法治课程标准（2022年版）解读》，高等教育出版社，2022年。

3.《义务教育教科书道德与法治教师教学用书》（一年级下册），人民教育出版社，2016年。

4.《统编小学道德与法治教科书教学设计与指导》（一年级下册），华东师范大学出版社，2021年。

八、教学总结与反思

　　一年级小朋友具有很强的好奇心，学校里陌生的事物对于他们都有种新鲜感，能引起他们强烈的探索欲，在这个过程中进行思想品德教育就显得尤为重要。通过学习，促使学生养成良好的生活、学习习惯，正确的人生观、价值观和道德观。这节课，我以学生为主体，通过设置多样性的情境，引导学生自主学习和独立思考。通过模拟活动，开展自主合作探究，引导学生参与，提升学生的体验、感悟和建构能力。通过信息技术资源教学整合，增强教学的丰富性和生动性。通过创设情境，引导学生回顾参加过的少先队活动，调动学生已有的生活经验。学生们发言积极，学习兴趣有待提高。教师要利用灵活多样的教学方法，激发学生们的学习兴趣。教师需在未来的日常活动中验收课堂教学的效果，使学生能够真正做到知行合一。

聚焦 2024 年新年贺词
看党的主张和人民意志的统一

鞍山市高新区实验学校　刘　畅

一、课程基本信息

主讲课程：道德与法治

使用教材版本：人民教育出版社2018年版

教材章节出处：《道德与法治》八年级下册第一单元第一课第一框《党的主张和人民意志的统一》

二、教学设计概述

（一）教学设计思路

本课以习近平主席2024年新年贺词为主线，带领学生细读新年贺词，设置总议题"从2024新年贺词看党的主张和人民意志的统一"。下设子议题1：卓越领航创伟业。从新年贺词总结的"热气腾腾的中国"和来之不易的成绩，回望百年路，体悟坚持中国共产党的领导。子议题2：春天盛会共赴约。从一张照片（"两会"现场）体悟国家的一切权力属于人民。子议题3：万家忧乐抵心头。从习主席贺词里蕴含的人民情怀，牵挂的百姓生活，理解国家尊重和保障人权。

（二）理论依据

1.本课所依据的课程标准相应模块是"法治教育"。具体对应的内容标准是"了解宪法基本知识，明确宪法的地位和作用，树立宪法法律至上观念"，"理解坚持中国特色社会主义法治道路就要坚持党的领导、坚持以人民为中心"。

2.本课所依据的《中小学法制教育专册教材编写建议》的相应部分是"内容设计"中的"国家意识教育重在突出尊崇宪法权威，知道依法治国基本方略和宪法确定的国家基本制度，初步了解国家机构的职权""认知国家尊重和保障人权的意义"。

（三）设计特色

以习近平主席2024年新年贺词为主线，三个子议题为分线，清楚明晰坚持中国共产党的领导核心地位，宪法的基本原则为国家的一切权力属于人民，尊重和保障人权。

三、学情分析

小学阶段的相关法律课程，让学生了解个人与他人、社会和国家之间的关系和相关法律知识，初步感受社会生活中的法、身边的法。

进入中学阶段，中学生需要认识更加复杂的个人与他人、社会与国家的关系。从学生认知特点来看，逻辑思维能力不断增强，开始由"经验型"向"理论型"转变。学生的"自我意识"不断发展，思想活跃，好奇心强，求知欲旺盛，对问题的思考更加深入、全面，并且能够透过现象深挖本质。学习的内容也更深入，要求也更高，例如，中国共产党与宪法和法律的关系是什么？宪法的原则是什么？要能够透过现实生活中真实的情景案例，结合案例总结深刻观点。了解坚持中国共产党的领导与宪法和法律的要求是高度统一的。宪法的原则为国家一切权力属于人民，国家尊重和保障人权。要能够深入理解书中观点，区分宪法的两个基本原则。

四、教学目标

1.通过"一份年终总结——卓越领航创伟业""回顾中国共产党百年奋斗历程"了解中国共产党在革命、建设、改革进程中的伟大历史成就，明晰党的领导地位是如何确立的，始终坚持拥护党的领导，知道中国共产党领导人民制定宪法，党的领导和宪法法律是高度统一的。

（形成）法制观念：

2.通过"一张照片——人民共赴春天盛会""选举国家主席"明晰国家的一切权力属于人民是宪法的基本原则，人民通过全国人民代表大会行使国家权力，人民通过各种途径和方式管理国家事务，管理经济和文化事业，管理社会事务。

3.通过"总书记的深情告白——国家忧乐抵心头"知道宪法的基本原则，国家尊重和保障人权，人民的幸福生活是最大的人权。

（培养）责任意识：

4.通过"分析两会，模拟两会活动"，明晰一切权力属于人民的宪法原则，归根结底是保障人民当家做主。我们要依法积极参与国家政治生活，担当起国家主人应尽的责任。作为中学生，增强责任意识与主人翁意识，为国家发展建言献策，积极有序参与国家政治生活。

五、教学重点难点

（一）教学重点

知道党的性质、根本宗旨、最高理想和最终目标；明确中国共产党领导是中国特色社会主义最本质特征，是中国特色社会主义制度的最大优势；坚持党的领导，坚定维护党中央权威。知道人权的实质内容和目标，认识到我国人权的主体和内容十分广泛。在日常生活中，能够以实际行动尊重和维护自己和他人的人权。

（二）教学难点

了解宪法的基本原则"国家的一切权力属于人民"，懂得这一原则归根结底是保证人民当家做主。树立国家一切权力属于人民的宪法理念，增强公民意识和国家意识，热爱祖国，增强主人翁责任感。

六、教学设计总体思路

（一）导入环节

观视频、初感知——总议题：从2024新年贺词看党的主张和人民意志的统一。

岁序更替，华章日新。国家主席习近平在新年前夕发表了2024年的新年贺词，新年贺词既有对2023年伟大成就的深情回首，也有对2024年的殷切盼望。读懂新年贺词就不能只读新年贺词。新年贺词字字温暖人心，今天带领同学们走入新年贺词背后，读懂独属中国人民的自信、力量与温情。顺势引发思考；党的主张与人民意志是如何统一的？

（二）新授环节

子议题1：卓越领航创伟业——明晰坚持中国共产党的领导

1.不忘来时路，才能走好前行路。通过观看视频资料《中国共产党百年述职报告》，回望百年路，学生畅谈感受。

2.根据宪法的时间轴，结合发展历程，领悟中国共产党以法律形式确认中国各族人民奋斗成果。进而从宪法规定角度、党的性质、地位，总结为什么要坚持中国共产党的领导，以及如何坚持中国共产党的领导；

3.通过"辨一辨"活动，明确"党大还是法大"这种说法是一个"政治陷阱"，是一个伪命题，我国法律充分体现了党和人民意志，我们党依法办事，这是相互统一的关系。

子议题2：春天盛会共赴约——感悟国家一切权力属于人民

1.通过阅读材料，完成议学任务。为什么亿万人民可以通过选举、投票等，选出3000多名代表自己意愿的人（全国人大代表）来决定"谁是国家主席"这样的大事？明晰宪法的基本原则——国家的一切权力属于人民。

2.通过观察部分法条，分析宪法是如何保障国家权力属于人民。

3.通过"模拟两会、模拟提案"，明确一切权力属于人民的宪法原则归根结底就是要保证人民当家做主。增强公民意识和国家意识，依法积极参与政治生活，担当起国家主人应尽的责任。

子议题3：万家忧乐抵心头——感受国家尊重和保障人权

1.通过阅读习近平主席2024年新年贺词，感知公民的基本权利有哪些，人民幸福生活是最大的人权以及尊重和保障人权的重要性。

2.通过"看新闻，找途径"，从立法、执法、监察、司法、普法层面分析总结我国是如何尊重和保障人权的。

七、教学过程

（一）教学流程设计

环节一：导入新课

活动设计1：观看习近平主席2024年新年贺词视频。

教师活动：朗读贺词，引领思考：

2023年，我们接续奋斗、砥砺前行，经历了风雨洗礼，看到了美丽风景，取得了沉甸甸的收获。大家记住了一年的不易，也对未来充满信心。

这一年的步伐，我们走得很坚实。疫情防控平稳转段，我国经济持续回升向好，高质量发展扎实推进。现代化产业体系更加健全，一批高端化、智能化、绿色化新型支柱产业快速崛起。粮食生产"二十连丰"，绿水青山成色更足，乡村振兴展现新气象。东北全面振兴谱写新篇，雄安新区拔节生长，长江经济带活力脉动，粤港澳大湾区勇立潮头。中国经济在风浪中强健了体魄、壮实了筋骨……

提问：在新年贺词中你读懂了什么？

学生活动：认真观看新年贺词视频，积极动脑思考，结合视频内容畅谈感悟。

设计意图："民生无小事，枝叶总关情。"习近平主席的新年贺词，既有对2023年的成就的总结，也有对2024年的殷切盼望，我们读懂了独属中国的自信、力量与温情。2023年我们锐意进取，砥砺前行。2024年我们豪情壮志，信心满怀。观看视频，激发学生的学习热情、爱国情怀，拥护中国共产党的领导，让温暖充盈每个人的心间。带领学生一起深入学习党的主张和人民意志的统一。

环节二：新知讲授

活动设计2：通过子议题1"卓越领航创伟业"——明晰坚持中国共产党的领导。

教师活动：展示情境材料。

这一年的步伐，我们走得很坚实。疫情防控平稳转段，……粮食生产"二十连丰"，绿水青山成色更足……

这一年的步伐，我们走得很有力量。……C919大飞机实现商飞，国产大型邮轮完成试航……

这一年的步伐，我们走得很见神采。……杭州亚运会精彩纷呈，……假日旅游人潮涌动……

过渡：中国正在经历前所未有之大改变、大变革，这些伟大"改变"是怎样书写的？

教师活动：展示视频《伟大中国的百年历史进程》，结合时间轴思考：

1.展示中国共产党百年历程发展时间轴

2.展示宪法的历史发展时间轴

思考：①回望百年奋斗路，你有何感悟？

②新中国成立后，党是如何带领人民确认奋斗成果的？

③就此总结，党的领导地位是如何确立的？我们为什么要坚持中国共产党的领导？

学生活动：继续仔细阅读材料，认真观看视频，以小组讨论的方式，结合历史进程的时间轴和同桌展开讨论谈感悟，用自己的语言总结中国共产党是如何确立领导地位的以及为什么坚持中国共产党的领导。

设计意图："为什么坚持中国共产党的领导"为本课重点需要掌握的知识，学生通过小组讨论，结合视频，通过回顾中国共产党的百年奋斗历程，"亲身感悟"中国共产党发展的"艰难历程"，总结中国共产党的性质、最高理想、最终目标、领导核心地位，从而坚定中国共产党的领导。

知识小结：党的领导地位是如何确立的？

1.中国新民主主义革命的胜利和社会主义事业的成就，是中国共产党领导中国各族人民战胜许多艰难险阻而取得的。

2.新中国成立后，中国共产党领导人民制定宪法，以法律的形式确认了中国各族人民的奋斗成果，确立了在历史和人民的选择中形成的中国共产党的领导地位。

知识小结：为什么要坚持中国共产党的领导？

1.我国宪法第一条规定：中华人民共和国是工人阶级领导的、以工农联盟为基础的人民民主专政的社会主义国家。

社会主义制度是中华人民共和国的根本制度。

2.中国共产党领导是中国特色社会主义最本质的特征。

性质：中国共产党是中国工人阶级的先锋队，同时是中国人民和中华民族的先锋队。

3.宗旨：全心全意为人民服务是党的根本宗旨。

4.目标：党的最高理想和最终目标是实现共产主义。

5.中国共产党领导是中国特色社会主义最本质的特征，是中国特色社会主义制度的最大优势，是党和国家的根本所在、命脉所在，是全国各族人民的利益所系、命运所系。党是最高政治领导力量。

教师活动：辨一辨

"党领导一切还是宪法法律至上"是一个伪命题吗？法大还是党大？中国共产党和宪法法律是什么关系？

学生活动：学生小组讨论，党大还是法大，在不断的辨析中感悟，这种问法本身就是一个政治陷阱，是一个伪命题，进而总结出中国共产党的领导和宪法法律是高度统一的。

设计意图：在辩论中明确中国共产党与宪法和法律的关系：

1.中国共产党领导人民制定宪法和法律，领导人民实施宪法和法律，做到党领导立法，保证执法，支持司法，带头守法。

2.中国共产党要履行好执政兴国的重大职责，必须在宪法和法律范围内活动，依据宪法和法律治国理政。

活动设计3：通过子议题2"人民共赴春天盛会"——感悟国家的一切权力属于人民。

教师活动（读展示资料）：

2023年，两会召开，在北京人民大会堂，习近平全票当选为国家主席、中央军委主席，他右手握拳，左手抚按《中华人民共和国宪法》，向3000名人大代表郑重宣誓。

思考：为什么人民可以通过投票选举等方式选出全国人大代表来决定谁是国家主席的大事？

学生活动：学生通过阅读材料，和同桌讨论，体会人民才是当家做主的人。

设计意图：学生自主阅读材料，自主总结宪法的基本原则。宪法的基本原则：国家的一切权力属于人民。

教师活动：展示部分宪法法条以及相关资料：

第一条　中华人民共和国是工人阶级领导的，以工农联盟为基础的人民民主专政的社会主义国家。

第二条　中华人民共和国的一切权力属于人民。

第二十九条　中华人民共和国的武装力量属于人民。

观察法条，探讨宪法是如何保障国家权力属于人民的。

教师展示图片：

A.通过参加人民代表大会参与管理国家事务；

B.通过参加职工代表大会参与国家事务管理；

C.李村村务公开现场；

教师活动：展示资料显示重要领域由国企主导，如能源、通信、交通、金融。

展示教材第6页相关链接：我国宪法规定公民基本权利非常广泛，涉及政治、经济、文化各个领域。

学生活动：通过观察图片，分析材料，自主总结，宪法如何保障国家权力属于人民。

设计意图：学生小组讨论，"观宪法，找途径""读材料，寻途径"。

活动设计4：通过子议题3"万家忧乐抵心头"——感受国家尊重和保障人权。

教师活动：展示阅读材料。

新年贺词中，"人民"是出现频次最高的词汇之一。习近平点赞最多的是人民，牵挂最多的是人民，祝福最多的是人民。在2024年新年贺词中，习主席再次表达：一些群众就业、生活遇到困难，一些地方发生洪涝、台风、地震等自然灾害，这些我都牵挂在心。

提问：

1.总书记的足迹中，体现了公民享有的哪些权利？这些权利是如何实现的？

2.老百姓的幸福生活始终是总书记的挂念，据此理解何为最大的人权。

学生活动：自主总结习近平总书记到学校慰问师生（文化教育权），到河北视察灾区重建工作（生命健康权，生存权）。人民幸福生活是最大的人权。

教师活动：列举自己感受到的国家改善生存与发展状况实例。

学生活动：大病医疗保险、60周岁以上老人生活补助、老旧小区改造……

教师活动：综合上述内容，我国人权主体包括哪些？

学生活动：通过材料总结：

主体既包括我国公民，也包括外国人；不仅包括个人、也包括群体。

内容：既包括平等权和人身权利、政治权利，也包括财产权、劳动权、受教育权等经济、社会、文化方面的权利。

教师活动：展示阅读材料，1991年，国务院发布《中国人权状况白皮书》，2004年，人权写入宪法，《中国共产党尊重和保障人权的伟大实践》白皮书推动人权事业发展。思考：为什么要尊重保障人权？

学生活动：小组讨论为什么要尊重和保障人权。

1.尊重和保障人权是我国宪法的基本原则。

2.尊重和保障人权是立法活动的基本要求。

设计意图：增添课堂趣味性，引导自主分析材料，培养自主解决问题能力。

教师活动：展示新闻材料，思考我国是如何尊重和保障人权的？

1.就业性别歧视，怀孕被辞退。

立法：我国宪法规定了公民享有的广泛的基本权利，法律进一步明确了公民享有的各项具体权利，规定了侵害权利的法律责任。

2.国务院印发指导意见"互联网+政务服务"提速。

执法：行政机关在执法过程中应当树立尊重和保障人权的意识，做到严格规范公正文明执法，坚持依宪施政、依法行政、简政放权。

3.2023年全国纪检监察机关处分61万人，包括49名省部级干部。

监察：监察机关依照法律规定独立行使监察权，加强对所有行使公权力的公职人员的监督，保护公民的各项合法权益。

4.人贩子余华英一审被判死刑；检察机关依法对包万忠、杨栋梁提起公诉。

司法：审判机关、检察机关要依照宪法和法律的规定分别独立行使审判权、检察权，保护公民的各项合法权益。

5.广州各区宪法宣传周活动异彩纷呈。

普法：国家加强法治宣传教育，弘扬社会主义法治精神，建设社会主义法治文化，增强全民法治观念，形成全民守法的氛围和习惯，努力将人权理想变成现实。

学生活动：学生同桌讨论，结合相关新闻资料，思考我国尊重和保障人权的途径。

本课总体设计意图：本课以2024新年贺词为主线，挖掘新年贺词的背后的相关知识点，设置总议题：从2024新年贺词看党的主张和人民意志的统一；下设子议题1：非凡领航创伟业，从新年贺词总结的热气腾腾中国的来之不易去回望百年路，体悟坚持中国共产党的领导；子议题2：春天盛会共赴约，从一张照片（"两会"现场）体悟国家的一切权力属于人民；子议题3：万家忧乐到心头，从习主席贺词里蕴含的人民情怀，牵挂的百姓生活，理解国家尊重和保障人权。

（二）课堂小结

"江山就是人民，人民就是江山。""中国共产党领导人民打江山、守江山，守的是人民的心。"中国共产党根基在人民、血脉在人民。自成立以来，我们党团结带领人民进行革命、建设、改革，根本目的就是为了让人民过上好日子。在全面建设社会主义现代化国家的新征程上，我们要坚持党的领导，增强法制观念，积极依法参与国家政治生活，担当起国家主人应尽的责任。

（三）板书设计

党的主张和人民意志的统一（知识导图）

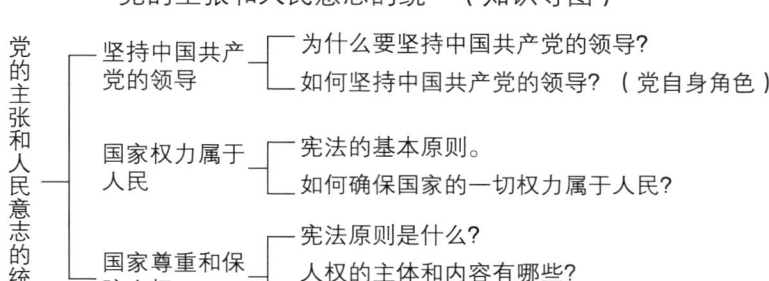

（四）作业设计

1.品读教材第10页"阅读感悟"，和小组同学分享自己有什么发现。

2.阅读"拓展空间"栏目，了解我国脱贫行动的成就和意义，明确我国以实际行动尊重和保障人权。

3.课后创建本课思维导图。

（五）参考资料

1.《道德与法治教师教学用书》，人民教育出版社，2018年。

2.《道德与法治课程标准》，北京师范大学出版集团，2022年。

八、教学总结与反思

（一）教学总结

通过这节课的学习，我们真正了解到宪法是"公民权利的保障书"，人民是国家的主人，中学生作为祖国未来的建设者，更应该有主人翁意识，自觉遵守宪法，维护宪法尊严，捍卫宪法权威，并自觉弘扬宪法精神，成为宪法的坚定维护者。

（二）教学反思

通过本节课的学习，我们了解了党的地位形成过程，宪法的基本原则：国家的一切权力属于人民；国家尊重和保障人权。但是宪法和学生实际生活还存在一定距离，需要教师在教学中以学生身边的具体事件为例进行情境教学，解决生活中的实际问题，使学生意识到，我们每一位中学生作为中国公民，都应有主人翁意识，为了建设社会主义现代化强国好好努力。

中国的力量与温情

大连市实验中学　王　丽

一、课程基本信息

主讲课程：道德与法治

使用教材版本：人民教育出版社2018年版

教材章节出处：《道德与法治》八年级下册第一单元第一课第一框《党的主张和人民意志的统一》

二、教学设计概述

习近平总书记在党的十九大报告中强调，全面依法治国是国家治理的一场深刻革命；要加大全民普法力度，建设社会主义法治文化，树立宪法法律至上、法律面前人人平等的法治理念。

宪法作为我国法律之根基，青少年的法治教育应当以宪法教育为核心。

本册教材以宪法精神为主线，重点进行公民意识与国家意识的教育。宪法的核心精神就是授予并规范国家权力运行，以保障公民权利的实现。因此，公民与国家的关系成为构建本册教材体系的逻辑起点，也是第一单元的逻辑起点。而《党的主张和人民意志的统一》这一课则起到了开篇明义的作用。

八年级学生似乎难以将宪法与学生生活发生具体联系，对宪法的了解不充分，只是简单地认为就是一部法律而已。针对这些问题，本课通过学习"一切权力属于人民""国家尊重和保障人权"等宪法原则，让学生懂得宪法与每个公民息息相关，青少年要学习宪法、认同宪法、践行宪法。

宪法的内容对于学生来说较抽象，学生可能不易理解某些知识，学习起来会有畏难情绪。因此，采用情境探究法、案例分析法等激发探究兴趣，注重启发式、互动式、探究式教学，提升教学的针对性和吸引力，活动中将情感升华到爱党、爱国、承担社会责任、肩负历史使命的高度上来。同时，也要用好社会大课堂，鼓励学生大胆地深入生活，践行所学知识。

本课围绕"政治认同""法治观念""道德修养""责任意识"这些核心素养，通过对宪法是党和国家意志的统一、宪法的基本原则的学习，了解和认识中国共产党带领中国人民进行革命、建设、改革的历史性成就和领导作用；热爱中国共产党，拥护中国共产党的领导；能够用自己的行动来维护宪法的尊严和权威；本课还有意识地进行社会主义制度优越性的教育，使学生增强国家认同感，发展爱国主义情感，树立社会主义核心价值观。

《党的主张和人民意志的统一》这一课，从学生对人民英雄纪念碑及其碑文的认知出发，引导学生了解中国革命史，懂得宪法确认了在历史和人民的选择中形成的中国共产党的领导地位；通过学习宪法的规定，引导学生思考新中国成立后人民是如何确认奋斗成果的；从"灵魂医保砍价"等生活化体验入手，引导学生理解一切权力属于人民是我国宪法的基本原则；通过"感受国家改善公民生存和发展状况的实例""法院保障柯先生合法权益的人性化做法"等多样化的活动设计，引导学生懂得"国家尊重和保障人权"是我国宪法的基本原则，了解我国在尊重和保障人权方面所作的努力，了解中国共产党尊重和保障人权的伟大实践，知道我国人权事业所取得的巨大成就，从而深入理解"我国宪法是党的主张和人民意志的统一"。

三、学情分析

从学生角度看，在初中阶段，随着生活领域的扩展、生活经验的增长以及行为能力的增强，他们不仅要在家庭、学校、社会生活中面对和处理各种社会关系，还要在国家生活中以公民身份面对和处理与国家的关系。在生活实践中，他们更深切地感受国家对个人成长的影响，更深刻地体会公民身份的含义，更深入地思考公民与国家的关系。在这一阶段，围绕公民与国家的关系，以宪法精神为主线，将青少年宪法教育引向深入，是遵循生活逻辑的必然选择。

从社会发展来看，随着互联网的迅猛发展和网络信息传播功能的日益强大，网络社交工具等的普及在促进人际交往与信息资源共享的同时，也成为谣言滋生的温床。不少网络谣言直指政府的公信力，夸大赞美西方国家，贬低鄙弃自己的民族。这些网络谣言容易使涉世未深的青少年陷入混淆是非的危险境况。因此，了解我国宪法，了解人民当家做主，了解国家尊重和保障人权，既有利于澄清网络谣言，增强对网络信息的辨别能力，又能真正了解宪法，明确宪法是公民权利的保障书。

四、教学目标

1. 结合人民英雄纪念碑碑文中的"三年以来""三十年以来""由此上溯到一千八百四十年"和宪法序言中有关中国革命史的部分内容，体悟人民的国家主人身份来之不易；热爱英雄，勇担责任，进而理解人民的国家主人身份是通过艰苦卓绝的斗争得来的，人民掌握国家政权后，通过宪法确认中国各族人民奋斗的成果，确立了在历史和人民的选择中形成的中国共产党的领导地位的认同。

2. 通过观看《中国共产党百年述职报告》视频，回顾中国共产党成立以来的百年光辉历程，了解党领导人民创造的伟大成就。感受中国、中华民族、中国人民、中国共产党发生的巨大变化，认识到中国共产党的领导是历史和人民的选择的政治认同。

3. 通过"灵魂医保砍价"知道国家一切权力属于人民的道理和国家尊重和保障人权所采取的措施，进而热爱中国共产党，拥护中国共产党的领导。培养为实现中华民族伟大复兴而奋斗的使命感和责任感。

4. 通过介绍"模拟政协提案通过全国政协委员成为提交全国政协的正式提案这一典型事例"，知道我们是国家的主人，形成热爱祖国的道德修养和关心国家事务、积极依法参与国家政治生活的法治观念。

5. 通过展示国家在改善公民生存和发展状况的四个方面的举措，师生一起观看视频《建党百年篇——精准脱贫攻坚战》，了解中国共产党拟推动人权事业发展，创造了尊重和保障人权的伟大奇迹，谱写了人权文明的新篇章。认识到要努力落实尊重和保障人权的宪法基本原则，增强法治观念。

五、教学重点难点

根据课标要求，结合高中必修三《政治与法治》中的第一、二单元里面的第一课、第四课、第五课，了解党的发展历程、人民当家做主和我国的政治制度，立足中学生群体的成长特点，落实重难点定位如下：

（一）教学重点

1. 明确宪法是党的主张和人民意志的统一。

2. 理解国家的一切权力属于人民。

（二）教学难点

从对国家机关的要求上理解"国家尊重和保障人权"，进而明白宪法是公民权利的保障书。

六、教学设计总体思路

本节课《党的主张和人民意志的统一》由"坚持中国共产党领导""国家权力属于人民""国家尊重和保障人权"三目组成。第一目"坚持中国共产党的领导"引导学生明确中国共产党的核心地位，了解为什么坚持党的领导以及如何坚持党的领导；第二目"国家权力属于人民"引导学生明白国家如何保障权力属于人民，并知道作为中学生应当积极参与国家政治生活，担当起国家主人应尽的责任；第三目"国家尊重和保障人权"引导学生知道人权的含义、特点，并了解国家尊重和保障人权的总体要求和具体举措。所以我设计以下教学流程：

坚持党的领导 → 国家的一切权力属于人民 → 尊重和保障人权

七、教学过程

（一）教学流程设计

环节一：导入新课

活动设计1：重温习近平主席历年来的新年贺词

教师活动：在习近平主席的新年贺词中，"人民"一词出现了很多次："人民是共和国的根基，人民是我们执政的最大底气。""我为中国人民迸发出来的创造伟力喝彩！""我们伟大的发展成就由人民创造，应该由人民共享！""平凡铸就伟大，英雄来自人民。每个人都了不起！"

学生活动：阅读材料，思考并回答问题：为什么说"人民"始终是习近平新年贺词关注的中心？

设计意图：习总书记这么关注人民，而我们都是人民中的一分子，在拉近本课与学生距离的同时，激发学生作为中国人民的自豪感和学习兴趣。顺理引出本课课题《党的主张和人民意志的统一》。

环节二：讲授新课

活动设计2：坚持党的领导

探究与分享：人民英雄纪念碑碑文

三年以来，在人民解放战争和人民革命中牺牲的人民英雄们永垂不朽！

三十年以来，在人民解放战争和人民革命中牺牲的人民英雄们永垂不朽！

由此上溯到一千八百四十年，从那时起，为了反对内外敌人，争取民族独立和人民自由幸福，在历次斗争中牺牲的人民英雄们永垂不朽！

学生活动：阅读碑文，梳理碑文中的三个大事件，谈谈对碑文的理解。

教师活动：新中国的成立是党领导人民浴血奋战取得的，来之不易。大家有没有想过，为什么历史和人民选择中国共产党呢？

探究与分享：从小小红船到巍巍巨轮

材料一：1921年中共一大召开，到2021年我们党迎来百年华诞，从上海石库门到嘉兴南湖，一艘小小红船承载着人们的重托、民族的希望，越过激流险滩，穿过惊涛骇浪，成为领航中国行稳致远的巍巍巨轮。

材料二：中华人民共和国是工人阶级领导的、以工农联盟为基础的人民民主专政的社会主义国家。

社会主义制度是中华人民共和国的根本制度。中国共产党领导是中国特色社会主义最本质的特征。禁止任何组织或者个人破坏社会主义制度。

学生活动：阅读两则材料，思考问题：回望历史，你有何感想，为什么小小的红船能够发展为巍巍巨轮？

视频赏析：《南陈北李相约建党》

设计意图：通过观看两则材料回顾百年历程，感受到只有中国共产党才能救中国。通过观看视频，学生更深刻地理解中国共产党的领导地位是历史和人民的选择。

活动设计3：国家的一切权力属于人民

教师活动：我国是人民民主专政的社会主义国家，国家的一切权力属于人民，这是我国宪法的基本原则。我们一起来看一看，这一基本原则在宪法中是怎样规定的。

探究与分享：宪法保障

1.播放视频："灵魂医保砍价"

教师活动：2023年国家医保药品目录谈判，从11月17日开始，历经4天，共有168种药品进行谈判和竞价，为历年来品种最多的一次。其中，148种独家药品进行一对一议价谈判，20种非独家药品通过竞价确定纳入医保支付价格。其中包括百姓的常用药，比如高血压、糖尿病用药、抗感染用药等，还涉及多个罕见病药物、肿瘤药物、抗病毒药物等。

学生活动：观看视频，思考并回答问题：他们在为谁砍价？为什么要砍价？他们又是"谁"？

设计意图：教材从五个方面来分析"宪法保障国家的一切权力属于人民"。这部分内容不是很容易理解透，所以我选用"灵魂医保砍价"的视频，好多学生家里都有老人，其中也有医保谈判的受益者。这样变成生活中的例子，就比较好理解了。

2.出示图片：国有企业的构成

学生活动：分析图片，思考问题：国有企业的生产资料归谁所有？结合"十天建成火神山医院"这一事例来分析"人民成为生产资料的所有者"的优越性。

设计意图：经济制度学生是第一次接触，我选用"国有企业"和"十天建成火神山医院"这两个材料，通过全民所有和中国速度的联系说明生产资料的社会主义公有制的优越性。同时也能激发学生对国家的自豪感。

3.出示图片：教材第5-6页"探究与分享"中四张图片

教师活动：宪法规定的社会主义政治制度明确了人民行使国家权力的基本途径和形式。广大人民通过人民代表大会行使国家权力，通过各种途径和形式，管理国家事务，管理经济和文化事业，管理社会事务，将一切权力属于人民的原则贯穿于国家生活的各个领域和各个方面。

学生活动：看教材目录的第五课，初步了解我国的政治制度有哪些，思考并回答问题：怎样寻找我们身边的人大代表？

设计意图：我直接选用教材中的材料，能够更直接地了解人民行使国家权力的途径，寻找人大代表的活动的设计主要是落实践行，做到学法、懂法、用法。

4.出示宪法部分内容：

第四十六条　中华人民共和国公民有受教育的权利和义务。国家培养青年、少年、儿童在品德、智力、体质等方面全面发展。

第四十七条　中华人民共和国公民有进行科学研究、文学艺术创作和其他文化活动的自由。国家对于从事教育、科学、技术、文学、艺术和其他文化事业的公民的有益于人民的创造性工作，给予鼓励和帮助。

教师活动：我国宪法规定的公民基本权利非常广泛，涉及政治、经济、文化等各个领域。宪法除了规定公民的基本权利，还规定了实现公民基本权利的保障措施。

学生活动：列举你知道的基本权利，并说一说国家是如何保障这些权利的。

设计意图：发展关乎国计民生，百姓福祉，最终目标是改善和提高全体人民的生活质量、维护人的尊严、实现人的价值追求，从而更好地保护和促进人权。目前也有一些国家妄议我国人权。通过教师和学生分别列举我国人权及国家是如何保障的，来辨别网络谣言。

5. 出示宪法第二十九条

第二十九条　中华人民共和国的武装力量属于人民。它的任务是巩固国防，抵抗侵略，保卫祖国，保卫人民的和平劳动，参加国家建设事业，努力为人民服务。

学生活动：读宪法条文，找出我国武装力量的任务是什么。

设计意图：通过图片和宪法条文，学生能够感受到军人的力量，更能够感受到宪法的力量，进一步明确宪法与我们息息相关，我们的一生都离不开宪法。

活动设计4：尊重和保障人权

探究与分享：中国人权的现状与缩影

播放视频：《方便进城去》片段

教师活动：王德志是我们父辈生活的缩影，他们背井离乡去远方打工，却很少抱怨，支撑他们向前的动力是什么？他们面临怎样的困境，国家又做出了哪些努力？

学生活动：分组讨论，国家改善公民生存与发展状况的实例。

教师活动：人民幸福生活是最大的人权。我国宪法规定："国家尊重和保障人权。"尊重和保障人权是我国宪法的基本原则，它要求各级国家机关树立尊重和保障人权的理念，加强人权法治保障，保证人民依法享有广泛权利和自由。

6. 出示图片：党和政府改善人民生活质量的图片。

教师活动：有人会说，为了让小倩能用上盲文试卷，社会要增加额外的成本，需要全社会买单，不值得。王德志们既要外出打工，又要忍受不公，你怎么看待这个观点？

学生活动：学生围绕两个问题展开讨论：全社会买单是否值得？国家能

不能一下子解决所有不公？有些学生从权利的角度提出反问"小倩看不见，就不能享有我们每个人都应该享有的权利吗？"

教师活动：适时出示图片：没有人是一座孤岛。

设计意图：岛上学生的父母大部分为外来务工者，视频贴近学生生活，他们特别清楚国家出台政策改善他们的生存条件，学生真正能体会到我国人权的广泛性、公平性和真实性。但是也还存在一些盲区的地方，急需国家机关更好地尊重和保障人权。也为接下来的内容埋下了一个伏笔。

自主学习：阅读教材第9-10页

完成问题：国家机关是怎样落实"尊重和保障人权"这一宪法原则的？

教师活动：提示角度；从以下角度思考：立法机关、行政机关、监察机关、司法机关、全民普法。

学生活动：自主学习、课上交流、整理笔记。

设计意图：自主学习可以发挥学生的主动性。通过教师寄语学生可以明确学习宪法的原因，也会对未来宪法的学习有一种探究欲望。

（二）课堂小结

通过这节课的学习，我们了解了我国宪法是党的主张和人民意志的统一，明确了宪法通过各种制度保障人民当家做主，通过尊重和保障人权的宪法原则让人们过上有尊严的生活。

在生活中，我们中学生应该增强法治观念，依法自律、依法维权，用自己的行动维护宪法的权威和尊严。

（三）板书设计

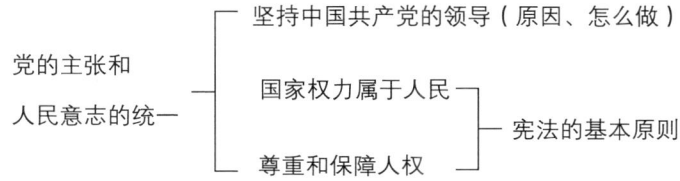

（四）作业设计

了解广鹿岛的解放过程，和长辈聊聊过去的岁月。

内容一：广鹿岛的解放过程

内容二：广鹿岛人民生活的变化

设计意图：回归学生的生活实际，通过交谈进一步感受中国共产党是如何带领中国和中国人民站起来、富起来、强起来的。

（五）参考资料

1.习近平：《决胜全面建成小康社会 夺取新时代中国特色社会主义伟大胜利》，人民出版社，2017年。

2.中华人民共和国教育部：《义务教育道德与法治课程标准（2022年版）》，北京师范大学出版社，2022年。

3.李云龙：《中国特色人权观的内涵》，《瞭望周刊》，2016年第10期。

4.《普通高中教科书 思想政治 必修三 政治与法治》，人民教育出版社，2021年。

5.《南陈北李相约建党》，https://v.qq.com/x/page/v3256vcvq4z.html.

6.《灵魂医保砍价》，https://haokan.baidu.com/v?pd=wisenatural&vid=17533238285917444435.

八、教学总结与反思

本节课的主要内容是"宪法是党的主张和人民意志的统一"，以及宪法的根本原则，内容较多且不容易理解透。通过灵活的教学手段，运用多种教学方式，如情景教学法、案例分析法、讨论法、自主学习法，选取学生生活中的例子，激发学生的学习热情，发挥学生的主体性作用。

本节课也存在不足，在国家机关怎样尊重和保障人权这一部分，虽然是学生自主学习，但是教师应准备相应的材料和案例，及时为学生答疑解惑。

本节课容量较大，如有必要，教师可分为两课时讲授，以免学生理解不透。

中国共产党的领导

大连高新区普罗旺斯学校　孔立冰

一、课程基本信息

主讲课程：道德与法治

使用教材版本：人民教育出版社2018年版

教材章节出处：《道德与法治》八年级下册第一单元第一课第一框《党的主张和人民意志的统一》

二、教学设计概述

（一）教材内容分析

党的二十大报告强调，完善以宪法为核心的中国特色社会主义法律体系。坚持依法治国首先要坚持依宪治国，坚持依法执政首先要坚持依宪执政，坚持宪法确定的中国共产党领导地位不动摇。我们要坚持和加强党的全面领导。坚决维护党中央权威和集中统一领导，把党的领导落实到党和国家事业各领域各方面各环节，确保我国社会主义现代化建设正确方向。中国共产党的领导是中国特色社会主义最本质的特征，是中国特色社会主义制度的最大优势，党是最高政治领导力量。我们要强化宪法宣传教育，坚持中国共产党的领导，为全面贯彻实施宪法夯实思想基础。

（二）教学理论依据

根据初中最新版思政课《课标》的要求，本教学设计坚持以马克思主义为指导，全面贯彻党的教育方针，落实立德树人根本任务。遵循《课标》提出的教学原则，如理论联系实际，强调学生主体地位，注重德育渗透等，确保教学内容和方法的科学性和先进性。应用皮亚杰的认知发展理论，设计符合初中生认知水平的教学内容，结合维果茨基的社会文化理论，鼓励学生在社会互动中学习。

（三）重难点内容把握

按照历史发展的时间线索编排，从党的成立到现代中国的发展，逐步展开，帮助学生构建系统的知识框架。围绕一个中心主题"党的领导与国家发展"，并通过不同案例深入探讨，确保学生能够全面理解党的领导在不同领域的作用。突出关键知识点，如党的历次全国代表大会、重要政治理论的形成和发展，以及党在重大历史时刻的决策作用。依托具体数据和案例，如改革开放以来的经济增长率、科技进步的具体成果等，展示党的领导成效，加深学生的印象。最后结合当前热点事件，如最近的国家科技创新奖颁奖典礼，分析党的领导在推动科技创新中的作用。利用新闻报道、政策文件等真实材料，让学生了解党的最新动态和政策导向，培养学生关注时事的习惯。展示在党的领导下国家取得的巨大进步，增强学生的民族自豪感和使命感。

（四）活动型教学方法

互动式教学：采用讨论、小组合作等形式，鼓励学生积极参与，提高课堂互动性。

实践性教学：设计与社会生活相关的实践活动，如参观革命历史博物馆，增强学生的实践体验。

三、学情分析

初中学生正处于青春期的关键阶段，他们的思想活跃、好奇心强，但同时易受外界影响，对政治知识的认识和理解还处在起步阶段。他们对于"坚持党的领导"的相关知识储备相对有限，对于复杂的政治理论和抽象的概念理解可能偏于表面。能力水平方面，学生开始具备初步的批判性思维和独立思考的能力，但对于如何将理论知识与现实结合仍需教师进行引导。对本课内容的学习，学生可能更关注与实际生活和时事联系紧密的部分，如党在现代社会中的作用以及为什么党的领导是中国特色社会主义最本质的特征。因此，教学时需要综合考虑这些特点，采用生动实例和互动方式提升学生的理解和兴趣。

四、教学目标

依据课程标准制定教学核心素养目标：

1.政治认同：通过观看视频资料、小组讨论和角色扮演等多样化的教学活动，确保学生掌握中国共产党领导的历史和理论基础及领导中国特色社会主义的实践成就，从而深入理解党在中国式现代化进程中的重要作用和核心地位，增强对党的方针政策的理解，如脱贫攻坚战的成功、生态文明建设的进展方面理解党的领导对国家发展的重要性。

2.道德修养：培养学生的批判性思维能力，在分析具体案例（如青年志愿者参与社区服务）时，学生将学会如何将党的领导原则应用于实际情境中培养社会责任感和集体荣誉感，提高参与公共事务的积极性和能力。通过案例分析和实践活动，让学生学会如何在实际中坚持和贯彻党的领导。

3.健全人格：培养学生对党的信任和忠诚，激发爱国主义情感，树立正确的历史观、民族观和国家观。整个教学过程注重激发学生的内在动机，引导他们在体验性学习中建立正确的世界观、人生观和价值观，逐步形成健全的人格和积极的生活态度。加强对个人使命和社会责任的认识。

五、教学重点难点

（一）教学重点

让学生理解中国共产党的领导地位是历史和人民的选择，了解党的基本理论、基本路线以及党在中国社会发展中的作用。

（二）教学难点

如何使学生将抽象的政治概念与实际生活相联系，深刻感悟党的领导对于国家和个人生活的重要意义。能在情感上认同党的领导、在行动上积极践行社会主义核心价值观。

六、教学设计总体思路

（一）明确教学目标

在设计初中中国共产党领导的课堂教学时，考虑学生的年龄特点和认知水平，依据《课标》《大纲》和教学参考用书，将核心素养与情智教学目标相融合，将复杂的政治理论具体化，以便学生理解。

（二）设计教学环节

导入新课：通过提问、视频或故事引入新课内容，激发学生的学习兴趣。

知识讲授：系统讲解党的领导相关知识，确保学生理解和掌握。

互动探究：组织小组讨论，鼓励学生提出问题并共同寻找答案。

总结提升：对课堂内容进行总结，强化学生的记忆，提炼知识点。

作业布置：布置相关作业，如撰写心得体会，加深学生对知识的理解和应用。

（三）师生互动探究

教学过程中，可以采用案例分析、小组讨论、角色扮演等互动式教学方法，激发学生的学习兴趣，培养他们的批判性思维和问题解决能力。同时，利用多媒体和网络资源，如视频、动画、在线问答等信息化手段，使课堂更加生动，提高学生的学习效率。通过这些方法，不仅能够让学生了解中国共产党的历史和作用，还能够引导他们思考党的领导对国家和个人生活的影响，从而培养学生的爱国情怀和社会责任感。

（四）反馈总结评价

采用多元化评价方式，包括平时成绩、课堂表现、小组讨论贡献度，全面评估学生的学习效果。设计评价指标，如对党的历史知识的掌握程度、参与社会实践的积极性、对时事政治的关注程度等，以量化的方式跟踪学生的学习进展。

根据学生的学习效果和反馈，及时调整教学方法和内容，如发现学生对某个历史事件的理解不够深刻，可以增加相关案例的分析。优化课程设计，将更多的互动性和实践性活动融入课堂，以提高学生的参与度和学习兴趣。

七、教学过程

（一）教学流程设计

环节一：情境导入，了解党的故事

教师活动：

1.多媒体展示2023年度时政流行语

教师提问：年度流行语体现了我国过去一年的社会热点和伟大成就，我国这些伟大成就离不开谁的领导？

2.多媒体展示党的发展历程，或者提出一些引人入胜的问题或者有趣的事实，例如："你知道中国共产党成立的历史背景吗？""中国共产党是如何领导中国走向现代化的？"以此激发学生的好奇心。

3.教师过渡：百年历程，党经历了四段时期，带领我们取得伟大成就，创造幸福生活，在这个过程中离不开党的领导。

学生活动：学生根据流行语回答问题。

学生合作分组讨论：对党的初步印象或已知信息。

全班交流：每组代表汇报讨论成果。

设计意图：引起学生兴趣，为后续教学做铺垫。

环节二：重温党史，明确党的领导地位

教师活动：教师通过PPT、视频等多媒体形式，向学生介绍中国共产党的历史、组织结构、领导理念等内容。

1.历史回顾：利用时间轴展示中国共产党的四个重要历史时期：新民主主义革命时期、社会主义革命和建设时期、改革开放和社会主义现代化建设新时期、中国特色社会主义新时代。

2.详细解读：针对每个时期，讲解主要事件、成就和意义。通过故事、案例等形式，使历史更加生动具体。

3.情感共鸣：引导学生思考这些历史时期对国家和人民生活的影响。鼓励学生表达对党的历史的感悟和认识。

教师总结：党的地位、宗旨和理想目标。

让学生制作时间轴，标注关键的时间节点。

学生活动：将学生分成若干小组，让他们就某个具体事件或问题进行讨论，如"如何评价中国共产党的执政能力""中国共产党如何应对挑战"等。每个小组可以选择一名代表，汇报他们的讨论结果，并接受其他小组的提问和评论。

个人思考（5分钟）：给学生一定的时间，让他们对所学内容进行思考和总结。学生可以用笔记、思维导图等形式记录自己的思考结果，以便后续的分享和交流。

设计意图：

1. 加深对中国共产党的了解：通过讲述党的历史故事，帮助学生更深入地了解中国共产党的发展历程、重要事件和人物，从而增强对党的认识。

2. 培养爱国情怀：党的历史故事往往与国家的命运紧密相连，回顾这些故事有助于激发学生的爱国情感，培养他们为国家的繁荣富强而努力奋斗的意识。

3. 传承红色基因：通过回顾党的历史故事，可以让学生了解革命先烈的英勇事迹和崇高精神，从而传承红色基因，弘扬革命传统。

4. 强化思想政治教育：讲述党的历史故事是进行思想政治教育的重要手段之一，可以帮助学生树立正确的世界观、人生观和价值观，增强对中国特色社会主义道路的认同感。

环节三：体味成就，坚持党的领导

教师活动：

成就展示：通过多媒体展示真实案例，列举并解释党在经济、政治、文化、社会等方面取得的重大成就，还可以使用数据、图表、对比等方式增强说服力。

国际比较：创设情境，简要介绍其他发展中国家的现状，与我国进行对比，强调党的领导是我国快速发展的关键因素之一。

未来展望：讨论党在未来发展中面临的挑战和机遇，激发学生对国家未来发展的信心和期待。学生提炼总结成果信息，分析图表，直观感受我们国家在党的领导下做出的成就。

学生活动：分析国际对比结果的原因。

设计意图：彰显中国共产党的卓越领导能力。通过展示党带领人民取得的伟大成就，凸显中国共产党的领导力、组织力和执行力，使学生深刻认识到党的领导是中国特色社会主义事业成功的根本保证。

环节四：种下种子，做新时代好少年

教师活动：

价值观引导：强调青少年应树立正确的世界观、人生观和价值观。鼓励学生积极学习党的理论和路线方针政策。

实践行动：提出具体建议，如参加志愿服务、社会实践等，以实际行动践行党的精神。

分享优秀青少年党员的事迹，作为榜样激励学生。

总结寄语：教师总结本课要点，对学生提出期望和要求。鼓励学生将学到的知识应用到生活中，为实现中华民族伟大复兴贡献力量。

学生活动：理解知识点，完成基础性作业和实践性作业。

设计意图：针对中国共产党的领导这一主题，活动性教学的设计意图具体包括通过引人入胜的教学方式，如视频观看、情境模拟等，激发学生对中国共产党领导历史和现状的兴趣，从而提高他们探索和学习的积极性。

通过小组探究、互动展示等活动，让学生主动搜集信息、分析问题，从而帮助他们更深入地理解中国共产党的领导理念、政策决策和历史成就。通过问题解答与讨论环节，鼓励学生提出自己的见解，分析中国共产党面临的挑战和问题，培养他们的批判性思维和独立思考能力。分组合作和互动交流，学生在完成任务的过程中需要相互沟通和协作，这有助于提升他们的团队合作能力和社交技巧。情境模拟和思维导图等活动，学生可以将理论知识与实际情境相结合，加强他们的实践操作能力和知识应用能力。对中国共产党领导的学习和讨论，引导学生思考党的领导与国家发展、社会进步之间的关系，培养他们的爱国情怀和社会责任感。课后作业和自主探究，鼓励学生继续深入了解中国共产党的相关知识，拓宽他们的学术视野和认知范围。

（二）课堂小结

通过对本节课的学习，了解了中国共产党的发展历程，有助于理解中国共产党领导地位的确立是历史和人民的选择。知道中国共产党领导是中国特色社会主义最本质的特征，是中国特色社会主义制度的最大优势。了解中国共产党带领中国人民进行革命、建设、改革的历史性成就，认识中国共产党在国家独立、人民解放、国家富强、民族复兴进程中的领导作用。因此，我们应树立主人翁意识，增强法治观念，积极依法参与国家政治生活，担当起国家主人应尽的责任。

（三）板书设计

中国共产党的领导
- 回顾过去——党的历史
- 体会现在——取得的成就
- 展望未来——青少年如何做

（四）作业设计

基础作业：标记教材知识点，理解重难点问题。

拓展作业：收集党的历史发展过程中感人的故事，分享你的感受。

实践作业：参观红色教育基地（自愿完成）。

（五）参考资料

1.中华人民共和国教育部：《义务教育道德与法治课程标准（2022年版）》，北京师范大学出版社，2022年。

2.《义务教育教科书 道德与法治 八年级下册》，人民教育出版社，2018年。

3.《中华人民共和国宪法》。

4.赵锋：《"党的主张和人民意志的统一"教学设计》，青少年法治教育，2023，(12)：24-27。

5.中共中央党史研究室：《中国共产党历史》，中共党史出版社，2002年。

八、教学总结与反思

是否明确传达了课程旨在培养学生对中国共产党领导的理解和认同。教学内容是否涵盖了中国共产党的历史、理论、实践和领导作用等关键知识点。教学方法是否合理，如讲授、讨论、案例分析、角色扮演等，以提高学生的参与度和兴趣。是否有效利用了多媒体教学工具，如PPT、视频、互联网资源等，以增强教学效果。

分析学生在课堂上的参与情况，是否积极回答问题、参与讨论。如何更好地激发学生的思考，鼓励他们提出问题和自己的见解。教师如何在教学中融入社会主义核心价值观的教育，引导学生形成正确的世界观、人生观和价值观。是否有效地结合了当前社会实际和青少年的生活经验，使党的理论知识与学生的实际生活相结合。

党之主张，民之意志，不可分割的紧密结合

沈阳市第一七五中学　王玉翠

一、课程基本信息

主讲课程：道德与法治

使用教材版本：人民教育出版社2023年版

教材章节出处：《道德与法治》八年级下册第一单元第一课第一框《党的主张和人民意志的统一》

二、教学设计概述

本课所依据的《青少年法治教育大纲》的相应部分是"青少年法治教育的内容中的初中阶段的教学内容与要求"。具体对应的内容与要求是："进一步深化宪法教育。了解国家基本制度，强化国家认同。"

本教学设计以"大中小学思政一体化建设"为理念，紧密围绕教学大纲和新课程标准展开。结合习近平总书记在基层代表座谈会上的重要讲话，帮助学生理解和认识中国人民之所以信任、拥护、爱戴中国共产党，根本在于我们党坚持人民主体地位，坚持以人民为中心，始终牢记群众是真正的英雄，任何时候都不忘记我是谁、为了谁、依靠谁，真正同人民结合起来。将本课内容整理为三个板块"捍卫""保卫""守卫"。

1.以生动的历史事件导入课程，激发学生的学习兴趣和好奇心，进入主题。

2.捍卫谁？——坚持中国共产党领导：中国共产党为什么能？根据课程标准指导意见，通过选取贴近学生生活实际的案例和情境，让学生在具体的

情境中懂得中国新民主主义革命和社会主义事业的成就，是中国共产党领导全国各族人民战胜许多艰难险阻而取得的；进而思考人民掌握国家政权后，是如何确认奋斗成果的；明确中国共产党领导是中国特色社会主义最本质的特征。增强学生的情感体验和认同感。

3.保卫谁？——国家权力属于人民：中国宪法为什么行？根据课程标准指导意见，组织学生观看视频、阅读宪法条文，并进行小组讨论和合作学习，培养学生的团队合作精神和沟通能力，同时也促进学生之间的知识共享和思维碰撞，从而明确宪法保障国家的一切权力属于人民，人民通过不同途径和形式参与管理国家事务、社会事务等，珍惜国家主人翁的身份，积极参与国家政治生活。

4.守卫谁？——尊重和保障人权：中国人权为什么好？根据课程标准指导意见，运用丰富的案例分析了解中国人权的相关内容，知道国家如何尊重和保障人权。让学生懂得，正因为国家采取各项活动，努力落实尊重和保障人权的宪法原则，人权事业才能取得如此巨大的成就。让学生在分析案例的过程中掌握知识，提高分析问题和解决问题的能力。

在教学设计中，注重与小学和高中思政课的衔接，保证学生思政教育的连贯性和系统性，体现大中小思政一体化。

三、学情分析

小学阶段的相关课程使学生能够感知生活中的法、身边的法，初步养成守法的意识和习惯，并形成对宪法法律地位和权威、功能的初步认知。同时，学生也初步了解中国共产党，培养了学生热爱中国共产党的情感，为初中阶段教材的学习奠定了重要基础。

学生在历史课上了解了中国共产党的发展历程，有助于理解中国共产党领导地位的确立是历史和人民的选择。

八年级学生生活环境相对单一，学校与家两点一线，与法律和宪法的距离比较遥远。更多的学生对党和宪法的了解仅停留在名称层面。由于经验欠缺和逻辑思维还不成熟，学生的认识带有片面性和表面性。思考问题容易受表面特征和感性经验的影响。教学中需结合具体案例，以生动形象的方式帮助学生理解。同时，要注重引导学生思考和讨论，培养他们的分析问题和辩证思维能力，为高中阶段的深入学习奠定基础。

四、教学目标

政治认同：通过阅读、观看视频体悟人民的国家主人身份来之不易，懂得中国新民主主义革命和社会主义事业的成就，是中国共产党领导全国各族人民战胜许多艰难险阻而取得的；认同中国共产党领导是中国特色社会主义最大优势，增强对我国人权相关政策的理解。

法治观念：通过阅读宪法条文，知道宪法保障国家的一切权力属于人民，人民通过不同途径和形式参与管理国家事务、社会事务等；知道宪法的基本原则是国家尊重和保障人权，认识人权，珍惜和热爱自己的人权。明确宪法的地位与作用；能够运用宪法原则维护自己的人权。

责任意识：通过"模拟提案"知道中学生同样是国家的主人，要积极有序参与国家政治生活，担当起国家主人应尽的责任，用自己的行动来维护宪法的尊严和权威。

道德修养：知道国家一切权力属于人民的实现及国家尊重和保障人权所采取的措施，在日常生活中，能够以实际行动尊重和维护自己和他人的人权；热爱中国共产党，拥护中国共产党的领导。

五、教学重点难点

宪法与我们的生活有着怎样的关系？

宪法规范具有政治性、原则性、概括性、最高性等特点，看似远离我们的生活，其实与我们生活的方方面面都密切相关。

第一，中国共产党领导人民制定宪法，确认了中国共产党的领导地位是在历史和人民的选择中形成的。

第二，宪法规定国家和社会生活中的基本原则和制度，理解一切权力属于人民是我国宪法的基本原则。

第三，了解我国在尊重和保障人权方面的努力，知道我国人权事业所取得的巨大成就。

总之，我们每一个人都生活在宪法的保护中，宪法就在我们身边，是我们现实生活中最重要的法律，它能够让我们生活得更有尊严。

可见，本框题通过阐述宪法是党的主张和人民意志的统一、强调坚持中国共产党领导、说明"国家权力属于人民""国家尊重和保障人权"的宪法原则，来阐释宪法是公民权利的保障书。

六、教学设计总体思路

本课以党的历史为主线，结合初中生的认知特点，采用案例分析、合作探究等教学方法，引导学生深入理解党的主张与人民意志的内在联系。通过展示党的历史图片、播放相关视频等信息化手段，创设生动的教学情境，激发学生的学习兴趣。在教学过程中，本课内容以"捍卫""保卫""守卫"为主题，更为通俗易懂。

捍卫谁？——坚持中国共产党领导。保卫谁？——国家权力属于人民。守卫谁？——国家尊重和保障人权。通过多种教学方法，鼓励学生主动思考、积极发言，培养学生的社会责任感和使命感。使学生更加明确宪法是党的主张和人民意志的统一、认同坚持中国共产党领导、"国家权力属于人民"、"国家尊重和保障人权"的宪法原则。从而增强对党的认同感和归属感，为学生的全面发展奠定坚实的思想基础。

七、教学过程

（一）教学流程设计

环节一：导入新课

教师活动：

1.材料展示：

（1）人民英雄纪念碑碑文内容。

（2）《宪法》序言有关中国革命史的部分内容。

2.引导学生进行思考：

（1）新民主主义革命取得胜利的伟大历史意义。

（2）谈谈对"中国人民掌握了国家的权力，成为国家的主人"这句话的理解。

师生共同总结：人民的国家主人身份是通过艰苦卓绝的斗争得来的，人民掌握国家政权后，通过宪法确认了中国各族人民奋斗的成果，确立了在历史和人民的选择中形成的中国共产党的领导地位。

学生活动：

1.齐声朗读。大声齐读人民英雄纪念碑的碑文和宪法序言的部分内容。

2.理解碑文。结合所学中国近现代史的相关内容，对照宪法序言中的相应内容，谈谈对碑文中的"三年以来""三十年以来""由此上溯到一千八百四十年"这三个时间节点的理解。

3.拓展思考。宪法序言中的这段话告诉我们什么道理？新中国成立后，人民是如何确认奋斗成果的？

4.总结提升。

设计意图：通过阅读理解人民英雄纪念碑碑文和宪法序言认识中国共产党在国家独立、人民解放进程中的领导作用。

环节二：新知讲授

议题一：捍卫谁？——坚持中国共产党的领导

教师活动：

议学情境1：

1.阅读感悟《中国共产党的伟大历史贡献》。

2.播放视频《中国共产党百年奋斗史》。

议学任务1：

1.假设你生活在新民主主义革命时期，你看到了中国共产党领导的革命斗争，你会有什么感受和行动呢？

2.在社会主义革命和建设时期，党又做了哪些事情呢？

3.在改革开放时期，党又做出了哪些重大决策呢？

4.感受在中国共产党的领导下，我们身边发生的巨大变化。据此，我们应如何坚持中国共产党的领导？

议学情境2：

我国法律充分体现了党和人民意志，我们党依法办事，这个关系是相互统一的关系。全党同志必须牢记，党的领导是我国社会主义法治之魂，是我国法治同西方资本主义国家法治最大的区别。

——2020年11月16日习近平同志在中央全国依法治国工作会议上的讲话

议学任务2： 请同学们辨析——中国共产党作为最高政治领导力量，只遵守宪章就可以了，不必遵守宪法，党纪高于国法！

学生活动：

1.通读材料、观看视频，明确成就。全班学生齐声朗读材料，一起观看视频，明确中国共产党领导中国人民创造的伟大成就。

2.小组合作，完成议学任务，进行成果展示。

3.联系自我，感受成就。联系自己家庭、学校、社区、乡镇、城市的变化，说一说在中国共产党的领导下，我们身边发生的巨大变化，并总结如何坚持中国共产党的领导。

4.学生阅读导学案的内容，进行辨析、总结中国共产党和宪法法律之间的关系。

师生共同总结：中国共产党的百年奋斗史，充分证明了党始终坚持为人民服务的宗旨，始终把人民的利益放在首位。正是因为有了党的领导，我们国家才能不断发展进步，人民才能过上幸福美好的生活。

知识总结：

中国共产党的领导地位是如何确立的？

为什么要坚持中国共产党的领导？

如何坚持中国共产党的领导？

中国共产党与宪法法律之间的关系？

议题二：保卫谁？——国家权力属于人民

教师活动：

提问：能不能说"国家权力属于公民"？

明晰"权利"与"权力"、"公民"与"人民"。

议学情境3：

1.播放视频《一分钟看懂全国人民代表大会》。

2.展示导学案中的宪法条文。

议学任务3：

1.全国人大代表是如何产生的？（提示："中华人民共和国的一切权力属于人民！"）

2.分析宪法是如何保障国家权力属于人民的。

3.全国人民代表大会与我们有关系吗？

（提示：我们要积极参与国家政治生活，担起国家主人应尽的责任，引导学生珍惜主人翁的身份，依法积极参与国家政治生活，树立主体意识，培养国家认同感，并能够以实际行动发挥主人翁作用）

学生活动：

1.观看视频，阅读宪法条文，总结全国人大代表是如何产生的，感悟国家的一切权力属于人民。

2.自主学习，完成议学任务。

3.成果分享。

4.阅读宪法第六条，懂得宪法对社会主义经济制度的规定，保证人民成为生产资料的所有者，从而切实成为国家权力的主人。

5.解读图片，说出身边人民当家做主的途径和形式，查阅法律，感悟人民当家做主的途径和形式都是宪法规定的。

6.阅读宪法第二章二十四条，统计公民基本权利条款的数量，思考其蕴含的意义。

7.我国的武装力量属于谁？它的任务是什么？

8.畅所欲言，交流提升。学生分享自己的看法，在跟同学充分交流的基础上进行知识总结。

师生共同总结：人民代表大会制度是我国实现人民当家做主的重要制度保障，我们要坚定信心，不断完善和发展人民代表大会制度，让人民更好地行使国家权力。

知识总结：

1.我国宪法的基本原则。

2.宪法是如何保障国家权力属于人民的？

3.一切权力属于人民的宪法原则，目的和要求分别是什么？

议题三：守卫谁——尊重和保障人权

教师活动：

展示图片：教育、医疗、司法、民生。

议学情境4：

播放视频《这就是中国——中国在促进人权方面有哪些独特的智慧？》

议学任务4：

1.以上图片，体现了公民享有的哪些权利？这些权利是如何实现的？

2.什么是最大的人权？

3.请列举自己感受到的国家改善公民生存与发展状况的实例。

4.结合视频及日常见闻回答，我国人权的主体和内容有哪些？

5.看新闻，找途径——我国是如何尊重和保障人权的？

学生活动：

1.各小组选定一组图片，推选代表对这组图片包含的内容、背景、意义等进行解读。

2.观看视频，并结合上述问题答案畅所欲言，说说自己感受到的国家改善公民生存与发展状况的实例，体悟国家在人权事业方面的努力和成就，完成议学任务。

3.自主阅读。自己阅读栏目中的三段文字，或者请一位同学朗读，教师通过多媒体展示《中国的人权状况》白皮书和《国家人权行动计划》等文件的相关图片及文字说明，分享感悟。谈谈读后感。

4.思考我们国家为什么如此重视尊重和保障人权。

议学任务5：

1.查阅宪法第十九条、第四十六条，浏览教育法、教师法、义务教育法等相关法律的目录和总则部分，思考为保障法律规定的公民受教育权的实现，国家采取了哪些措施？

2.课前调查。询问身边的人当地政府服务事项网上办理情况，突出跟以前的不同之处，按小组汇总调查结果，生成观点。

3.阅读宪法条文，总结监察机关如何工作。

4.案例分析，思考保障柯先生合法权益的积极作用，进一步思考法院为什么这样做。

师生共同总结：中国在人权事业上取得了巨大的成就，充分体现了国家尊重和保障人权的宪法原则。中国将继续坚持以人民为中心的人权理念，不断推进人权事业的发展，为人民创造更加美好的生活。

知识总结：

1.什么是最大的人权？

2.人民幸福生活是最大的人权。

3.为什么要尊重和保障人权？

4.我国人权的广泛性表现在哪些方面？

5.我国是如何尊重和保障人权的？

设计意图：本课内容基于新课程标准下的核心素养指向，通过设置议学情境，完成议学任务，能够激发学生学习兴趣，培养学生综合能力，促进知识的理解与运用。从而使学生认同中国共产党领导是中国特色社会主义最大优势，增强学生对我国人权相关政策的理解。

（二）课堂小结

同学们，通过今天的学习，我们深刻认识到中国共产党的领导是历史和人民的选择，宪法是党的主张和人民意志的统一，国家尊重和保障人权。

在今后的学习和生活中，我们要坚持党的领导，增强法治观念，树立主体意识，积极参与国家政治生活，为实现党的主张和人民意志的高度统一贡献自己的力量，为建设富强民主文明和谐美丽的社会主义现代化强国而努力奋斗。

（三）板书设计

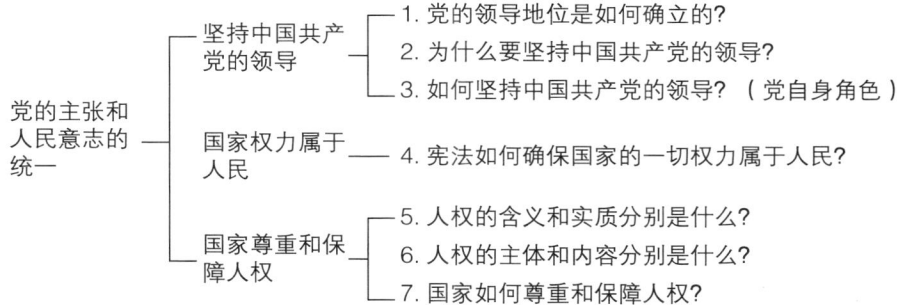

党的主张和人民意志的统一
- 坚持中国共产党的领导
  - 1. 党的领导地位是如何确立的？
  - 2. 为什么要坚持中国共产党的领导？
  - 3. 如何坚持中国共产党的领导？（党自身角色）
- 国家权力属于人民
  - 4. 宪法如何确保国家的一切权力属于人民？
- 国家尊重和保障人权
  - 5. 人权的含义和实质分别是什么？
  - 6. 人权的主体和内容分别是什么？
  - 7. 国家如何尊重和保障人权？

（四）作业设计

1.巩固性作业

选择题。

2.拓展性作业

（2023年河南安阳两校联考）2022 年 1 月 1 日是《中华人民共和国民法典》实施一周年纪念日。中央广播电视总台社教节目中心推出的五集纪录片《民法典进行时》，通过《价值引领》《生命尊严》《创新发展》《顺应时代》《以人为本》五个层次，展现民法典实施一年来，民事权利保护进入了"法典"时代；通过一个个真实案例，展现个人生活和社会生活的显著变化，呈现法律条款在基层实践中的落地生根，揭示新时代我国法治建设的新高度。从"摇篮"到"坟墓"，从人格尊严到生活幸福，从财产安全到交易便利，民法典为百姓各项民事权利保驾护航，是一部真正的"保障民事权利的宣言书"。据此，有同学认为："只要国家不断加强立法，就能尊重和保障人权。"请你对这一观点进行辨析。

3.实践性作业

模拟政协提案。

操作建议：

（1）分组表演。分小组扮演获奖的不同地方的中学生小组成员、指导中学生的政协委员，以表演的方式，演绎出中学生调查研究、撰写提案，政协委员反复指导，提案获奖，提案完善后提交全国政协委员，提案被正式提交给全国政协会议的主要过程。（师生共同编写剧本、表演事例中具有典型意义的场景）

（2）写颁奖词。引导学生为模拟提案获奖的学生小组撰写颁奖词。（教师参与）

（3）委员寄语。请扮演政协委员的学生以政协委员的身份对中学生发表寄托希望的话语。

（4）随机采访。由教师和几位学生充当记者，随机采访获奖的中学生和"政协委员"。

（5）总结践行。让学生谈自己从中得到的启发。

教师点拨：我国的一切权力属于人民。作为主人翁，我们不仅要热爱祖国，关心国家事务，而且要依法积极参与国家政治生活，为实现中华民族伟大复兴贡献力量。

设计意图：巩固性作业的设计能够深化知识理解，检测学习效果，培养学生良好的学习习惯。实践性作业的设计是为了增强学生实践能力，培养学生的社会责任感，实现知行合一。

（五）参考资料

1.蒋贤斌：《要正确认识"为了谁、依靠谁、我是谁"——群众路线教育实践活动中的几点思考》，《党史文苑》2013年第24期。

2.中华人民共和国教育部：《义务教育 道德与法治课程标准（2022年版）》，北京师范大学出版社，2022年。

3.《义务教育教科书 道德与法治 八年级下册》，人民教育出版社，2023年。

4.《义务教育教科书 道德与法治 教师教学用书 八年级下册》，人民教育出版社，2023年。

5.《习近平新时代中国特色社会主义思想学生读本》，人民出版社，2021年。

八、教学总结与反思

本次教学以议题为导向，充分激发了学生的主动性和创造性。通过对一系列真实而贴近生活的议题的探讨，如"身边的民生改善如何体现党的主张""公民如何在生活中践行人民意志"等，学生们积极参与讨论，发表自己的观点和见解。

学生们在知识、能力和情感等方面都得到了提升，为他们今后的学习和生活奠定了坚实的基础。

但是也存在一些不足：如对较深奥问题的小组讨论，可能会出现偏离重点、概括不够准确等情况，需要老师在必要时加以适度引导，不可过多干预，也不可过度放任。另外，由于本节课教学设计中学生活动较多，授课老师应注意保持课堂纪律，防止占用课堂时间讨论课外内容的溜号行为，以保证课堂高效率进行。最后，由于本节课容量较大，可能会出现授课超时的情况，需要老师根据实际情况，酌情做好详略设计，如有必要，也可分为多课时进行学习讲授。

党和人民意志的集中体现

朝阳市第四中学　魏　洁

一、课程基本信息

　　主讲课程：道德与法治

　　使用教材版本：人民教育出版社2018年版

　　教材章节出处：《道德与法治》八年级下册第一单元第一课第一框《党的主张和人民意志的统一》

二、教学设计概述

　　"党的主张和人民意志的统一"这一框属于八年级下册第一单元第一课第一框，本课时为宪法专册的起始课，旨在对宪法进行宏观的介绍和引入，让学生能够从中认识到党的领导与宪法之间的统一关系，宪法源自党的主张和人民的意志。宪法确定了党的领导地位，以法律的形式确认了中国各族人民的奋斗成果，在此基础上让学生认识到国家的一切权力属于人民，感知宪法对人权的规定和保障。在《课标》和《大纲》的引领下，明确本节课的教学思路为：明确宪法的由来—梳理宪法与党和人民的关系—明确国家权力属于人民—感知国家对人权的保障。

　　从《义务教育〈道德与法治〉课程标准（2022年版）》看，其中明确指出："理解宪法在法律体系中具有最高的权威，任何个人和组织都必须遵守宪法和法律，尊崇宪法和法律""理解每个公民都享有宪法和法律赋予的权利，同时也必须履行宪法和法律规定的义务。"在教学活动中，需要将课程内容与课标要求相结合，将育人目标细化与教学活动相融合。

从《青少年法治教育大纲》来看，其中明确提出："要将宪法教育贯穿始终，培养和增强青少年的国家观念和公民意识""初步了解政府依法行政的基本原则，了解重要国家机构的职权。认知国家尊重和保障人权的意义。加深对公民基本权利和义务的认识。"在设计教学活动时，教师需要将这些要求与课标、教材以及学情相结合，让学生在全面了解宪法的基础上，深化法治意识和观念。

基于上述教学内容和要求，本节课教学活动将坚持突出以下特点：

1.坚持理论与实际相结合，将宪法理论知识与史料、社会实践活动相结合，通过案例分析、小组讨论、角色扮演等多样化的教学方法，帮助学生将理论知识转化为实际行动。

2.强调学生的主体性，鼓励学生积极参与课堂讨论和实践活动，提出自己的观点和见解，从而增强学生的学习效果，在课堂互动中减少灌输式教育，给出开放性的议题，让学生从不同角度辨析和讨论。

3.强化党史教育、红色教育，让学生能够从情感上、历史逻辑上明确宪法诞生的不易以及其崇高的地位，深化对党的认同感，自觉拥护党的领导。

三、学情分析

本课时授课对象为八年级学生，他们在生活经验和课堂学习中对宪法具备了一定的直观感受，基本能够感受到宪法的尊严和地位，对于概念理论的理解具有一定的学习经验。但是，本节课中需要引入许多新的概念和历史知识，具有一定的挑战。

从知识储备情况来看，初中生在小学阶段学习了法治专册，能够感知身边的法律、生活中的法律，初步了解了宪法相关的简单知识；在历史课程中，对党史、中国近代史有了一定的学习和理解，但缺乏对知识的系统构建，不易做到融会贯通。教师既需要充分利用学生已经具备的知识内容，也要加强前置性知识的铺垫。

从思维能力和学习能力角度看，八年级学生初步具备了抽象思维和逻辑思维能力，对于自主探究、合作讨论以及材料分析等学习方式相对熟悉，但不同的学生有着较大的差异，教师在教学活动中应当坚持"最近发展区"理论，照顾到更多学生的感受。

从本课时内容来看，这一框内容既是难点也是重点，是整节课、整个单元乃至整册的逻辑起点，阐述了宪法对党的领导地位的肯定、权力的归属、国家对人权的保障，教师需要将这些内容之间的关系和逻辑梳理清晰，为学生后续的学习奠定基础。

四、教学目标

1.政治认同方面，通过回顾党史、了解优秀党员的事迹，提高对中国共产党的认同感，明确党的核心领导地位，自觉听党话、跟党走；能够明确只有中国共产党才能够带领人民取得胜利，在未来的发展道路上仍然需要坚持党的领导，强化对中国特色社会主义道路的自信和认同。

2.法治观念方面，通过史料学习与社会热点分析，认清我国宪法诞生的历史脉络，理解宪法与党和人民之间的逻辑关系，形成实事求是、与时俱进的精神，理解我国权力属于人民、国家保障人权的事实和根本逻辑，从而自觉维护宪法的尊严、遵守宪法的规定，能够履行好义务、利用好权利。

3.责任意识方面，通过模拟投票、模拟提案等学习活动，认识到初中生同样是国家的主人，应当有序参与公共生活，强化自身的公民意识，为国家的进步和法治建设做出自己的贡献，能够影响身边更多的人，了解宪法知识、维护宪法的权威。

五、教学重点难点

（一）教学重点

理解宪法是党的主张与人民意志的统一，明确宪法与党和人民的关系；引导学生理解"一切权力属于人民"的宪法原则，以及国家尊重和保障人权的宪法精神，提高学生对自身权利的认识，认识到自己作为公民的权利和义务，增强公民意识和国家意识，能够利用宪法维护自身权益；引导学生认同中国共产党的领导，帮助学生更好地理解和接受党的主张，并转化为自觉行动。

（二）教学难点

政治理论教学比较抽象和枯燥，将其与具体的社会实践相结合具有一定的难度，教师需要整合课内外教学资源，将零散的知识系统化，帮助学生建立起完善的知识架构；宪法与中学生密切相关、守护着每一个公民的利益，教师需要让学生感受到自身如何受到宪法的保护和尊重，引导学生自觉维护宪法的尊严、遵守宪法的要求，带领学生实现知行合一是本课时的难点。

六、教学设计总体思路

1.明确教学目标。在《课标》《纲要》以及教材的引领下，整合三个目标、核心素养，明确本课时的教学目标，根据教学目标整合课内外教学资源，确定教学方式。

2.注重理论联系实际。将抽象的理论知识与具体的社会实践相结合，通过引入案例分析、时事评论等方式，让学生在学习过程中更好地理解和把握宪法知识，明确党的领导地位以及人民的权益。

3.强化学生主体性。在教学过程中，注重激发学生的学习兴趣和积极性，通过小组讨论、课堂模拟、师生问答等方式，让学生深入参与到学习中，提出自己的观点和见解；注重培养学生的自主学习能力，引导他们自主阅读相关文献、资料，加深对宪法相关知识的理解。

4.完成拓展评价。设计构建多元化的课后拓展学习活动，形成对课上学习的补充；落实教学评价工作，采用课堂表现、小组讨论、社会实践等多种评价方式，更加全面地了解学生的学习情况和进步程度，促进他们实现全面发展。

七、教学过程

（一）教学流程设计

环节一：情境导入，遇见宪法

教师活动：

1.播放视频：习近平同志在全票当选国家主席和中央军委主席后，左手抚按宪法，右手举拳，郑重宣誓……

提问：习近平同志在宣誓时，为什么要抚按宪法？宪法有何地位？

2.展示图片：展示人民英雄纪念碑高清图，让学生谈一谈对碑文的理解；展示宪法序言，让学生结合碑文进行讨论宪法是如何诞生的。

3.教师总结：宪法是国家的根本大法，在治国安邦的实践中起到总章程的作用，是党带领人民革命斗争换来的宝贵成果。

拓展：分别展示五四宪法、七五宪法、七八宪法、八二宪法，让学生明确宪法要与社会和国家发展相适应，从而保证其稳定性与权威性。

学生活动：

1.观看视频，尝试回答问题。

预设：体现了宪法的重要性，体现了习近平同志对宪法权威的维护，忠于宪法的内容和要求。

2.观看图片进行小组讨论，尝试发表自己的观点。

预设：经过艰苦卓绝的斗争和伟大的牺牲，推翻了旧的社会制度，建立了维护人民利益的新制度，宪法的诞生正是对革命成果的肯定，对党领导地位的确定。

3.了解中国历史上的四次修宪的历史节点，利用课余时间，自主进行拓展学习。

设计意图：通过新闻热点让学生感受宪法的权威，宪法来自哪里，提高对宪法的重视，增强学习和探知欲。

环节二：重温党史，坚持党的领导

教师活动：

1.情境创设（一）：

（1）党领导抗日武装开展广泛的敌后活动，对侵略者造成沉重的打击。

（2）面对国民党反动派妄图建设独裁政府，侵吞人民的革命果实，中国共产党带领人民开展了解放斗争。

（3）新中国成立后，党带领人民推动工业化，提高群众的生活水平。

（4）新时代以来，党大量开展保民生活动，带领人民奔小康。

提问：从百年党史看，党的初心是什么？党带领人民取得了哪些成果？

教师总结：党的能力和地位是在历史磨炼中形成和确认的，通过宪法确定了党的地位和人民的革命成果，必须坚持党的领导。

2.情境创设（二）：疫情时、地震时、洪水时，党始终不计代价，守护人民的利益。

提问：党的性质和宗旨是如何体现的？

3.为学生展示"习语金句"，呈现党对政治、经济、文化、立法、司法等领域的领导，让学生明确党如何领导、领导哪些领域。

拓展：通过微课讲解党的民主集中制。

学生活动：

1.学生根据各种情境开展讨论和思考，明确党的初心是为人民谋幸福、为民族谋复兴，党领导了民族独立、人民解放、国家发展、富强腾飞。

2.学生结合情境和生活经验交流思考，明确党的性质和全心全意为人民服务的宗旨。

3.明确党的政治领导、思想领导和组织领导方式，党领导共产主义事业的各领域、各方面、各环节。

4.讨论民主集中制的优势有哪些。

设计意图：通过重温党史，让学生感受党在不同时期带领人民所做出的贡献，明确坚持党的领导的历史必然性和科学性；结合生活化资源让学生明确党的性质、宗旨以及如何领导人民。

环节三：当家作主，权力属于人民

教师活动：

1.为学生展示版画《豆选》，提问引导："同学们，大家仔细观察这幅版画作品，分析其中表现的政治活动。"

2.为学生播放农村村委会选举村干部的视频，提问引导："同学们，你们的家长有没有参与过选举或被选举活动，谁能告诉大家多少岁才能参与选举活动？"

3.教师总结："正如大家看到的图片一样，我国的公民在行使自己的选举权与被选举权，我们每一个人都是国家的主人，宪法规定了国家的权力属于人民。"

4.播放视频：群众拨打电话到有关部门，举报反映小区附近有违规生产的问题。

讨论：群众都可以通过哪些渠道行使自己的权利，人民拥有哪些权利？

5.课堂实践：

（1）组织学生模拟选举活动，一部分学生为候选人，一部分学生为选民，让学生感受投票、唱票的过程，直观地感受到自己如何行使权力。

（2）让部分学生扮演群众，部分学生扮演人大代表，群众要就某一问题提出自己的意见，人大代表要将群众的意见总结为科学完整的提案。

学生活动：

1.在教师的引导下观察图片，并发言互动。

预设：从版画中我们看到，即便没有文化的群众也能够参与选举活动，这说明我国的民主面向每一个合法公民。

2.在教师的带领下观看视频，并发言互动。

预设：我爸爸参与过选举，我见过村委会公示选举结果，年满十八周岁的公民可以参与选举以及被选举的政治活动。

3.学生经过讨论后明确：我国公民享有政治权利和自由、社会经济权利、人身自由、法律面前人人平等等公民基本权利；可以通过信访举报、人大代表联系群众、舆论监督等方式行使权力。

4.根据教师的组织完成课上活动，根据所学知识深刻感受人民群众如何行使自身的权利，理解人民武装的性质作用。

设计意图：通过生活化情境和课上实践活动，引导学生进一步感知"宪法规定了国家的权力属于人民"，体会公民如何行使自己的权利，让学生能够感受到宪法对人民利益和权利的尊重，自觉维护宪法的尊严，遵守宪法的要求，理解宪法对人民武装的规定。

环节四：守护权益，尊重保障人权

教师活动：

1.教师提供视频片段，创设情境：

（1）农村的适龄儿童免费参加义务教育，学校没有收取任何学费和教材费用。

（2）中午学校为孩子提供营养午餐，让离家远的孩子能够吃到健康的食物。

（3）农村地区开办农家书屋，让公民免费参与阅读学习。

（4）国家相关部门和社区组织人民开展厨师培训。

提问：这些场景说明了我国公民享受哪些人权？

2.教师明确：人民幸福生活是最大的人权，我国宪法规定国家尊重和保障人权，尊重和保障人权是我国宪法的基本原则。

3.情境创设：人民群众通过"12345"市长热线询问个人养老保险问题，在工作人员的引导下，通过网络平台完成了自主办理。

提问：国家为人民行使权利提供了哪些便利？

4.案例剖析：交通事故中，原告腿部严重受伤，被鉴定为二级伤残，人民法院主动前往原告所在地开庭，促成了双方和解，达成了赔偿协议。

讨论：法院如何保障原告的权益。

5.播放习近平总书记在党的二十大上的报告："我们坚持精准扶贫、尽锐出战，打赢了人类历史上规模最大的脱贫攻坚战……"

讨论：党对民生事业做出了哪些贡献？有什么意义？

学生活动：

1.学生讨论后明确：受教育权，物质帮助权，社会文化权，劳动就业权。

2.行政机关大力加强网络政务建设，便于人民线上办理事务，减少办事成本。

3.学生明确，党坚持依法治国，为群众提供法律援助，帮助弱势群体。

4.学生完成讨论，认识到中国共产党坚持把保障人民生存权、发展权作为首要的基本人权。

设计意图：引导学生认识到宪法保障公民的人权，党和政府积极主动保护人民的权益，让群众活得更有幸福感和尊严。

（二）课堂小结

回顾本次教学活动，学生对宪法的地位和权威有了深刻的理解，明确了宪法是党的主张和人民意志的统一；掌握了国家性质、根本制度、党的性质、党的宗旨、如何坚持党的领导、宪法的基本原则、国家如何尊重保障人权等知识。通过理论构建和实践活动，让学生能够自觉拥护党的领导，明确自身的权利和义务，形成了知法守法的观念和行为习惯。

在教学方法的选择上，充分发挥议题式教学、小组合作以及信息技术的优势，帮助学生将抽象的知识转化为具体的情境，兼顾了教师的引导与学生的自主探究。这些教学方法的应用，显著唤醒了学生的积极性，提高了课堂教学效率。通过课后作业的拓展实施，能够让学生实现课内外知识的整合。

根据部分学生的反馈，可以发现教学中仍然存在一定的问题。例如，部分基础知识薄弱、理论理解能力不足的学生难以形成记忆和理解。对此，需要强化后续的复习和课下教学活动，探索能够满足更多学生需求的教学策略。

（三）板书设计

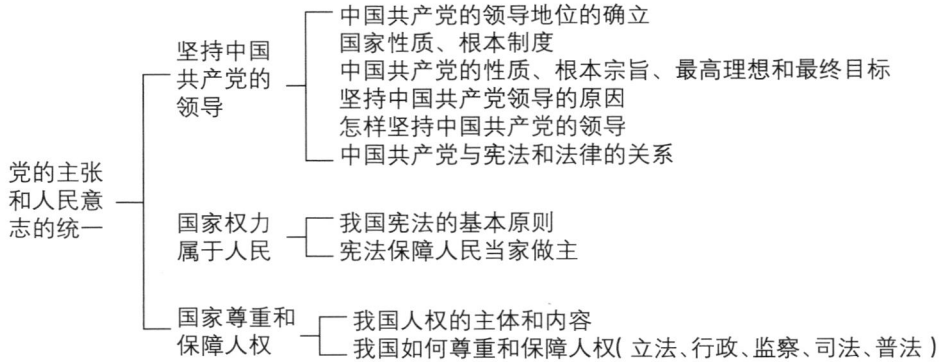

（四）作业设计

1.基础类题目：梳理本课时的知识架构和概念，绘制思维导图。

2.拓展类题目：网上检索《中华人民共和国宪法》全文，阅读学习与本课时相关的内容，深化对课堂知识的理解，完成对下节课学习内容的预览。

3.实践类题目：选取附近社区开展访谈调查，了解公民对宪法的理解程度，完成简单的普法工作。

（五）参考资料

1.杨瑞花：《〈最是人间烟火气　能入肺腑润心田〉——以"党的主张和人民意志的统一"教学为例》，中学政治教学参考，2022(02)：24-26。

2.陈雯,骆殿兵：《沉浸式学习让党史教育"活"起来——以"党的主张和人民意志的统一"为例》，现代中小学教育，2021，37(10)：24-27。

3.蔡金花：《党的主张、人民意志、国家意志：三者关系及其生成的政治逻辑》，湖北行政学院学报，2021(04)：27-34。

4.李岩峰：《宪法是党的主张和人民意志的高度统一》，人民法院报，2002-12-04。

八、教学总结与反思

本次教学活动基本完成预期教学目标，学生对我国宪法有了一定的理解和掌握，能够对坚持党的领导、国家权力属于人民、国家尊重和保障人权等知识形成理解和内化，将所学知识与之前的学习内容以及现实生活相结合。整体上来看，本次教学活动相对成功，但是也有一些问题需要注意，例如，对于学生课前预习的要求不足、对以往知识的渗透整合不足，今后的教学活动中需进一步优化。

在开展法治教育的实践中，教师要赋予课堂情境和灵魂，让学生在生动的情境中有感有思，进而产生自主探究的欲望，需要吃透课标学情，并结合教学内容针对性地创设教学情境。为了帮助学生建立知识体系，可以通过教学资源的补充整合使课程内容更为完备，将零散的碎片化知识统整起来。此外，教师还需要从单元整体视角设计教学活动，从宪法教育的整体视角统筹每节课的内容，让学生能够在更大的学习情境和丰富的学习资源中完成知识的构建。

参与民主生活

朝阳市第六中学　张海彬

一、课程基本信息

　　主讲课程：道德与法治

　　使用教材版本：人民教育出版社2021年6月第2版

　　教材章节出处：《道德与法治》九年级上册第二单元第三课第二框《参与民主生活》

二、教学设计概述

　　本节课的主要线索就是如何让公民更好地行使民主权利参与民主生活。围绕这个主线，本课分为两大块，一是从途径或者方法上学习怎样更好地参与民主生活，另外一个就是从增强民主意识方面怎样更好地去参与民主生活。根据《课程标准》、教学目标、教材内容和学生情况，我这样设计本节课的教学：

　　1. 以教材为主。本节课所使用的材料基本上都是教材中的材料，目的是让学生更好地熟悉教材，进而理解掌握知识点。

　　2. 学生的自学活动主要是解决教材当中比较简单明了直观的问题。比如民主选举地位、形式、要求等内容。这样既能让学生在熟悉教材的基础之上在课堂里掌握一些简单的知识点，还节省了时间，提高了学习效率。

　　3. 对教材中重点难点问题采用案例式、议题式、体验式等教学方法。比如直接选举和间接选举、等额选举和差额选举，它们之间的区别，以及社情民意反映制度、专家咨询制度、重大事项社会公示制度和社会听证制度，如何去判断区分等内容。教师呈现情境，学生分析后找出问题所在，教师以讲解的方式加以点拨，师生互动，帮助学生理解。

三、学情分析

　　学生对于民主这一块知识的学习，在七八年级接触得是很少的。只是在八年级下学期，对于我国的政治制度有了明确的认知，至于什么是民主，社会主义民主有什么特点，公民如何去行使民主权利，公民有哪些民主权利，公民应该怎样增强民主意识等民主方面的知识其实还是欠缺的。随着学生年龄的不断增长、理解能力的提高，他们对这方面的求知欲也越来越强烈了。为此，九年级上册教材专门安排了这一课，让学生对民主意识和行使民主权利的途径等民主方面的知识进行相关的学习，既能初步满足学生的求知欲，也可以引导学生积极主动地去参与民主生活，帮助学生认同民主的价值，认同我国社会主义民主制度的优越性，引导学生做负责任的公民。

四、教学目标

　　《道德与法治课程标准》中要求：学生能够关心集体、社会、国家，具有主人翁意识和责任感。能够遵守社会规则和依法依规有序参与公共事务，具有公共意识和公共精神，能够以实现中华民族伟大复兴为己任，能够理解社会主义核心价值观的内涵及重要意义，并在社会生活中自觉践行。

　　1.通过以"民主选举的形式"和"投谁一票""胡椒厂议事""民主参与共同决策""职工议事会""网络问政"几个情境为议题，能够掌握民主选举、民主协商、民主决策、民主管理、民主监督的内容、意义、方式、原则等内容，能够关心集体、社会、国家，具有主人翁意识，能够遵守社会规则，养成依法、依规有序参与公共事务的意识和能力。

　　2.通过以"你会怎么选择"为议题，能够以理性、公正、客观的态度全面、深刻、辩证地看问题，逐步提高参与民主生活的能力。

　　3.通过以"社会生活中难免会出现一些谣言"情境为议题，增强对社会主义民主的理解及热爱，逐步形成尊重、宽容、批判和协商的民主态度。增强民主意识，自觉参与民主生活，使民主思想和社会主义法治精神成为自身的自觉信仰。

五、教学重点难点

依据《课程标准》、教学目标、教材内容以及学生情况确定本节课的教学重点和难点。

教学重点：公民行使民主权利的形式（途径）

教学难点：公民怎样增强民主意识

确立公民行使民主权利的形式作为教学的重点，是为了使中学生能够在真正参加到民主生活的过程当中，更好地行使民主权利，正确地行使民主权利，做合格的公民。能够改变一个人的思想，甚或使它成为一种信仰总是很难的，或者是最难的，它不仅是一种思想习惯的养成，更是一种坚持，而增强热爱社会主义民主的情感并不是一蹴而就的。基于此确立教学难点为公民怎样增强民主意识。

六、教学设计总体思路

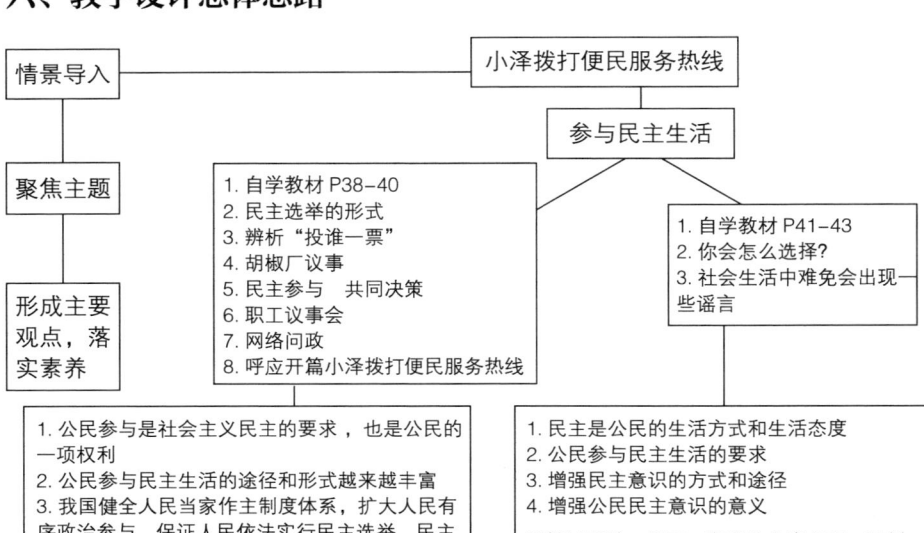

七、教学过程

（一）教学流程设计

环节一：导入新课

教师活动：

呈现情境：小泽拨打便民服务热线

九年级学生小泽发现学校附近有一家非法经营的网吧，一些学生课余时间经常泡在那里，这严重影响了他们的学习和身心健康。于是，小泽拨打政府服务便民热线反映这一情况。不久，这家网吧被依法取缔了。

教师总结引入本课所学主要内容：

1.为什么要参与民主生活？

2.公民怎样参与民主生活？(途径)

3.公民为什么要增强民主意识？

4.公民怎样增强民主意识？

学生活动：认真阅读材料，积极思考，回答问题。

1.你怎样看待小泽拨打政府服务便民热线的行为？

2.小泽还可以采取哪些方式反映问题？

3.公民有哪些基本权利？小泽在行使公民的什么权利？

设计意图：通过学生熟悉的生活事例，比较容易引发学生思考，进而引入本课所学主要内容。

环节二：新知讲授

第一目：行使民主权利

教师活动1：教师组织自学活动：认真阅读教材第38至40页，积极思考回答问题。

学生活动：在教师的组织与引导下，回答什么是公民参与，为什么要公民参与，公民参与民主生活的形式有哪些。

活动总结：公民参与就是公民依照法律规定，通过各种途径以不同形式参与管理国家和社会事务，实现民主权利，维护自身的合法权益。公民参与是社会主义民主的要求，也是公民的一项权利。公民参与民主生活的形式有民主选举、民主协商、民主决策、民主管理、民主监督。

教师活动2：呈现情境：民主选举的形式

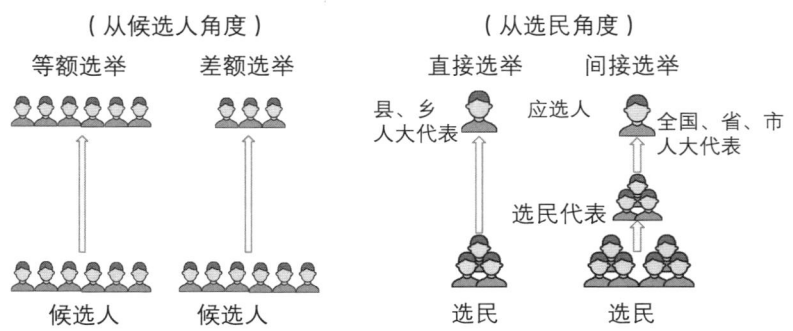

学生活动：在教师的引导下回答：直接选举和间接选举、等额选举和差额选举有什么区别？

活动总结：从选民和候选人角度进行区分

教师活动3：辨析"投谁一票"

学校要选举新一届学生会主席。

小明：谁当选和我没关系，不去投票。

小丽：谁弱势，票就投给谁。

小军：谁能带来好处，票就投给谁。

小美：谁有能力，票就投给谁，还要看道德品行。

学生活动：你们同意上述说法吗？说说理由。

活动总结：民主选举的原则要遵循公开、公平、公正的原则，同时要求公民积极、主动、理性地参与民主选举。

教师活动4：呈现情境：胡椒厂议事

为进一步推动解决胡椒加工和产业发展瓶颈，用好用活政策红利。利用闲置集体资产，不断发展壮大村集体经济，近期，某村召开了2023年第一次村务协商全体会议，让农民自己"说事、议事、主事"，做到村里的事村民商量着办。

学生活动：学生思考回答：情境主要体现的是哪一种民主参与形式？民主协商的地位是什么？有哪些具体形式？意义是什么？

活动总结：民主协商保证了人民的意愿和要求得到充分表达。通过提案、座谈、论证等多种途径和方式开展协商，有利于充分发扬民主，广泛凝聚共识。

教师活动5：呈现情境：民主参与，共同决策！居民用水物价调整方案

第一步：物价局开通网站，充分调查了解情况和征求各方意见，尤其是低收入者的意见。

第二步：邀请专家学者对水价调整方案进行分析论证，听取专家建议。

第三步：形成两个备选方案在网上公示，集思广益。

第四步：召开居民水价调整听证会，对备选方案作出相关修改，完善并进行决策。

学生活动：情境中的每一步属于民主决策的哪种方式？你是如何看待这样的"定价听证会"的？你认为有必要吗？请说明理由。

活动总结：民主决策是保障人民利益得到充分实现的有效方式。民主决策的过程，要求保证广泛的公民参与，决策方认真听取各方意见，集中民智，促进决策的科学化。

教师活动 6：呈现情境：职工议事会

"职工活动中心设在六楼，职工上去不方便""希望能在园区内引入菜场、超市"……在某股份有限公司多功能厅内，一场筹备了两个多月的职工议事会正在举行。出席人员除了企业管理者、工会代表、职工代表，还有街道司法所等政府职能部门的代表。像这样的职工议事会，2023年已在该市开展了近50场次，成为职工参与基层治理的重要平台。

学生活动：材料中职工议事会主要体现的是哪一种民主参与形式？

活动总结：民主管理让人人都有参与管理国家、社会各项事务的机会和渠道，实现人民的事人民管、人民的事人民办。

教师活动7：呈现情境："网络问政"

2024年3月全国两会前，人大代表纷纷开通微博，"晒"建议、听民

意、做网络调查，微博成为网民发表看法的重要平台。

"网络问政"已经成为政府了解民情、听取民声、体察民意、汇聚民智的桥梁。每年全国两会期间，我国公民可以通过人大代表对国家机关及其工作人员等各方面工作提出建议、批评和意见，公民可以通过网络视频方式听取相关代表的发言。

学生活动："网络问政"体现了公民行使民主权利的哪一种途径？"网络问政"的魅力体现在哪里？

活动总结：民主监督是公民参与民主生活、行使公民监督权的具体体现。这种方式有利于国家机关和国家工作人员改进工作，提高工作效率，克服官僚主义，防止滥用权力，预防腐败，有助于增强公民的参与意识，激发公民的参与热情。

教师活动8：呼应开篇小泽拨打便民服务热线

学生活动：学生回答小泽是怎样行使自己的监督权的。

活动总结：公民的基本权利和义务是宪法的核心内容，确认并保障公民基本权利实现是宪法的核心价值。公民的基本权利包括政治权利、人身自由、社会经济与文化教育权利等。其中监督权属于公民政治权利里的一种，监督权主要是我国公民对国家机关和国家机关工作人员进行监督。公民行使监督权，除了可以向人大代表反映，还可以采用书信电子邮件电话走访等方式向有关部门反映，也可以通过电视等媒体反映。

第二目　增强民主意识

教师活动：组织自学活动：阅读教材第41-43页

学生活动：公民为什么要增强民主意识？

活动总结：增强民主意识的原因：

1. 在现代社会，民主应该成为公民的一种生活方式和生活态度。一个国家的社会民主生活的质量和水平，与公民的民主意识密切相关。

2. 在我国，塑造现代公民，需要增强民主意识，使民主思想和法治精神成为公民的自觉信仰，体现在日常言行中。

3. 增强我国公民的民主意识，有利于完善中国特色社会主义民主，也是社会主义制度永葆生命力的重要保证。

教师活动：呈现情景：你会怎么选择？

1.社团管理和活动表决一般遵循少数服从多数原则。如果你是少数派，你会怎样做？

2.当社团内部发生利益冲突时，如果你是冲突的一方，你会怎样做？

3.面对别人的批评和建议，如果你是社团负责人，你会怎样做？设问：公民应怎样参与民主生活？

4.面对成员间的意见分歧，如果你是社团负责人，你会怎样做？

学生活动：公民参与民主生活应注意什么？（对公民的要求）

活动总结：公民参与民主生活的要求：

1.具有社会责任感和主人翁意识。

2.以理性、公正、客观的态度全面、深刻、辩证地看问题。

3.立场正确、逻辑清晰地表达观点和意见。

4.逐步提高依法有序参与民主生活的能力。

教师活动：呈现情境：社会生活中难免会出现一些谣言

小明：说话权利包括说错话的权利，对谣言的宽容本质上是对说话权利的保护。

小丽：谣言终究会不攻自破，清者自清，最好不干涉，让谣言自生自灭。

小美：有些谣言没有什么大的危害，可以宽容。

小军：谣言是没有事实依据捏造的话，不能传播。

学生活动：思考公民应怎样增强民主意识。

活动总结：

1.公民要自觉遵守宪法，始终按照宪法原则和精神参与民主生活。

2.公民要不断积累民主知识，形成尊重、宽容、批判和协商的民主态度。

3.公民要通过依法参与公共事务，在实践中逐步增强民主意识。

设计意图：

1.本课安排了两个学生自学活动，目的是让学生初步熟悉教材，并能解决教材里简单易理解的知识点。

2.教学中所用材料和活动尽量引用教材中材料，是为了让学生进一步地熟悉教材，进而掌握知识点，也是为了配合考试要求。

3.呈现具体情境，用案例式、议题式、体验式等方法，帮助学生理解，突出重点，突破难点。

（二）课堂小结

通过本节课的学习，我们知道参与民主生活，是每个公民应尽的责任和义务。参与民主生活，不仅国家提供制度保障，公民也要有责任意识，通过合法的方式途径参与。通过参与民主生活，我们可以更好地了解社会，关注社会，培养自己的主人翁意识。

（三）板书设计

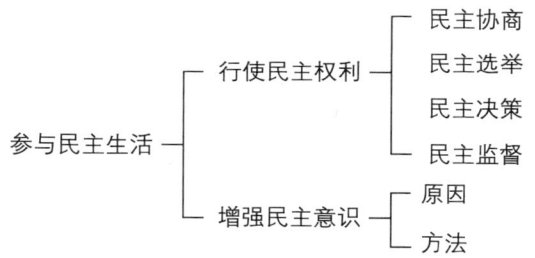

（四）作业设计

1.单项选择

（1）在《道德与法治》课堂上，同学们针对"社情民意反映制度""专家咨询制度""社会听证制度"等内容展开小组讨论。据此判断，他们讨论的主题是（　　）

A.民主选举　　B.民主决策　　C.民主监督　　D.依法行政

（2）《中华人民共和国国民经济和社会发展第十四个五年规划和2035年远景目标纲要》在编制过程中面向社会公开征求意见，共收到群众留言100多万条，有关方面从中整理出了1000余条建议。这一过程表明（　　）

A.公民当家作主是社会主义民主政治的本质特征

B.众人的事情众人商量，我国人民直接参与管理国家和社会事务

C.选举民主是我国社会主义民主政治的特有形式和独特优势

D.民主决策是保障人民利益得到充分实现的有效方式 有利于促进决策科学化

（3）全国两会召开之际，人民网推出2024年度"我给两会说句话" 建言征集活动，诚邀各界群众积极建言献策。普通百姓关注关心的住房、食品、就业以及看病就医、养老托幼等，不论是建议还是希望，都可以通过留言征集活动充分表达，该活动（　　）

①丰富了民主形式 ，拓宽了民主渠道；②有利于推动决策的科学化、民主化；③表明公民的民主监督意识不断增强；④提高了政府工作的透明度和公信力 。

A.①②　　　B.①③　　　C.②④　　　D.③④

（4）某校组织学生开展"模拟政协"活动，引导同学们走进社区开展调查研究， 撰写"提案"，为解决身边的实际问题建言献策。开展这一活动（　　）

①有利于增进学生对协商民主的感性认识，培养政治认同；②旨在保障学生当家作主的权利；③有利于培养学生民主意识，提升民主参与能力；④能促进学生走进社会、关心社会、增强主人翁意识 。

A.①②③　　　B.①②④　　　C.①③④　　　D.②③④

2.材料分析题

加强社区治理是全面推进社会管理创新的重要基础性工作，近年来，某市某社区不断打造"好地方、好治理"基层民主治理新名片。

◇围绕"社区党委—网格党支部—楼宇党小组—党员中心户"四级网络，将党的领导融入社区发展、居民服务各项工作中。◇积极创新居民矛盾问题协商解决机制，及时召开居民圆桌协商会议，让群众就近"说事"，商量解决办法。◇聘请多人担任社区商圈网格员，宣传宪法等法律法规，巡查商户经营行为，增强居民遵法守法意识。

请你借鉴材料中该社区打造基层民主治理新名片的办法，为我市社区基层民主建设提出好建议。

（五）参考资料

1.《聚焦中考》（辽宁专版），长江少年儿童出版社，2024年。

2.《道德与法治》（教师教学用书），人民教育出版社，2021年。

3.《道德与法治课程标准》，北京师范大学出版社，2022年。

八、教学总结与反思

本次教学取得了一定的成效。本课紧扣新课标的要求，以情境增强学生的学习体验性，师生交互推动了教学活动的有效开展。同时，本次教学将核心素养的五点内容有机嵌入课程知识体系中，促进了学生核心素养的培育与发展，践行了核心素养教育理念，同时也符合当前考试环境下对教材的把握。当然，本次教学也存在一些有待改进的地方。本次教学以理论授课为主，缺乏实践活动。增强学生民主意识需要在实践当中去检验，实践环节的缺失影响了课程教学的整体效果。

听党话，跟党走

大连金石高级中学　卫　瑶

一、课程基本信息

主讲课程：高中思想政治

使用教材版本：人民教育出版社2023年版

教材章节出处：普通高中思想政治必修三《政治与法治》第三课第一框《坚持党的领导》

二、教学设计概述

本课内容主要围绕着必修三《政治与法治》的第三课第一框——《坚持党的领导》展开讲授。主要内容包括两大方面，一是"中国共产党是中国特色社会主义事业的领导核心"，二是"新时代坚持和加强党的全面领导"，按照"是什么""为什么""怎么做"的整体思路，展开教学。本框建议一课时完成讲授。

本课主要讲授为什么要坚持党的领导、党的领导的特点、党的领导的表现、新时代坚持和加强党的全面领导的重要性、新时代坚持和加强党的全面领导的要求等内容。本框设计以这十年在以习近平同志为核心的党中央坚强领导下，在经济、政治、文化、体育、科技等各方面所取得的成就为载体，用由小见大的论述模式，设置总议题，再通过三个分议题从三个角度洞悉党的领导的三个方面。首先通过知乎的问答内容引出总议题，之后播放视频引出分议题，经过小组讨论，最后通过同学们集体智慧总结答案——中国崛起的力量来源于中国共产党的领导！

三、学情分析

在必修一的学习当中，学生们对学习中国共产党的领导对中国革命、建设和改革事业不断取得胜利的作用，中国共产党领导是中国特色社会主义最本质的特征等知识有初步的了解；同时在日常生活中，学生也能够通过大众传媒的新闻报道了解到中国共产党在我国政治生活中的作用，对党的领导具有一定的感性认识，因此，学生对坚持中国共产党的领导有初步的情感认同。但是，对于党的领导是全面的、系统的、整体的，新时代坚持党的全面领导的具体内容和意义等知识缺乏系统的理性认知。本框课的任务就是让学生对中国共产党全面领导的相关知识，在认知、情感和思维上有所提升，为人生奠定良好的基础。

四、教学目标

在总议题"中国的力量从何而来"和分议题"中国崛起的秘诀在于坚持党的领导，那么党的领导是什么？""为什么说中国崛起的秘诀在于坚持党的领导？""视频对我们坚持党的领导有何启示？"的引领之下，通过具体视频播放和教师的不断引导，获得关于中国共产党的具体理论知识，深刻认识到中国共产党执政是历史的必然也是人民的选择，奠定正确的政治立场，要坚持党的全面领导，主动拥护中国共产党的领导。

五、教学重点难点

（一）教学重点

坚持党的领导：中国共产党领导是中国特色社会主义最本质的特征，是中国特色社会主义制度的最大优势。党的领导是做好党和国家各项工作的根本保证，是战胜一切困难和风险的"定海神针"。坚持党对一切工作的领导，是党和国家的根本所在、命脉所在，是全国各族人民的利益所在、幸福所在。只有始终坚持党对一切工作的领导，才能在更高水平上实现全党全社会思想上的统一、政治上的团结、行动上的一致，才能为决胜全面建成小康社会、夺取新时代中国特色社会主义伟大胜利提供根本政治保证。只有深刻理解坚持党的领导的重要意义，才能坚定地拥护党的领导。

党的领导是全面的、系统的、整体的，要自觉做共产主义远大理想和中国特色社会主义共同理想的坚定信仰者和忠实实践者，成为合格的社会主义建设者和接班人。

（二）教学难点

新时代坚持和加强党的全面领导：在中国特色社会主义新时代，坚持党的全面领导必须体现在治国理政的方方面面，体现在国家政权机构、体制、制度等的设计、安排和运行之中，国家治理体系是由众多子系统构成的复杂系统，对于相关体制、制度以及众多子系统之间的关系、职能分工等内容，学生没有相对完善的知识储备，全面系统理解新时代坚持和加强党的全面领导的具体内容存在一定困难，可以采取教师讲授、学生列举实例、小组讨论的方法突破该难点。

六、教学设计总体思路

本节课通过"三段八学"教学法进行讲授，即课前"预习学"，课中"导入学""自主学""合作学""探究学""交流学""检测学"，课后"巩固学"，环环深入，来调动学生的积极性和主动性。首先通过知乎的观点导入本课要讲的主题，引发学生去思考"中国崛起的力量来自什么"，之后播放视频引出分议题——中国崛起的秘诀在于坚持党的领导。那么党的领导是什么？为什么说中国崛起的秘诀在于坚持党的领导？视频对我们坚持党的领导有何启示？在此过程中设置学生自主阅读教材、小组讨论环节，通过对议题的探究来总结答案——中国崛起的力量来自党的领导，中国共产党是中国特色社会主义事业的领导核心，始终走在时代前列，始终是全国人民的主心骨；中国共产党领导是中国特色社会主义最本质的特征，是中国特色社会主义制度的最大优势，是坚持和发展中国特色社会主义的必由之路；党的领导是党和国家的根本所在、命脉所在，是全国各族人民的利益所系、命运所系；全面建设社会主义现代化国家、全面推进中华民族伟大复兴，关键在党。

七、教学过程

（一）教学流程设计

导入：

教师活动：知乎曾有人提出过一个问题：为什么中国比印度发展得快这么多？也就是说，中国崛起的力量从何而来？

学生活动：学生们畅所欲言，积极分享自己的观点。

设计意图：通过简单的问题，引起学生的思考，激发学习本节课的兴趣。

总议题：中国崛起的力量从何而来？

教师活动：中国崛起的力量从何而来？让我们看看印度网民怎么说……

回答1：The difference was not started in a sudden from 80s...It started from 1949.（这种差异不是从80年代突然开始的，而是从1949年开始的。）

回答2：Because China has a better government，but India is not doing a bad job despite having a worse government.（因为中国有一个更好的政府，但印度做得并不差，尽管有一个更糟糕的政府。）

因此，我们可以从印度网友的言论中得出结论：中国崛起的秘诀在于：坚持中国共产党的领导。

那么，问题来了，中国崛起的秘诀在于坚持中国共产党的领导！真是如印度网友这么认为的吗？显然，最懂中国共产党的，还是中国人民自己。那么，我们从这十年中国所取得的成就说起：

播放视频：《非凡这十年》，观看视频，设置具体议题：

议题一：中国崛起的秘诀在于坚持党的领导。那么党的领导是什么？

学生活动：学生从视频中总结出这十年中国共产党所做的，或者说所完成的大事件：

党的十八大以来的这十年，脱贫攻坚、制造强国、科技强国、体育强国、绿色中国、文化强国、交通强国、海洋强国的成就，这一切，都是党集中统一领导、协调各方的结果。由此，学生来总结：在中国，一切都是中国共产党领导的结果。

设计意图：通过视频，以更加直观的方式让学生体会党的全面领导。

教师活动（教师总结）：

党的领导是全面的、系统的、整体的：党政军民学，东西南北中，党是领导一切的。

党领导一切，这一切，不仅是一切领域，也包括一切主体，即人大、政府、政协、监察委员会、法院、检察院、军队，各民主党派和无党派人士，各企事业单位，工会、共青团、妇联等群团组织，都要坚持中国共产党领导。所以，中国共产党是最高政治领导力量，发挥总揽全局、协调各方的作用。

党领导一切，这一切，不仅是一切领域、一切主体，还涉及各领域、各方面、各环节：五位一体，改革发展稳定、内政外交国防、治党治国治军等。

党领导一切的准确含义，是相对比较抽象的。教师要做的，就是引导学生从这些具体的领域，抽象转换为主体、环节，这样学生才会相对容易从脱贫攻坚、制造强国、科技强国、体育强国、绿色中国、文化强国、交通强国、海洋强国等领域得出答案。

议题二：为什么说中国崛起的秘诀在于坚持党的领导？

教师活动：同学们，视频强调这十年的非凡成就，也就是对人民的意义、对国家和民族的意义。那么，实际上我们取得了哪些成就？以此证明党居于什么地位？

学生活动：同学们以小组为单位共同分析总结以下要点：

成就：

党的十八大以来，9899万人脱贫、文化获得感不断增强、让国人呼吸新鲜空气、让交通"人享其行、物畅其流"，中西部差距显著缩小……

比亚迪、宁德时代、大疆等成为中国制造新名片，让中国在国际上地位日益提高，神舟十五号、探月探火、三航母让国人扬眉吐气！民族复兴、国家富强、人民幸福更加确定，中国特色社会主义事业获得巨大发展！

结论：

中国共产党是中国特色社会主义事业的领导核心、始终走在时代前列，始终是全国人民的主心骨。

中国共产党领导是中国特色社会主义最本质的特征，是中国特色社会主义制度的最大优势，是坚持和发展中国特色社会主义的必由之路。

党的领导是党和国家的根本所在、命脉所在，是全国各族人民的利益所系、命运所系。

全面建设社会主义现代化国家、全面推进中华民族伟大复兴，关键在党。

议题三：我们应该如何坚持党的全面领导？

教师活动：首先，要通过过去十年的经验引导学生总结：这十年，各方面取得的成就在于以习近平同志为核心的党中央的坚强集中统一领导。其次，学生分析如何坚持党的全面领导。

学生活动（学生代表来展示自己的见解）：

这十年，脱贫攻坚、增强人民群众的文化获得感、坚持以人民为中心。绿色中国、文化强国、体育强国、交通强国等缩小中西部差距，坚持新发展理念，促进高质量发展，始终走在时代前列。这十年，无论是举国体制搞科研，还是国务院制定"中国制造2025"，都通过完善各种领导体制夺取更大的成就。

结论：

第一，坚持党中央权威和集中统一领导，深刻领悟"两个确立"，增强四个意识，坚决做到两个维护。

第二，坚持以人民为中心，新发展理念、新发展格局等都是习近平新时代中国特色社会主义思想的具体体现。所以，要加强党的全面领导，就必须坚持不懈用习近平新时代中国特色社会主义思想凝心铸魂，不断提高党的政治领导力、思想引领力、群众组织力、社会号召力，始终走在时代前列。

第三，需要建立健全党的领导制度体系。

教师活动：教师对议题进行总结，也就是对本框知识进行总结：

所以，中国崛起的力量从何而来？

中国崛起的力量来自一切都有中国共产党的全面领导；

中国崛起的力量来自中国共产党领导中国人民发展中国特色社会主义，建设社会主义现代化强国，实现民族伟大复兴；

中国崛起的力量来自以习近平同志为核心的党中央的坚强领导；

来自习近平新时代中国特色社会主义思想；

来自为人民服务的初心与承诺，来自不忘初心、牢记使命的制度，为人民执政、靠人民执政的各项制度……

（二）课堂小结

教师活动：教师最后总结：同学们，从嘉兴南湖的一叶扁舟，到中国号巍巍巨轮，坚持党的全面领导，是创造中国奇迹的核心密码，是实现中华民族伟大复兴的根本保证。办好中国的事情，关键在党。中国特色社会主义最本质的特征是中国共产党领导，中国特色社会主义制度的最大优势是中国共产党领导。前进征程上，形势越是复杂、任务越是艰巨，就越要坚持和加强党的全面领导。有以习近平同志为核心的党中央坚强领导，有习近平新时代中国特色社会主义思想科学指引，就一定能更好地坚持党的全面领导，就一定能顺应历史潮流把百年大党建设得更加坚强有力，就一定能团结带领人民凝心聚力继续谱写社会主义现代化建设的壮丽篇章！

设计意图：通过教师话语的激励，学生们能够树立正确的世界观人生观价值观，站在正确的政治立场上，主动拥护中国共产党的领导。

（三）板书设计

3.1　听党话、跟党走——坚持党的领导

1.是什么

（1）党的领导是全面的、系统的、整体的

（2）党是最高政治领导力量，总揽全局，协调各方

（3）党的领导涉及各领域各方面各环节

2.为什么

（1）必要性：地位、始终走在时代前列、主心骨

（2）重要性：本质特征、最大优势、必由之路、两个所在所系、是现代化和伟大

155

复兴的关键

　　3.怎么做

　　坚持党中央权威和集中统一领导

　　坚持不懈用习近平新时代中国特色社会主义思想凝心铸魂

　　建立健全党领导的体制机制

　　不断提高四力，始终走在时代前列

　　建设高素质干部队伍，增强功能，正风清纪

（四）作业设计

　　1.精选精练本节课的练习册习题。

　　2.撰写主题为"新时代坚持党的全面领导"的小作文。

　　3.以自己认为比较生动形象或充满创新的方式形成本节课的思维导图。

（五）参考资料

　　1.人教版统编教材必修三《政治与法治》。

　　2."三维设计"练习册大小本。

八、教学总结与反思

　　本节课能够结合情境落实新时代坚持和加强党的全面领导的具体内容，在情感认同和理性认知的统一中加强对坚持党的全面领导的政治认同。

　　在讲课过程中，本节课能够做到以学生为主、教师为辅，充分调动了学生的积极性，同时通过小组讨论和集体探究来呈现高效课堂，最后将理论观点和生活经验有机结合，从感性认识上升到理性认识，在情感认同和学科理性的基础上，让学生坚定拥护党的全面领导。

跳出"历史周期率"的第二个答案

—— 巩固党的长期执政地位

大连市第四十八中学　季承前

一、课程基本信息

主讲课程： 高中思想政治

使用教材版本： 人民教育出版社2024年版

教材章节出处： 普通高中思想政治必修三《政治与法治》第三课第二框《巩固党的长期执政地位》

二、教学设计概述

本教学设计以习近平总书记关于党的自我革命的重要思想为指导，综合中共党史中的自我革命史实和新时代党的建设新的伟大工程的具体实际进行设计。

在设计中突出大单元设计理念。首先依据教材，沿着内容—主题—大概念的研究思路，凝练学科大概念——党的领导；而后依据课标，沿着过程—探究—大概念的研究思路凝练课程大概念——跳出历史周期率的答案。本教学设计中的内容即是本单元探究跳出历史周期率"第二个答案"的过程。（见下页图）

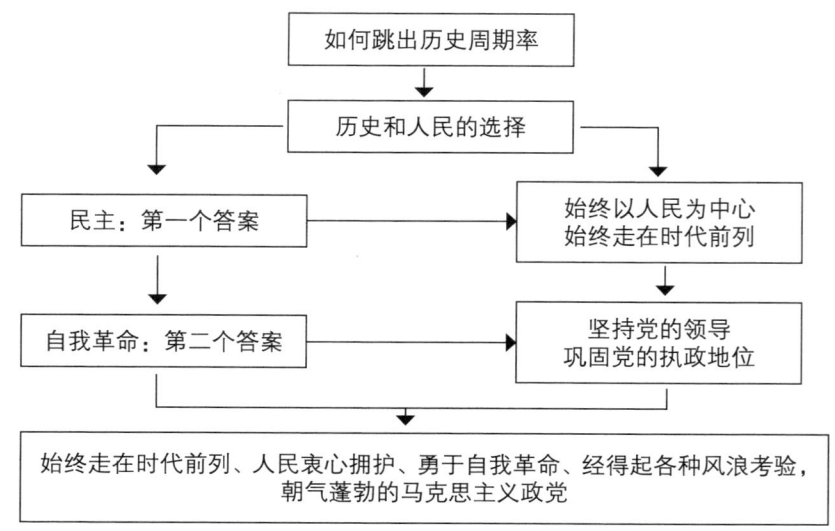

单元教学的第一阶段为"整体感知·必备知识"，突出学生主体地位，以学习任务引导学生自主完善单元必备知识体系。第二阶段为"探究建构·政治认同"，突出政治认同的核心素养培育，共计3课时，分别对应"历史和人民的选择"等3个分议题。本教学设计的内容即围绕第3个分议题："为什么说自我革命是党跳出历史周期率的第二个答案"开展。本课以革命时期毛泽东和民主人士的著名"窑洞对"为导入，明确七十多年前我们党给出的"跳出历史周期率"的第一个答案。引导学生探究七十多年后的今天，面对复杂环境和严峻挑战，我们党提出的"跳出历史周期率"的第二个答案，形成对党的领导——党的长期执政地位的理解，补全"党的领导"大概念的知识版图。第三阶段为"实践迁移，关键能力"，突出关键能力培养，设计围绕大连红色资源开展志愿服务的实践性学习。第四阶段为"重构拓展，核心价值"，突出核心价值培养。以纸笔测试、个人生涯成长规划等为载体的任务引导学生完成全单元重构拓展。整个设计力求做到目标证据化、问题情境化、思维可视化、评价过程化，实现指向深度学习的"教学评"一致性单元教学。

三、学情分析

基于从大中小思政一体化视角进行学情分析可知：在义务教育小学阶

段，教材对于党的领导的政治现象进行了直观展示；在义务教育初中阶段则在初中《道德与法治》八年级下册第一单元的有关党的领导的篇章引导学生对党的领导进行了感性感知；基于高中学段的学生身心发展规律和认知发展水平，高中思想政治教材在不同模块对党的领导进行了阐释与渗透，引导学生进行关于党的领导的理性思考。而后续大学期间的思政课学习又存在大量的学理阐释和应用新场景，因此亟待高中阶段架起思维桥梁。

在对高中阶段学生进行具体分析时发现，经过高中政治必修一《中国特色社会主义》的学习，对中国共产党的领导地位和执政地位的确立已有所了解，但对如何巩固党的执政地位缺少相应的认知。因此，对全面从严治党的必要性、新时代党的建设的总要求、中国共产党的执政方式尤其是依法执政等相关知识点的理解有一定难度，需要教师耐心地引导学生理解中国共产党在加强自身建设、提升执政能力方面所作出的努力，引导学生理解、信任、热爱和拥护中国共产党，从而坚定中国特色社会主义道路的理想信念。

四、教学目标

1.在对"跳出历史周期率"的第二个答案的探究过程中，掌握全面从严治党的内外因素，习得阐释自我革命是中国共产党的鲜明政治品格，认同通过从严治党和科学、民主、依法执政可以巩固党的执政地位，理解党加强自身建设的要求。

2.在对"'十四五'规划制定过程探析"中，掌握中国共产党科学执政、民主执政、依法执政的基本内涵、要求及目的等知识，习得结合具体案例分析判断中国共产党执政方式的内涵和联系的能力，理解党依法执政是贯彻落实依法治国方略的必然要求，知道党应带头守法、领导立法，有利于建设社会主义法治国家。

3.在"党的二十大新闻发言人答记者问"的情境中，能够综合运用所学知识，升华对党的执政认识，积极参与党的从严治党伟大斗争，积极参与党的科学执政、民主执政、依法执政过程。

五、教学重点难点

（一）教学重点

全面从严治党的原因。

突破策略：通过自主探究，引导学生深度思考全面从严治党的原因。

（二）教学难点

科学执政、民主执政、依法执政的内涵及联系。

突破策略：通过合作探究与真实表现性任务相结合，借助单元知识网，形成系统认知。

六、教学设计总体思路

本课采用议题式教学。总议题设置为："探寻跳出'历史周期率'的第二个答案。"下设两个分议题，分别为："治其身而天下治——新形势下我们党面临的挑战和应对之道有哪些？""成其身而天下成——中国共产党怎样才能实现长期执政？"

教学过程中，充分利用"H图表"和"手掌控制器"等思维可视化工具，设计有关"'十四五'规划制定过程""党的二十大新闻发布会"等情境，科学设计驱动任务和引导性问题。全面阐释党的自我革命是党区别于其他政党的显著标志，帮助学生理解现阶段我们面临的四大危险和四大考验，阐明新时代党的建设总要求和全面从严治党的有关内涵，例析党的执政过程、明晰党的执政方式等。

七、教学过程

（一）教学流程设计

环节一：课堂导入，观看视频，介绍"跳出历史周期率"这一命题的背景

教师活动：

课前确定学习总议题：探寻跳出"历史周期率"的第二个答案。分议题一：治其身而天下治——新形势下我们党面临的挑战和应对之道有哪些？分议题二：成其身而天下成——中国共产党怎样才能实现长期执政？引导学生带着问题观看视频《跳出"历史周期率"的第一个答案》：1945年7月，毛泽东和民主人士黄炎培在延安的窑洞中进行了一次著名的对话，毛泽东在这次对话中鲜明地提出了跳出历史周期率的第一个答案——民主，这一"窑洞对"成为党探索长期执政的重要理论支撑。那么，毛泽东提出的跳出历史周期率的答案是什么？这一答案对我们今天又有什么样的意义？

学生活动：观看视频，思考问题，回答问题。

学生1：第一个答案是民主，启示我们要继续履行宗旨、坚守人民立场——对第一个答案的继续实践。

学生2：要坚持全面从严治党，加强党的自身建设——对第二个答案的贯彻落实。

设计意图：教师提前确定议题有助于学生明确学习方向，将复杂问题分解为两个具体可探讨的分议题，既便于学生理解，也便于深入探讨。这样的设计旨在帮助学生构建系统的知识体系，同时鼓励他们从不同角度思考问题。视频《跳出"历史周期率"的第一个答案》作为导入材料，旨在通过历史场景的重现，让学生直观感受到"窑洞对"的历史意义，以及毛泽东提出的"民主"作为跳出历史周期率第一个答案的重要性。这不仅能够增加课程的吸引力，还能促进学生对历史背景的理解。通过提问"毛泽东提出的跳出历史周期率的答案是什么？"以及"这一答案对我们今天又有什么样的意义？"引导学生将历史与现实相联系，思考历史经验对当代的启示，培养学生的历史责任感和时代使命感。要求学生认真观看视频，不仅是接收信息，更是鼓励他们从中提取关键信息，为后续的讨论和思考做准备。观看后，学生需结合视频内容和自身理解，回答教师提出的问题。这一过程旨在锻炼学生的信息处理能力、逻辑思维能力和口头表达能力，同时也促使他们开始主动思考历史与现实之间的联系，为深入探讨后续内容奠定基础。

环节二：自主学习，梳理答案

总议题：探寻跳出"历史周期率"的第二个答案

议题一：治其身而天下治——新形势下我们党面临的挑战和应对之道有哪些？

教师活动：民主的答案到今天依旧熠熠生辉，但如今挑战更加严峻，环境更加复杂，我们也有必要在这个基础上，探寻跳出"历史周期率"的第二个答案。

引导学生思考：请结合教材和所学知识分析新时代我们党面临的挑战和应对之道。

学生活动：交流探究。

结合教材知识和实际，在"我的观点"一栏进行观点整理。在和同伴交流后，完成手掌控制器的其他两栏内容。

我的观点	同伴的观点	最终观点

设计意图：提及"民主的答案到今天依旧熠熠生辉"旨在唤起学生对历史知识的回顾，同时引出新时代背景下的新挑战，激发学生的兴趣与好奇心，为后续的深入探讨做铺垫。指出当前环境更加复杂、挑战更加严峻，意在让学生意识到历史并非静止，而是不断发展变化的，从而培养他们的问题意识和时代责任感。提出"探寻跳出'历史周期率'的第二个答案"，鼓励学生不仅仅满足于已有的知识，更要勇于探索未知，培养他们的创新思维和解决问题的能力。要求学生结合教材知识和个人理解，在"我的观点"一栏进行观点整理，旨在培养学生的自主学习能力和独立思考习惯，鼓励他们形成并表达自己的见解。通过与同伴的交流，学生可以相互启发，拓宽视野，同时学会倾听他人意见，培养团队协作和沟通能力。在交流后，学生需要整理同伴的观点，并形成最终观点，这一过程不仅有助于深化对问题的理解，还能锻炼学生的综合分析和归纳总结能力。

环节三：集体讨论，得出新观点

教师活动：教师提问：能不能举出一些执政党在政坛浮沉的案例，说明不重视这些挑战的严重后果？

学生活动：苏联共产党、印度国大党的案例。不重视自身建设的结果是丧失执政地位、失去民心、国家解体、人亡政息。

教师总结：同学们通过苏联共产党和印度国大党的案例，深刻揭示了执政党在政坛浮沉中不重视自身建设和面对挑战可能导致的严重后果。这些案例清晰地表明，一个政党如果忽视从严治党，放松对自身的要求，最终可能会丧失执政地位，失去民心，甚至导致国家解体、人亡政息的悲剧性后果。从严治党对于执政党来说具有至关重要的意义。它不仅是保持党的先进性和纯洁性的必然要求，也是赢得民心、巩固执政地位的重要保障。执政党必须时刻保持警惕，不断加强自身建设，提高党的执政能力和领导水平，以应对各种挑战和考验。只有这样，才能确保党的长期执政和国家的长治久安。

教师提问：理清了风险挑战更有助于我们探讨应对之道，请结合实例说明，我们在新时代是如何应对这些风险挑战的？

学生活动：学生回答：思想上、组织上、作风上的有关措施，脱贫攻坚，捍卫主权等具体案例。

案例1：2018年2月，党的十九届三中全会通过了《中共中央关于深化党和国家机构改革的决定》和《深化党和国家机构改革方案》，从五个方面对改革进行了整体部署，很快，从中央到地方各项改革部署迅速落实。

案例2：2018年5月，新成立的中央全面深化改革委员会审议通过了《党的十九大报告重要改革举措实施规划（2018—2022年）》，立下"确保到2022年全面完成党的十九大提出的目标任务"的军令状，而全面深化改革对标到2020年在重要领域和关键环节上取得决定性成果，提出了一系列重大改革举措。

案例3：2018年后，我国外部形势发生深刻复杂变化，美国对我国进行全方位遏制打压，给我国经济带来不利影响，党中央密切关注、稳妥应对。3月后我国采取各种有力反制措施，力图捍卫国家正当利益、捍卫自由贸易和多边体制、捍卫各国人民共同利益。

教师总结：在本次学生活动中，同学们通过多个具体案例，生动地展示了我们在新时代是如何应对各种风险挑战的。这些案例不仅体现了我们党在思想上、组织上、作风上的坚定决心和有力措施，也彰显了我们党在新时代背景下的战略眼光和执政能力。为应对这些难题，我们提出了新时代党的建设总要求。这一总要求不仅是对我们党在新时代背景下加强自身建设的全面部署，也是对我们党应对各种风险挑战的战略指导。我们要继续坚持这一总要求，不断加强党的建设，提高党的执政能力和领导水平，确保我们党始终成为中国特色社会主义事业的坚强领导核心。

教师提问：贯彻党的建设总要求，新时代的十年我们一直围绕全面从严治党这一伟大实践进行，如今面对风险挑战，我们应该怎样深化全面从严治党？

学生思考：如何理解全面从严治党？

学生1：全面从严治党是党的十八大以来党中央作出的重大战略部署，是"四个全面"战略布局的重要组成部分。全面从严治党，基础在全面，关键在严，要害在治。

学生2："全面"就是管全党、治全党，面向全体党员和各级党组织，覆盖党的建设各个领域、各个方面、各个部门，重点是抓住领导干部这个"关键少数"。"严"就是真管真严、敢管敢严、长管长严。"治"就是从党中央到省市县党委，从中央部委、国家机关部门党委（党组）到基层党支部，都要肩负起主体责任，党委书记要把抓好党建当作分内之事、必须担当的责任；各级纪委要担负起监督责任，敢于瞪眼黑脸，敢于执纪问责。

（在手掌控制器上完成答案。）

教师总结：1985年11月，中共中央在《关于农村整党工作部署的通知》中首次提到了"从严治党"；2014年12月，习近平总书记在江苏调研时首次提出"全面从严治党"；2016年10月，党的十八届六中全会专题讨论全面从严治党向纵深发展。这是党全面从严治党的深化过程，也体现了我们党在这一问题上的不断探索。

环节四："十四五"规划的制定过程探析

议题二：成其身而天下成——中国共产党怎样才能实现长期执政？

教师总结：通过学习总结，我们回答了第一个议题，理清了我们党面临的挑战和应对之道，站在历史的关口，我们党该通过什么样的方式实现长期执政？让我们通过一个案例分析一下。

党的十九届五中全会审议通过《中共中央关于制定国民经济和社会发展第十四个五年规划和二〇三五年远景目标的建议》。为编制好"十四五"规划，习近平总书记亲自领导和谋划，坚持顶层设计和问计于民相结合，多次赴地方考察调研，主持召开7场专题座谈会，并推动首次以互联网方式征求意见建议。广大人民群众、人大代表踊跃参与，累计收到网民建言超过101.8万条。十三届全国人大四次会议表决通过了《中共中央关于制定国民经济和社会发展第十四个五年规划和二〇三五年远景目标的建议》，为更好实施规划纲要奠定坚实基础。

教师设问：从制定"十四五"规划的过程中，你能看出哪些执政方式？你判断的依据是什么？

学生回答：分别对应科学执政、民主执政、依法执政。

①中国共产党坚持科学执政，习近平总书记亲自领导和谋划，坚持顶层设计和问计于民相结合，多次赴地方考察调研，推进适合中国特色社会主义事业的纲领性文件出台。②中国共产党坚持民主执政，为更好地制定适合国家和人民的方针政策，党中央多次召开座谈会，积极听取人民意见和建议，为更好实施规划纲要奠定坚实基础。③中国共产党坚持依法执政，党提出"十四五"规划和2035年远景目标的建议，并提交全国人大审议、通过，把党的主张通过法定程序上升为国家意志。

教师总结：从刚才的分析中我们能看出，这些执政方式并不是割裂的，而是有机统一的整体，请结合教材知识和实例分析：三种执政方式之间有什么联系？为什么我们要贯彻这样的执政方式？

学生发言：科学执政、民主执政、依法执政是有机统一的，其中科学执政是基本前提，民主执政是本质所在，依法执政是基本途径。坚持科学执政、民主执政、依法执政，目的在于不断改进党的领导方式和执政方式，提高党的执政能力，巩固党的领导核心地位和长期执政地位，保证党领导人民有效治理国家，实现党的执政使命，引领承载着中国人民伟大梦想的航船破浪前进，胜利驶向光辉的彼岸。

环节五：扮演党的二十大新闻发言人

教师活动：其实今天我们探讨的问题来源于党的二十大新闻发布会上的一个记者提问。如果你是新闻发言人，你将如何回答这样的问题呢？请独立撰写发言稿件后，和同组同学进行探讨，并推举出一位发言人，要求主题鲜明、表述清晰、逻辑严谨，150—200字，注意用等级标准规范自己的发言稿。时间五分钟左右。

学生活动：小组讨论、推举代表，发言

材料：党的十二大新闻发言人答记者问

记者提问：中国共产党走到今天，已经成立101年、执政73年，党员队伍庞大。中共作为一个百年大党，是否感受到挑战和压力？你们讲要长期执政，怎么能做到？

如果你是新闻发言人，你会怎样回答上述问题？

（发言稿要求：主题鲜明，表述清晰，逻辑严谨，150—200字。）

（二）课堂小结

教师总结：经过本节课的学习，我们完成了党的领导单元知识网的构建。在经过历史和人民的选择确认执政地位后，我们遵循着跳出历史周期率第一个答案——民主，始终坚持以人民为中心，始终走在时代前列。经过新时代的伟大实践，我们找到了第二个答案——自我革命，因此也沿着坚持党的领导、巩固党的执政地位的道路不断前进，最终朝着新时代党的建设总要求中提出的始终走在时代前列、人民衷心拥护、勇于自我革命、经得起各种风浪考验、朝气蓬勃的马克思主义政党的目标迈进。

最后，我想跟大家分享习近平总书记在今年十四届全国人大一次会议闭幕会上发表的讲话中的一段内容，希望大家好好学习、快快成长，积极向党组织靠拢，为实现第二个百年奋斗目标、实现中华民族伟大复兴贡献力量！

（三）板书设计

3.2 巩固党的长期执政地位

一、坚持全面从严治党

1. 挑战

①四大危险、四大考验→外部因素

②自我革命→内部因素

2. 应对之道

①新时代党的建设总要求

②全面从严治党向纵深推进

二、如何巩固党的长期执政地位

1. 科学执政

2. 民主执政

3. 依法执政

4. 三者关系

（四）作业设计

如果你是新闻发言人，你将如何回答有关"中国共产党如何做到长期执政"这样的问题呢？请撰写发言纲要，要求主题鲜明、表述清晰、逻辑严谨，150—200字，注意用等级标准规范自己的回答。

等级	等级描述
A+	观点鲜明，能明确表达自己的见解；紧扣问题，深入分析；知识运用准确、贴切；逻辑严密，条理清晰
A	观点比较明确，能表达自己的见解；能扣住问题展开论述，知识运用比较准确；逻辑性较强，有条理
B	观点较不明确；罗列知识；论述缺乏逻辑，条理性差
C	观点不明确；不能集中指向问题；知识运用不正确

（五）参考资料

1.专著类

（1）《毛泽东　邓小平　江泽民论党的建设》，中共中央党校出版社、中央文献出版社，1998。

（2）习近平：《习近平谈治国理政》第四卷，外文出版社，2022。

（3）中共中央党史研究室：《中国共产党的九十年：改革开放和社会主义现代化建设新时期》，中共党史出版社、党建读物出版社，2016。

（4）中共中央文献研究室：《习近平关于全面从严治党论述摘编》，中央文献出版社，2016。

（5）中共中央党校（国家行政学院)：《习近平新时代中国特色社会主义思想基本问题》，北京：人民出版社、中共中央党校出版社，2020。

（6）刘徽：《大概念教学——素养导向的单元整体设计》，教育科学出版社，2022。

（7）中华人民共和国教育部制定：《普通高中思想政治课程标准》(2017年版2020年修订)，人民教育出版社，2018。

（8）格兰特·维金斯，杰伊·麦克泰：《追求理解的教学设计(第二版)》，闫寒冰等译，华东师范大学出版社，2017。

2.学术期刊类

（1）习近平：《推进党的建设新的伟大工程要一以贯之》，共产党员，2019(21)。

（2）赵付科，季正聚：《十八大以来党的建设质量不断提高的基本经验》，科学社会主义，2018(06)。

（3）何旗：《中国共产党推进自我革命的三重逻辑》，科学社会主义，2020(03)。

（4）李捷：《伟大工程保障伟大事业自我革命推动社会革命——中国共产党自身建设的历史与经验》，马克思主义研究，2020(08)。

（5）杨刘：《法治课堂的UBD设计之路——以"'走向辉煌'系列之制度自信"为例》，中学政治教学参考，2021(18)。

（6）徐玲玲，刘徽，曹琦：《评价连续体：大概念教学的评价设计》，上海教育科研，2022(01)。

（7）崔允漷：《如何开展指向学科核心素养的大单元设计》，北京教育(普教版)，2019(02)。

3.学位论文类

（1）敖小茂：《中国共产党治党问题研究》，兰州大学，2018。

（2）徐广田：《习近平全面从严治党重要思想研究》，大连理工大学，2019。

（3）季承前：《习近平关于党的自我革命重要论述研究》，辽宁师范大学，2023。

（4）蒋友雨：《UbD教学模式在高中思政课中的教学设计研究》，云南师范大学，2023。

八、教学总结与反思

本课是高中政治必修三《政治与法治》第一单元《中国共产党的领导》中的第三课《坚持和加强党的全面领导》的最后一个框题，也是基于大单元视角下的第一单元的收官之战。大单元教学的设计与实施要与单元大概念紧密结合，同时既要保证知识结构的建立，更要推进概念结构的构建，进而实现概念层次的知识迁移。如本节课中的"跳出历史周期率""长期执政"等概念，就可以作为统揽整个单元的大概念，知识网的构建和概念网的构建相辅相成。

学生是学习的主体，更应该成为真实表现性任务的主体。本课中通过设立"作为新闻发言人回答记者"提问的真实表现任务，让学生在自觉代入发言人角色、撰写发言稿的同时实现知识的迁移，学生不仅运用本单元的知识，更将必修一、二的知识与本节课的知识联动，形成了良性互动，基本达成了相应的技能目标和理解目标。

不足之处在于，教师设问仍需注重思维含量，教师的语言表达应当更精练。

实现中华民族伟大复兴的中国梦

朝阳市第四高级中学　靖海超

一、课程基本信息

主讲课程：高中思想政治

使用教材版本：人民教育出版社2023年版

教材章节出处：普通高中思想政治必修一《中国特色社会主义》第四课第二框《实现中华民族伟大复兴的中国梦》

二、教学设计概述

本课内容为高中思想政治统编教材必修一《中国特色社会主义》第四课第二框。在第四课"只有坚持和发展中国特色社会主义才能实现中华民族伟大复兴"的大框架下，本框题主要讲了两大问题：中国梦是什么？如何实现中国梦？具体内容包括中国梦的本质，即中国梦与人民、与每个中华儿女的梦及与世界梦的关系；实现中国梦要在中国共产党的领导下进行伟大斗争，推进伟大事业和伟大工程；分两步走建成社会主义现代化强国，以及在实现中华民族伟大复兴中国梦的过程中，青年学生的历史担当。

整个第四课的三框是按照"新时代、新征程、新思想"的脉络延续下来的，本框题属于第二框，起到承上启下的作用。通过对中国梦本质的探讨，坚定只有坚持和发展中国特色社会主义才能够实现中华民族的伟大复兴。

"实现中华民族伟大复兴的中国梦"一课总体设计理念依据新课标提出的"课程内容活动化，使理论观点与生活经验有机结合"，突出思想政治课的"政治方向性"和"政治认同感"。故本课以学生为主体，引导学生主动参与，探究学习。首先，在课堂导入环节，引导学生分享自己的梦想，培养学生积极勇敢，提高自我展示能力，理解中国梦的本质，理解中国梦与个人、国家、世界的关系。其次，遵循认识的规律，引导学生主动探究，从感性直观到理性认识要实现中华民族伟大复兴的中国梦必须进行伟大斗争、建设伟大工程、推进伟大事业。最后引导学生为自己课前的梦想制订圆梦计划，整个设计全面贯彻以学生为主体的理念。

三、学情分析

通过第四课第一节"中国特色社会主义进入新时代"的学习，学生已经初步了解了新时代的内涵等相关知识。本节课旨在引导学生在理解中国梦的基础上，明白个人梦想与国家梦想是紧密相连的，教育学生要为实现中华民族伟大复兴的中国梦而奋斗。

四、教学目标

1.政治认同：能够理解为何要坚持和发展中国梦，中国梦归根到底是人民的梦，主动把个人理想融入国家和民族的伟大梦想之中，为实现中国梦付出自己的努力，承担自己的责任，增强对中国特色社会主义的认同。

2.科学精神：能够理解中国梦的本质和新时代中国共产党的历史使命，坚定实现中华民族伟大复兴的理想信念，实现人生价值。

3.公共参与：主动承担青年在实现民族伟大复兴中的历史责任，为实现中华民族伟大复兴奉献自己的力量。

五、教学重点难点

（一）教学重点

中国梦的本质；新时代中国共产党的使命；新时代中国特色社会主义发展的战略安排。

（二）教学难点

实现中华民族伟大复兴必须进行伟大斗争、建设伟大工程、推进伟大事

业；当代青年在实现中华民族伟大复兴伟业中的历史责任。

六、教学设计总体思路

本节课以"坚定自信，以中国式现代化全面推进中华民族伟大复兴"为总议题，通过总议题确立学习的主线，明确所学知识的范围，来统领本框学习，通过视频访谈，拉近学生距离，来吸引学生对本课探索的兴趣，同时增强爱国主义的政治认同。分议题一：说成就·看中国式现代化如何领航中国梦。通过介绍党的二十大提出的"中国式现代化，是中国共产党领导的社会主义现代化"，结合教材内容总结，要求学生以小组为单位谈谈"中国式现代化"怎样体现"中国梦的本质"。更好地体会到国家富强、民族振兴，领悟到中国梦与个人是息息相关的，进而得出中国梦与世界的关系。分议题二：诉愿景·看中国共产党如何掌舵中国梦。通过选取党的二十大报告其中的一个愿景关键词，理解中国共产党人的初心和使命及其如何实现中国共产党人的初心和使命，从党的角度分析"四个伟大"的关系；分议题三：谈贡献·看新时代青年如何助力中国梦。开展以"中国梦——我与祖国共奋斗"为主题的演讲。从国家角度归纳总结实现建成社会主义现代化强国的战略安排。从青年角度，归纳总结青年人该如何作为。最后，以青春之名义宣誓，增强学生的爱国情怀。三个议题环环相扣，将培养学生的学科核心素养作为教学设计重点，通过合作探究，坚定实现中华民族伟大复兴的中国梦的政治认同，增强对中国梦的本质、对新时代中国共产党的使命、对新时代中国特色社会主义发展的战略安排的理解。感悟实现中华民族伟大复兴必须进行伟大斗争、建设伟大工程、推进伟大事业、实现伟大梦想。坚定理想信念，当代青年担当起实现中华民族伟大复兴伟业的历史责任，培养学生的爱国主义情怀，立志为实现中华民族的伟大复兴而奋斗。

七、教学过程

（一）准备阶段——导入新知，启动旅程

总议题：坚定自信，以中国式现代化全面推进中华民族伟大复兴。

环节一：观看视频，导入新课

播放视频《访谈》

课前准备：

为了更好地学习领悟党的二十大精神和学习本课内容，课前在校园范围内进行了一次访谈调查活动。访谈的对象主要有老师、同学以及后勤工作人员。调查的问题主要从三个方面展开：

1.谈谈新时代10年来的变化与成就（从个人生活和国家发展）。

2.对未来的生活有什么样的期待？

3.作为新时代的青年，你将怎样用实际行动为中国梦做出贡献？

教师活动：大家知道，今年是建党103周年，百年大党风华正茂，青春的你们朝气蓬勃。我国的脱贫攻坚、全面小康千年的梦想已然实现，以学为乐，增强本领，你们的梦想已然起航，你我都是追梦人。大家有梦想，一定要坚持下去，最终会取得成功。同学们，今天我们就一起走进本节课，追寻如何实现中华民族伟大复兴的中国梦。

设计意图：通过视频和图片材料，让学生明确自己的梦想，拉近学生距离。能够使学生将注意力较快集中于课堂，激发学生的学习兴趣与探究欲望，营造轻松有趣的课堂氛围，初步激发爱国情感，为新课学习创造良好的条件。

（二）感知和理解阶段——学习新知，探讨练习

环节二：讨论议学问题

议题一：说成就·看中国式现代化如何领航中国梦

议学情境一：时政材料

习近平总书记在党的二十大报告中指出，"从现在起，中国共产党的中心任务就是团结带领全国各族人民全面建成社会主义现代化强国、实现第二个百年奋斗目标，以中国式现代化全面推进中华民族伟大复兴"。

中国式现代化，是中国共产党领导的社会主义现代化，既有各国现代化的共同特征，更有基于自己国情的中国特色。

议学思考：

1.谈谈你们梦想中的中国是什么样的？

2.结合教材知识，归纳总结"中国梦的本质"是什么。

生：学生自由发言，积极参与活动（两到三个学生回答）。

师：同学们慷慨激昂地回答了"你梦想中未来的中国是怎样的"，未来一定会实现祖国统一，未来的中国一定会超越美国，未来的中国一定是繁荣富强的，未来的中国一定是科技领先的，未来的中国一定是绿色低碳可持续的，未来的中国一定是美丽的，未来的中国一定会率先进入智能社会，未来的中国一定是教育水平最高的，未来的中国一定会走向星辰大海……但所有答案都必须靠你们自己的行动去书写。希望大家珍惜时光，珍惜这个伟大的时代，努力成长为社会主义建设者和接班人。

同学们从个人角度谈了"梦想中未来的中国是怎样的"，党的二十大报告中说中国式现代化是从国家层面上讲的，它是指中国共产党领导的社会主义现代化，是人口规模巨大的现代化，是全体人民共同富裕的现代化，是物质文明和精神文明协调的现代化，是人与自然和谐共生的现代化，也是走和平发展道路的现代化。中国式现代化带给我们方方面面的改变，中国式现代化集中诠释了中国梦的本质。

曾几何时，中华民族自秦汉以来在世界上"独领风骚"上千年，对世界文明做出巨大贡献。近代以来，帝国主义的入侵使中国濒临亡国灭种边缘，中华民族遭受战乱频仍、山河破碎、民不聊生的深重苦难。

师：只有创造过辉煌的民族，才懂得复兴的意义；只有经历过苦难的民族，才对复兴有如此深切的渴望。接过历史的接力棒，今天的中国人民比历史上任何时期都更接近、更有信心和能力实现中华民族伟大复兴。

中国梦的本质是国家富强、民族振兴、人民幸福。中国梦把国家的追求、民族的向往、人民的期盼融为一体，成为中华民族团结奋斗的最大公约数和最大同心圆。

中国梦是人民的梦，那么如何实现中国梦呢？（从中国梦的特点找措施）

生：自由发言，积极参与活动（两到三个学生回答）

师：中国式现代化是惠及十四亿人的超大规模的现代化，是实现全体人民共同富裕的现代化，中国梦归根到底是人民的梦。人民是中国梦的主体，是中国梦的创造者和享有者。中国梦的深厚源泉在于人民，根本归属在于人民。中国梦也是每一个中华儿女的梦，只有同人民对美好生活的向往结合起来才能取得成功。

中国式现代化是走和平发展道路的现代化，中国梦是奉献世界的梦。中国梦同世界人民的梦想息息相通。中国将同国际社会一道，推动实现持久和平、共同繁荣的世界梦，为人类和平与发展的崇高事业做出新的更大的贡献！

中国梦的实现，需要每个人为之努力，年轻的你们都要参与这个现代化强国的建设过程。

小结：

1.中国梦是什么？

（1）国家富强。

（2）民族振兴。

（3）人民幸福。

2.为什么要实现中国梦？

（1）历史角度。

（2）现实实力。

（3）重要意义。

3.中国梦如何实现？（从中国梦的特点找措施）

（1）中国梦与人民的关系。

（2）中国梦与中华儿女的关系。

（3）中国梦与世界梦的关系。

设计意图：这部分内容比较多，学生可以通过探究学习掌握知识点，教师利用提问的方式既可以检查学生的预习掌握情况，又能让学生进一步增强对中国梦的理解，有利于增强政治认同。

历史的长河大浪淘沙，也彰显历史担当者的风采。谁能够承担起实现中华民族伟大复兴的历史使命，谁就能赢得中国人民的衷心拥护。从1921年成立，党就把实现共产主义作为党的最高理想和最终目标，义无反顾肩负起实现中华民族伟大复兴的历史使命。确立了民族复兴的伟大目标，接下来就要找到实现这一梦想的正确道路。历史与现实已经证明这条路就是中国特色社会主义道路，是中国共产党带领大家一起走的路，一起追逐的梦的康庄大道。

议题二：诉愿景·看中国共产党如何掌舵中国梦

议学情境二：

中国式现代化	高质量发展	美丽中国	为民造福
中国式现代化，是中国共产党领导的社会主义现代化，既有各国现代化的共同特征，更有基于自己国情的中国特色。中国式现代化是人口规模巨大的现代化，是全体人民共同富裕的现代化，是物质文明和精神文明相协调的现代化，是人与自然和谐共生的现代化，是走和平发展道路的现代化。	我们要坚持以推动高质量发展为主题，把实施扩大内需战略同深化供给侧结构性改革有机结合起来，增强国内大循环内生动力和可靠性，提升国际循环质量和水平，加快建设现代化经济体系，着力提高全要素生产率，着力提升产业链供应链韧性和安全水平，着力推进城乡融合和区域协调发展，推动经济实现质的有效提升和量的合理增长。	我们要推进美丽中国建设，坚持山水林田湖草沙一体化保护和系统治理，统筹产业结构调整、污染治理、生态保护、应对气候变化，协同推进降碳、减污、扩绿、增长，推进生态优先、节约集约、绿色低碳发展。	治国有常，利民为本。为民造福是立党为公、执政为民的本质要求。必须坚持在发展中保障和改善民生，鼓励共同奋斗创造美好生活，不断实现人民对美好生活的向往。

议学问题：

1.依据党的二十大报告其中的一个愿景关键词，说说这个美好愿景实现的过程中还会面临哪些挑战。

2.结合教材知识，说说共产党需要通过哪些方式带领人民实现美好的愿景。

（活动安排建议：学生分小组，小组成员讨论，达成共识，小组代表进行展示）

生：学生自由发言，积极参与活动。（两到三个学生回答）

师：同学们从不同的方面谈了美好愿景实现的过程中还会面临各种各样的挑战，包括资源短缺、环境污染、城市化问题、人口老龄化等。想要实现这些美好的愿景不是那么容易的事情，实现中华民族的伟大复兴，并不是轻轻松松、敲锣打鼓就能够实现的。古人有云：行百里者半九十。越到最后关头，越要咬紧牙关。实现这些美好愿景必须要推进"四个伟大"：

实现伟大梦想必须推进党的建设新的伟大工程。中国共产党的初心和使命是：为中国人民谋幸福，为中华民族谋复兴。办好中国的事情，关键在党。"打铁还需自身硬"，中国共产党要始终成为时代先锋民族脊梁，永葆旺盛生命力和强大战斗力。

实现伟大梦想必须进行伟大斗争。中国共产党人要团结带领人民有效应对重大挑战、抵御重大风险、克服重大阻力、解决重大矛盾。发扬斗争精神、提高斗争本领。

实现伟大梦想必须推进中国特色社会主义伟大事业。增强道路自信、理论自信、制度自信、文化自信。既不走封闭僵化的老路，也不走改旗易帜的邪路。

"四个伟大"的关系：伟大斗争、伟大工程、伟大事业、伟大梦想，紧密联系、相互贯通、相互作用，其中起决定作用的是党的建设新的伟大工程。推进伟大工程，要结合伟大斗争、伟大事业、伟大梦想的实践来进行，确保党在世界形势变化的历史进程中始终走在时代的前列，在应对国内外各种风险和考验的历史进程中始终成为全国人民的主心骨，在坚持和发展中国特色社会主义历史进程中始终成为坚强领导核心。

小结：

1. 中国共产党人的初心和使命是什么？

（1）为中国人民谋幸福。

（2）为中华民族谋复兴。

2. 如何践行中国共产党人的初心和使命？（党的角度）

（1）实现伟大梦想，必须进行伟大斗争。

（2）实现伟大梦想，必须深入推进党的建设新的伟大工程。

（3）实现伟大梦想，必须推进中国特色社会主义伟大事业。

习近平总书记指出，青年兴则国家兴，青年强则国家强。实现我们伟大的梦想，国家在行动，同学们也要行动起来。

设计意图：让学生运用身边的素材，畅想中国梦是什么样的，易于学生理解把握重点。采用合作探究的方式，充分尊重学生的主体地位，发挥学生的主观能动性，培养其独立思考、合作探究的能力。通过讨论，让同学们深刻体会中国梦的实现还面临种种挑战，需要每个人为之努力，增强学生的政治认同和责任感。

议题三：谈贡献·看新时代青年如何助力中国梦

议学情境三：时政材料：

建成社会主义现代化强国，实现中华民族伟大复兴，是一场接力跑。我们要一棒接一棒地跑下去，每一代人都要为下一代人跑出一个好成绩。

时代各有不同，青春一脉相承。习近平总书记在党的二十大报告中强调，"当代中国青年生逢其时，施展才干的舞台无比广阔，实现梦想的前景无比光明"。

议学问题：

开展以"中国梦——我与祖国共奋斗"为主题的演讲，同学分享。

师：作为新时代青年的我们，要敢于有梦，勇于追梦，勤于圆梦。在实现伟大中国梦的生动实践中去放飞青春的梦想，在为人民利益的不懈奋斗中去书写人生的华章！

习近平总书记指出，建成社会主义现代化强国，实现中华民族伟大复兴，是一场接力跑。我们要一棒接一棒地跑下去，每一代人都要为下一代人跑出一个好成绩。"当代中国青年生逢其时，施展才干的舞台无比广阔，实现梦想的前景无比光明。"希望你们增强做中国人的志气、骨气和底气，不负时代，不负韶华，不负党和人民的殷切期望。

现在举起右手我们一起宣誓：

为了中华民富国强，

为了民族再造复兴，

我愿意，奋斗终生！

我愿意，奋斗终生！

请党放心，强国有我！

请党放心，强国有我！

请党放心，强国有我！

请党放心，强国有我！

小结：

1.建成社会主义现代化强国的战略安排。（国家角度）

2.如何实现建成社会主义现代化强国的战略安排？（国家角度）

（1）经济：贯彻新理念，建设新体系。

（2）政治：健全制度体系，发展民主政治。

（3）文化：坚定文化自信，推动文化繁盛。

（4）社会：保障改善民生，加强社会治理。

（5）生态：生态文明体制改革，建设美丽中国。

（6）军事：走中国特色强军路，国防军队现代化。

（7）主权：坚持"一国两制"，推进祖国统一。

（8）外交：和平发展道路，构建人类命运共同体。

（9）党建：全面从严治党，提高执政领导水平。

3.青年人该如何作为？（青年角度）

具体而言：

①新时代中国青年要树立远大理想。

②新时代中国青年要热爱伟大祖国。

③新时代中国青年要担当时代责任。

④新时代中国青年要勇于砥砺奋斗。

⑤新时代中国青年要练就过硬本领。

⑥新时代中国青年要锤炼品德修为。

设计意图：以学生演讲的方式，展现自己的强国梦想。调动学生的积极性、主动性，同时引导学生树立正确的世界观、人生观、价值观，增强对中国共产党的政治认同。

（三）课堂小结

百年来，一代代中国共产党人向着同一个目标奋勇前进、前仆后继。中国共产党人的奋斗史，就是一场波澜壮阔的、跨越百年的历史接力赛。强国建设、民族复兴的接力棒，历史地落在我们这一代人身上。新征程已经开启，正如习近平总书记说过的："时间不等人！历史不等人！时间属于奋进者！历史属于奋进者！"

从现在起到本世纪中叶，中国这艘行稳致远的巍巍巨轮，朝着全面建成社会主义现代化强国、全面推进中华民族伟大复兴，披荆斩棘、乘风破浪、扬帆远航。

（四）板书设计

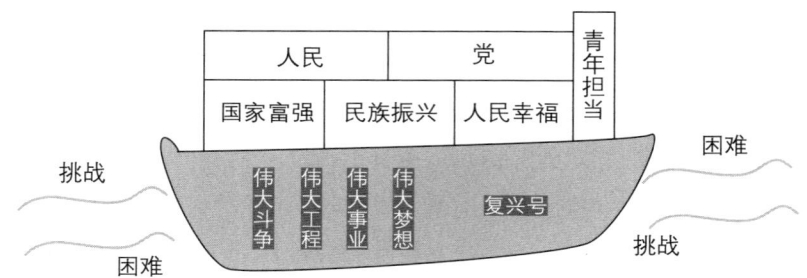

（五）作业设计

1.（2023·浙江·高考真题）习近平总书记提出："时代是出卷人，我们是答卷人，人民是阅卷人。"这一精辟论述（　　　）

①生动诠释了中国共产党的初心和使命

②充分体现了全心全意为人民服务的根本宗旨

③成功开启了我国改革开放的历史新时期

④深刻揭示了党的指导思想既一脉相承又与时俱进

A. ①②　　　B. ①③　　　C. ②④　　　D. ③④

答案：A

解析："时代是出卷人，中国共产党是答卷人，人民是阅卷人。"这一精辟论述生动诠释了中国共产党的初心和使命，充分体现了中国共产党全心全意为人民服务的根本宗旨，①②符合题意。

1978年12月召开的党的十一届三中全会，重新确立了马克思主义的思想路线、政治路线和组织路线，作出实行改革开放的重大决策，成功开启了我国改革开放的历史新时期，③不选。

题意不涉及党的指导思想既一脉相承又与时俱进，④不选。

故本题选A。

2.（2022·海南·高考真题）冰雪上的青春之花，绽放于奋斗之中。冬奥健儿坚定梦想，顽强拼搏，超越自我，为祖国和人民贡献青春和力量，诠释了"胸怀大局、自信开放、迎难而上、追求卓越、共创未来"的北京冬奥精神。这启示新时代中国青年要（　　　）

①增长才干，练就过硬本领

②锐意进取，引领时代发展方向

③遵守道德规范，追求完美人生

④把人生理想融入国家和民族的伟大梦想中

A. ①③　　　B. ①④　　C. ②③　　D. ②④

答案：B

解析：冬奥健儿坚定梦想，顽强拼搏，超越自我，为祖国和人民贡献青春和力量，诠释了"胸怀大局、自信开放、迎难而上、追求卓越、共创未来"的北京冬奥精神。这启示新时代中国青年要以冬奥健儿为榜样，把人生理想融入国家和民族的伟大梦想中，在实践中增长才干，练就过硬本领，为祖国和人民贡献青春和力量，①④符合题意。

新时代中国青年要锐意进取、迎难而上，与时代同行，但不能引领时代发展方向，②错误。

新时代中国青年要遵守道德规范，追求有价值的人生，而不是追求完美人生，③错误。

故本题选B。

（六）参考资料

1.中华人民共和国教育部：《普通高中思想政治课程标准》（2017年版

2020年修订），人民教育出版社，2020年。

2.人民教育出版社课程教材研究所、中学德育课程教材研究开发中心：《普通高中教科书 教师教学用书 思想政治 必修一 中国特色社会主义》，人民教育出版社，2023年。

八、教学总结与反思

本框以党的二十大为背景，选取党的二十大报告中的中国式现代化相关内容，以点带面地设计了三个教学环节，讲授"实现中华民族伟大复兴的中国梦"。从授课效果看，情境选取贴近生活、贴近实际、贴近学生，教学环节逻辑清晰，环环相扣，议学任务梯度得当，层层深入，寓价值观引导于知识传授之中，较好地落实了思政课立德树人的根本任务。

本节课尝试采用逆向设计的思路，坚持教学评一致性。首先，基于思政学科核心素养目标，参考高考评价目标，结合教情学情确定了评价目标，先让学生学习党领导人民推进中国式现代化；最后，围绕目标采用议题式教学，使学生在真实情境中，以开放性、思辨性、综合性、系列性的探究话题为抓手，以结构化的学科知识为主线，以提高学科核心素养为追求，通过合作探究、参与实践等方式推进教学，使学生明确作为青年一代如何作为。对于这一新颖的教学思路，学生的适应还有一定难度，还需要老师和学生共同探究，以达到共同学习、共同提高的目的。

毫不动摇坚持党的绝对领导

大连市第三中学　苗　笑

一、课程基本信息

主讲课程：高中思想政治

使用教材版本：人民教育出版社2023年版

教材章节出处：普通高中思想政治必修三《政治与法治》第三课第一框《坚持党的领导》

二、教学设计概述

本框题所对应的课标要求是"1.3　理解坚持党对一切工作领导的意义"，我们将要学习党对一切工作领导指的是什么，为什么要坚持党对一切工作的领导以及如何坚持党对一切工作的领导。

依据课程标准，要求我们明确中国共产党是我国最高政治领导力量，理解中国共产党领导是中国特色社会主义最本质的特征。理解中国共产党政治领导、思想领导、组织领导的内涵和主要体现，明确新时代如何坚持和加强中国共产党的全面领导，明确坚持和加强党的全面领导的重要性。中国共产党始终处于领导核心地位，始终发挥总揽全局、协调各方的作用。要不断增强党的政治领导力、思想引领力、群众组织力、社会号召力，从而确保党永葆旺盛生命力和强大战斗力。

为此我设计让学生通过搜集有关党的时事新闻，感悟党在我国政治生活中的作用；让学生从国家大事中理解党同国家机关、人民政协、人民等的关系；通过对党的二十大报告的解读，让学生理解怎样坚持和加强党的全面领导，明确坚持和加强党的全面领导的重要性。

三、学情分析

通过初中道德与法治课以及本单元第一课的学习，学生对中国共产党的领导，中国共产党的领导对中国革命、建设和改革事业不断取得胜利的作用，中国共产党领导是中国特色社会主义最本质的特征等知识有初步的了解；日常生活中，学生也能够通过大众传媒的新闻报道了解到中国共产党在我国政治生活中的作用，对党的领导具有一定的感性认识，因此，学生对坚持中国共产党的领导有初步的情感认同。但是，对于党的领导是全面的、系统的、整体的，党的政治领导、思想领导、组织领导的内涵、主要体现和要求，新时代坚持党的全面领导的具体内容和意义等知识缺乏系统的理性认知。而且，对于为什么中国共产党领导是中国特色社会主义最本质的特征等知识缺乏深入的理性思考和理性认同。

教师可以在课前设计简单的问卷调查或者必要的访谈，了解学生对中国共产党的领导的情感认同状况，对中国共产党的全面领导的相关内容的认知程度，能否在具体政治生活现象与学科观点之间建立联系，以确定学生的认知、情感和思维的出发点和发展点，为较好地达成教学目标奠定良好的基础。

四、教学目标

1. 认同办好中国的事情，关键在党。理解中国共产党的领导是中国特色社会主义最本质的特征，是中国特色社会主义制度的最大优势。

2. 通过学习探究，理解党的领导及其重要性，提高自主分析能力，培养学生理论联系实际，运用所学知识分析实际问题的能力。

3. 通过合作探究，体悟中国共产党在我国的领导核心地位，提高有序参与政治生活的能力。

4. 领悟中国共产党是中国革命、建设和改革事业不断取得胜利的根本政治保证，激发学生参与社会主义现代化建设的热情。

五、教学重点难点

（一）教学重点：坚持党的领导

中国共产党领导是中国特色社会主义最本质的特征，是中国特色社会主义制度的最大优势。党的领导是做好党和国家各项工作的根本保证，是战胜一切困难和风险的"定海神针"。坚持党对一切工作的领导，是党和国家的根本所在、命脉所在，是全国各族人民的利益所在、幸福所在。只有始终坚持党对一切工作的领导，才能在更高水平上实现全党全社会思想上的统一、政治上的团结、行动上的一致，才能为决胜全面建成小康社会、夺取新时代中国特色社会主义伟大胜利提供根本政治保证。只有深刻理解坚持党的领导的重要意义，才能坚定地拥护党的领导。

（二）教学难点：新时代坚持和加强党的全面领导

在中国特色社会主义新时代，坚持党的全面领导必须体现在治国理政的方方面面，体现在国家政权机构、体制、制度等的设计、安排和运行之中，国家治理体系是由众多子系统构成的复杂系统，相关体制、制度以及众多子系统之间的关系、职能分工等内容学生没有相对完善的知识储备，全面系统理解新时代坚持和加强党的全面领导的具体内容存在一定困难，可以采取教师讲授、学生列举实例的方法突破该难点。

六、教学设计总体思路

1. 通过举实例，阐明中国共产党在我国政治生活中的作用，理解中国共产党是我国最高政治领导力量。

2. 通过历史脉络的把握和现当代社会情况的分析，阐述中国共产党始终走在时代前列，以接续推进的马克思主义中国化创新理论作为行动指南。

3. 结合社会主义建设的实例，说明中国共产党的领导是中国特色社会主义最本质的特征。

4. 结合社会生活实例，阐述习近平新时代中国特色社会主义思想的创立，明确在中国特色社会主义新时代，坚持习近平新时代中国特色社会主义思想，就是真正坚持马克思主义。

5．通过搜集共产党员的先进事迹，阐述共产党员先锋模范作用的表现，懂得先锋模范作用在不同的历史时期有不同的内容，明确中国特色社会主义新时代对共产党员的要求。

七、教学过程

（一）教学流程设计

环节一：坚持和加强党的领导

教师活动：

探究一：

2022年6月30日上午，中共中央宣传部举行"中国这十年"系列主题新闻发布会，介绍党的十八大以来，坚持党的领导和全面从严治党有关情况。

进入新时代，以习近平同志为核心的党中央坚持自我革命，以强烈的历史主动精神推进全面从严治党，以不负人民的使命担当和刀刃向内的坚定意志推进新时代党的建设新的伟大工程。

党的十八大以来，组织工作深入贯彻新时代党的建设总要求和新时代党的组织路线，坚持党的全面领导和全面从严治党，聚焦主责主业，突出问题导向，强化担当作为，不断取得新进展新成效。

党的十八大以来，以习近平同志为核心的党中央采取一系列重大战略举措，着力解决过去一个时期落实党的领导弱化、虚化、淡化、边缘化问题，取得重大政治成果、理论成果、制度成果、实践成果。

布置思考：走过百年奋斗历程，中国共产党取得了怎样的领导成就？

学生活动：观看视频，思考问题，回答问题。

设计意图：通过"探究一"，让学生思考党的成就，以此引出为什么要坚持和加强党的领导。

学生活动：交流回答。

走过百年奋斗历程，中国共产党在革命性锻造中更加坚强有力，党的政治领导力、思想引领力、群众组织力、社会号召力显著增强，党同人民群众始终保持血肉联系。

中国共产党在世界形势深刻变化的历史进程中始终走在时代前列，在应对国内外各种风险和考验的历史进程中始终成为全国人民的主心骨，在坚持和发展中国特色社会主义的历史进程中始终成为坚强领导核心。

环节二：新时代坚持和加强党的全面领导

教师活动：

探究二：

2022年9月中共中央办公厅印发了《关于进一步激励广大干部新时代新担当新作为的意见》，《意见》深入贯彻习近平新时代中国特色社会主义思想，进一步激励广大干部新时代新担当新作为提出明确要求。《意见》强调，要落实好干部标准，大力选拔敢于负责、勇于担当、善于作为、实绩突出的干部，鲜明树立重实干重实绩的用人导向。要围绕建设高素质专业化干部队伍，强化能力培训和实践锻炼。

党的二十大报告提出，建设堪当民族复兴重任的高素质干部队伍。坚持德才兼备、以德为先、五湖四海、任人唯贤，树立选人用人正确导向，选拔忠诚干净担当的高素质专业化干部，选优配强各级领导班子，加强干部斗争精神和斗争本领养成，激励干部敢于担当、积极作为。

布置思考：结合上述镜头材料，指出：新时代我们应该如何坚持和加强党的全面领导？除此之外，还有哪些要求？

学生活动：交流探究。

1.坚持和加强党中央集中统一领导。

坚持党的领导，首先是坚持党中央权威和集中统一领导，这是党的领导的最高原则，任何时候任何情况下都不能含糊，不能动摇。我们要深刻领悟"两个确立"的决定性意义，增强政治意识、大局意识、核心意识、看齐意识，自觉在思想上政治上行动上同党中央保持高度一致，坚决维护习近平总书记党中央的核心、全党的核心地位，坚决维护党中央权威和集中统一领导。

2.坚持不懈用习近平新时代中国特色社会主义思想凝心铸魂。

在中国特色社会主义新时代，以习近平同志为主要代表的中国共产党人，创立了习近平新时代中国特色社会主义思想，明确坚持和发展中国特色社会主义的基本方略，提出一系列治国理政新理念新思想新战略，实现了马克思主义中国化时代化新的飞跃。坚持不懈用习近平新时代中国特色社会主义思想武装头脑、指导实践、推动工作，为新时代党和国家事业发展提供了根本遵循。

3.建立健全党的领导制度体系。

（1）建立不忘初心、牢记使命的制度。

（2）完善坚定维护党中央权威和集中统一领导的各项制度。

（3）健全党的全面领导制度。

（4）健全为人民执政、靠人民执政各项制度。

（5）健全提高党的执政能力和领导水平制度。

（6）完善全面从严治党制度。

4.必须时刻保持解决大党独有难题的清醒和坚定。

设计意图：通过探究二和实例——《意见》，自然而然地引出新时代怎样坚持和加强党的领导。

（二）课堂小结

本课以"坚持党的领导"为中心展开分析。通过同学们课前收集资料的展示、合作探究、思想碰撞以及老师的点评，我们理解了中国共产党是中国特色社会主义事业的领导核心，明确了党的领导是全面的、系统的、整体的，探寻了新时代坚持和加强党的全面领导的路径。希望同学们勇担时代大任，在坚持党的领导下去奋斗去拼搏，实现人生价值。

（三）板书设计

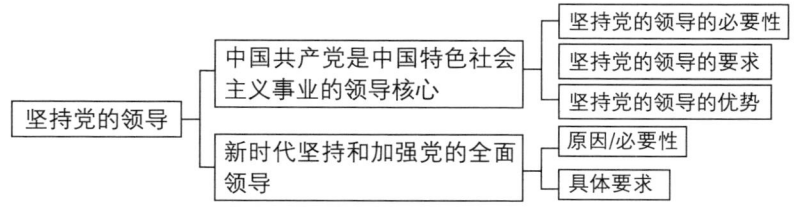

（四）作业设计

班级拟举行"礼赞二十大，青春心向党，奋进正当时"主题演讲比赛，请你为准备参加此次演讲比赛拟写演讲提纲。

（五）参考资料

1.中华人民共和国教育部：《普通高中思想政治课程标准（2017年版2020年修订）》，人民教育出版社，2020年。

2.人民教育出版社课程教材研究所、中学德育课程教材研究开发中心：《普通高中教科书　教师教学用书　思想政治　必修三　政治与法治》，人民教育出版社，2021年。

3.《关于进一步激励广大干部新时代新担当新作为的意见》《二十大报告》。

八、教学总结与反思

本节教学设计围绕坚持和加强党的领导的重要性和新时代坚持和加强党的策略两个问题，采取基础知识自主学习、重点知识合作探究、难点突破教师讲授与学生探究相结合的方式安排教学，学生易于接受。

学生是课堂的主体，充分发挥学生的主体作用是新课改的理念之一。本节教学设计突出以学生的学为主体，从课前搜集2022年党领导人民取得的历史性成就到自主学习，从成就与挑战并存中分析坚持党的领导的重要性到探索新时代坚持和加强党的领导的策略，都是学生主动学习、合作学习的缩影。整节课学生的参与度高，积极性也大大调动起来了。

作业设计以主题演讲的方式把政治课堂与社会课堂有机结合起来，引导学生走进身边的基层党组织，了解党组织的日常工作和职责并撰写调查报告。一方面，理论与实践相结合更利于学生认同党的领导的相关制度；另一方面，通过分析与综合研究，有利于拓宽学生的视野，提升学生观察、分析、解决问题的能力。

不足之处在于，在"探究一"这一环节，留给学生展示的时间有点长，以至于收尾匆匆，课堂把控能力有待加强。

加强党的领导

朝阳市第三高级中学　刘　娜

一、课程基本信息

主讲课程：高中思想政治

使用教材版本：人民教育出版社2023年版

教材章节出处：普通高中思想政治必修三《政治与法治》第三课第一框《坚持党的领导》

二、教学设计概述

党的十九届四中全会通过的《中共中央关于坚持和完善中国特色社会主义制度、推进国家治理体系和治理能力现代化若干重大问题的决定》指出："突出坚持和完善支撑中国特色社会主义制度的根本制度、基本制度、重要制度。"这进一步指明了完善国家制度和国家治理的切入点、聚焦点和着力点。所谓根本制度，就是在中国特色社会主义制度中起顶层决定性、全域覆盖性、全局指导性作用的制度。坚持维护党的核心领导地位。

本框内容主要依据习近平新时代中国特色社会主义思想，讲述我党的地位：领导核心。我国国家治理体系和治理能力是中国特色社会主义制度及其执行能力的集中体现。

需要明确教学目标，并形成相应素养。

1. 政治认同：认同办好中国的事情，关键在党。理解中国共产党的领导是中国特色社会主义最本质的特征，是中国特色社会主义制度的最大优势。

2. 科学精神：通过学习探究，理解党的领导及其重要性，提高自主分析能力，培养学生理论联系实际，运用所学知识分析实际问题的能力。

3. 法治意识：通过合作探究，体悟中国共产党在我国的领导核心地位，提高有序参与政治生活的能力。

4. 公共参与：体悟中国共产党是中国革命、建设和改革事业不断取得胜利的根本政治保证，激发参与社会主义现代化建设的热情。

本框对应的是《普通高中思想政治课程标准（2017年版，2020年修订）》必修课程模块三《政治与法治》的内容。本课围绕课标、结合高考确定重难点问题，围绕重难点，以"为什么坚持党的领导？怎样坚持党的领导？"为总议题，设三个分议题，层层深入讲解党的领导是我们的必然选择，从而坚定拥护党的领导。

三、学情分析

高中学生正处于世界观、人生观、价值观形成的关键时期，具备一定的理性思维能力、实践能力、自学能力，迫切想要认识周围世界，同时需要正确、系统的理论给予指导。高中生社会主义民主政治的认知存在零散、片面、不系统等问题，教师从理论性、科学性、系统性给学生指明方向。学生学习时由于理论水平限制，存在一定的难度，学习时要充分运用视频、图文、人物故事等素材，将理论与实践相结合。

四、教学目标

1. 知道党的政治领导、思想领导、组织领导的含义，了解新时代坚持和加强党的全面领导的含义、表现；懂得新时代坚持和加强党的全面领导的重要意义。

2. 能够结合实际阐述坚持党的领导是中国革命、建设和改革事业不断取得胜利的根本政治保证，具有重要意义。

3. 通过对本框内容的学习，深刻领会中国共产党领导是中国特色社会主义最本质的特征，新时代坚持和加强党的全面领导，具有重要意义，从而自觉做到坚决维护习近平总书记党中央的核心、全党的核心地位，坚定维护党中央权威和集中统一领导。

五、教学重点难点

（一）教学重点

1. 为什么坚持党的领导？

突破策略：通过引导学生查阅资料，获取丰富详尽的信息，调动学生的主动探究意识，同时通过小组内的交流讨论来实现生生互动，激发课堂参与度。

2. 怎样坚持党的领导？

突破策略：分析情境中出现的实例体现了党的领导的必然性。

（二）教学难点

党的领导是全面的、系统的、整体的。

突破策略：从三个层面分析比较，总结分析党的领导的特点。

六、教学设计总体思路

关注学生身边的时事素材，唤起学生经验与情感上的共鸣。所以，我从政治生活中选取一些生动、鲜活的典型事例讲授，使抽象的知识具体化、深奥的道理通俗化，这不仅能激发学生的兴趣，而且符合学生的认知规律，有助于引导学生从感性认识逐步上升到理性认识。2023年是全面贯彻落实党的二十大精神的开局之年，此次全国两会也是党的二十大召开之后首次举行的全国两会。新征程上，如何开新局、起好步？本课以视频《辉煌中国》为切入点，让学生明确在党的领导下取得的伟大进步，结合新时期新特点更好地坚持党的领导，坚定拥护党的领导。

议题式教学强调题目的可议性和讨论的过程，鼓励学生借助议题，呈现不同的观点，从而理解思想政治学科知识建构过程及蕴含的价值导向。本课以为什么坚持党的领导？如何坚持党的领导为总议题，选择三个分议题，通过事实对比，引导学生层层深入思考中国共产党的领导的优势，从而坚定拥护党的领导。

七、教学过程

（一）教学流程设计

环节一：导入新课：观看视频《辉煌中国》

思考：中国为什么能够辉煌？辉煌的秘诀是什么？

学生回答：中国辉煌的秘诀是坚持党的领导。

新课讲授：出示课题——坚持党的领导

总议题：为什么要坚持党的领导？

第一目：中国共产党是中国特色社会主义事业的领导核心

议题一：从党的十八大以来取得的辉煌成就中明晰坚持党的领导的必要性

议学情境一：观看视频《奋进的中国》

党的十八大以来，中国经济总量翻了一番：占世界经济比重从2013年的12.3%上升到18.5%；人均国内生产总值由6767美元增加到1.25万美元，对世界经济增长的平均贡献率超过30%。取得了举世瞩目的成就，中国如期打赢脱贫攻坚战、如期全面建成小康社会。形成了超4亿人的世界上规模最大、最具成长性的中等收入群体。人民生活水平持续改善，按联合国的标准，我国人民生活已经进入相对殷实富足阶段。这一切都是坚持党的集中统一领导的结果。

议学问题：结合议学情境和教材内容分析中国这十年能够取得这些历史性的辉煌成就的主要原因。

学生讨论回答。

教师活动：点评学生的回答，引导学生纠正、补充，形成较完整的答案。

议学提示：中国共产党的领导是中国特色社会主义最本质的特征，是中国特色社会主义制度的最大优势。党在革命性锻造中更加坚强有力，党的政治领导力、思想引领力、群众组织力、社会号召力显著增强，党同人民群众始终保持血肉联系。在应对国内外各种风险和考验的历史进程中始终成为全国人民的主心骨，在坚持和发展中国特色社会主义的历史进程中始终成为坚强领导核心。党用伟大奋斗创造了百年伟业，取得了历史性辉煌成就，也一定能用新的伟大奋斗创造新的伟业。全党全军全国各族人民要紧密团结在党中央周围，牢记空谈误国实干兴邦，坚定信心、同心同德，埋头苦干、奋勇前进，为全面建设社会主义现代化国家、全面推进中华民族伟大复兴而团结奋斗。

议学小结：

中国共产党是中国特色社会主义事业的领导核心 。

1.党的领导是什么？

（1）党的领导是全面的、系统的、整体的。

（2）中国共产党是最高政治领导力量，总揽全局、协调各方。

（3）党的领导涉及各领域各方面各环节。

2.为什么要坚持党的领导？

（1）中国共产党领导是中国特色社会主义最本质的特征，是中国特色社会主义制度的最大优势。党的领导是党和国家的根本所在、命脉所在，是全国各族人民的利益所系、命运所系。

（2）中国共产党是中国特色社会主义事业的领导核心，始终走在时代前列，始终是全国人民的主心骨。

（3）坚持党的全面领导是坚持和发展中国特色社会主义的必由之路。全面建设社会主义现代化国家、全面推进中华民族伟大复兴，关键在党。

第二目：新时代坚持和加强党的全面领导

议题二：新时代必须坚持和加强党的全面领导——新时代新征程以习近平新时代中国特色社会主义思想为行动指南

议学情境二：观看视频《以习近平新时代中国特色社会主义思想为行动指南》并阅读材料《党的二十大报告摘录》

议学问题：结合议学情境和教材内容分析新时代应怎样坚持和加强党的全面领导。

学生讨论回答。

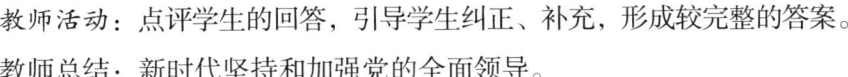

教师活动：点评学生的回答，引导学生纠正、补充，形成较完整的答案。

教师总结：新时代坚持和加强党的全面领导。

1.坚持党中央权威和集中统一领导

坚持和加强党中央集中统一领导是党的领导的最高原则，任何时候任何情况下都不能含糊、不能动摇。我们要深刻领悟"两个确立"的决定性意义，增强政治意识、大局意识、核心意识、看齐意识，自觉在思想上政治上行动上同党中央保持高度一致，坚决维护习近平总书记党中央的核心、全党的核心地位，坚决维护党中央权威和集中统一领导。

2.坚持不懈用习近平新时代中国特色社会主义思想凝心铸魂

在中国特色社会主义新时代，以习近平同志为主要代表的中国共产党人创立了习近平新时代中国特色社会主义思想，明确坚持和发展中国特色社会主义的基本方略，提出一系列治国理政新理念新思想新战略，实现了马克思主义中国化时代化新的飞跃。坚持不懈用习近平新时代中国特色社会主义思想武装头脑、指导实践、推动工作，为新时代党和国家事业发展提供了根本遵循。

3.建立健全党的领导制度体系

建立不忘初心、牢记使命的制度，完善坚定维护党中央权威和集中统一领导的各项制度，健全党的全面领导制度，健全为人民执政、靠人民执政各项制度，健全提高党的执政能力和领导水平制度，完善全面从严治党制度。为坚持和加强党的全面领导提供可靠制度保障。

4.党要不断提高执政能力

我们党作为世界上最大的马克思主义执政党，始终走在时代的前列。

（1）要始终赢得人民拥护、巩固长期执政地位，必须时刻保持解决大党独有难题的清醒和坚定。

（2）要建设堪当民族复兴重任的高素质干部队伍，增强党组织政治功能和组织功能，坚持以严的基调强化正风肃纪，坚决打赢反腐败斗争攻坚战持久战，等等。

环节二：突破提升：接续第一、第二课回答为什么要坚持党的领导。

必要性：

1.从党的地位角度：是我国执政党，其领导和执政地位是历史和人民的选择。

2.从党以人民为中心的角度：（1）党的性质；（2）党的宗旨；（3）党的执政理念；（4）党的工作路线（群众路线)。

3.从党始终走在时代前列角度：（1）党的指导思想；（2）党的思想路线；（3）党员的先锋模范作用。

（二）课堂小结

本节课，我们学习了党的领导的必然性，新时代如何坚持和加强党的领导。要不断坚持加强党中央权威和集中统一领导，坚持不懈用习近平新时代中国特色社会主义思想凝心铸魂，建立健全党的领导制度体系。党要不断提高执政能力，在中国共产党领导下，推动中国特色社会主义事业不断取得更大进步。

（三）板书设计

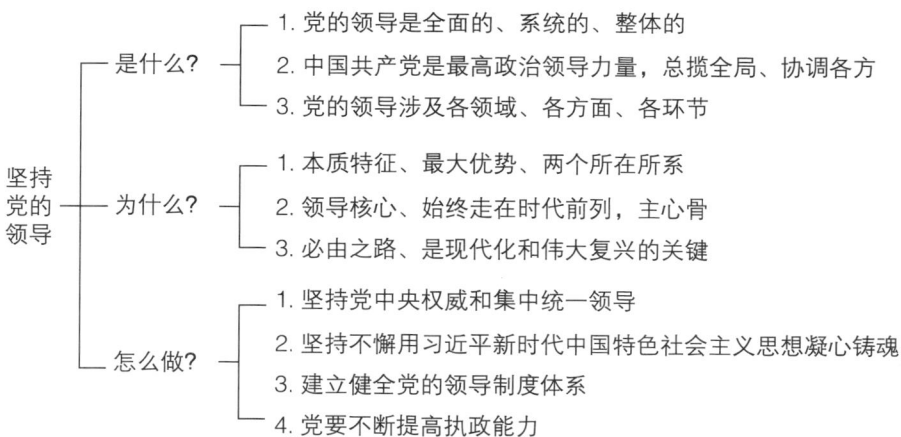

坚持党的领导

坚持党的领导	是什么？	1.党的领导是全面的、系统的、整体的 2.中国共产党是最高政治领导力量，总揽全局、协调各方 3.党的领导涉及各领域、各方面、各环节
	为什么？	1.本质特征、最大优势、两个所在所系 2.领导核心、始终走在时代前列，主心骨 3.必由之路、是现代化和伟大复兴的关键
	怎么做？	1.坚持党中央权威和集中统一领导 2.坚持不懈用习近平新时代中国特色社会主义思想凝心铸魂 3.建立健全党的领导制度体系 4.党要不断提高执政能力

（四）作业设计

1.必做：

（1）整理本节课知识，并理解记忆。

（2）完成导学案分层作业第一部分：基础检测15个小题。

2.选做：

结合所学知识和百年党史，以"永远跟党走"为题写一篇演讲稿。

要求：（1）围绕主题，观点明确；（2）论证充分，逻辑清晰；（3）学科术语使用规范；（4）总字数在250字左右。

（五）参考资料

1.《党的二十大报告摘录》

2.《以习近平新时代中国特色社会主义思想为行动指南》，新华社，2017年10月27日。

3.中华人民共和国教育部：《普通高中思想政治课程标准（2017年版，2020年修订）》，人民教育出版社，2020年。

4.人民教育出版社课程教材研究所、中学德育课程教材研究开发中心：《普通高中教科书　教师教学用书　思想政治　必修三　政治与法治》，人民教育出版社，2021年。

八、教学总结与反思

本节课我把握了以下几点：

1. 创设情境，从生活入手，与学生实际联系。采用了议题式教学，让学生通过举例感悟党的领导的重要性和必要性。

2. 注重引导学生合作交流、自主探究。让学生自主准备相关材料，展示近十年中国取得的伟大成就，再集体观看《奋进的中国》，用实际数字说明祖国发展与党的坚强正确领导密切相关，从而感悟党的领导是系统的、全面的、整体的。

3. 体现了以学生为主的教学理念。通过视频用观察、比较、发现的方法贯穿整个课堂，感悟党始终坚持以人民为中心的发展思想，调动学生积极主动融入课堂。

不足之处：

1. 观看视频时引导得不够充分，导致部分同学不能跟着我的思维，也没有给学生充分的时间进行思考，虽然很多人发言，但是个别学生的理解仅仅停留在表面，没有真正理解真实的意义。

2. 教学时，个别问题的设置还是和学生的实际有距离，让学生自主探究思考的时间不充分。

坚持党的全面领导与推进党的自我革命

辽宁中医药大学　董玲玲

一、课程基本信息

主讲课程：中国近现代史纲要

使用教材版本：高等教育出版社2023年版

教材章节出处：《中国近现代史纲要》第十章第二节《把新时代中国特色社会主义不断推向前进》

二、教学设计概述

首先，通过引入案例，把历史与现实相结合，引出学生对知识点的兴趣，实现教学的基本目的。如：以苏联解体为课程导入，"1991年12月25日19时38分，红旗落地，苏联解体。苏联共产党早年在有20万党员时能够夺取政权，在有200万党员时能够打败法西斯侵略者，而在有近2000万党员时却丢失了政权、丢失了自己，这是为什么？"引发学生主动思考，激起学生的学习兴趣。

其次，在课堂教学中，重点把握住以下教学内容：一是坚决维护党中央权威和集中统一领导。二是把党的政治建设摆在首位。三是党的领导制度体系不断完善。四是深入推进党的自我革命。

再次，通过引用习近平总书记的一些重要讲话内容来解读重要问题。如：习近平总书记指出，中国共产党的伟大不在于不犯错误，而在于从不讳疾忌医，敢于直面问题，勇于自我革命。全面从严治党探索出了依靠党的自我革命跳出历史周期率的成功路径，全面从严治党也是我们党在领导中国革命、建设、改革的奋斗历程中，始终走在时代前列、成为中国人民和中华民族的主心骨的重要原因。全面从严治党是新时代党的自我革命的伟大实践，开辟了百年大党自我革命的新境界。十八大以来，我们党以前所未有的勇气和定力全面从严治党，打了一套自我革命的"组合拳"，我们党一次次拿起手术刀革除自身的病症，一次次靠自己解决了自身问题，攻克了一个又一个看似不可攻克的难关，形成了一整套党自我净化、自我完善、自我革新、自我提高的制度规范体系。

最后，授课结束后，做课程小结，并且根据本节课的教学目标达成情况、知识讲授情况、学生接受情况、同行及学生评价情况等，围绕教学内容安排、教学环节设计、教学方法运用、讨论题设置等方面，总结经验及不足，以利于后续课程不断改进。

三、学情分析

大一学生的价值判断和行为方式很容易受到周边环境的影响，而且他们会将注意力放在个人提升方面，对个人以外涉及公共利益的部分的关注相对较少，所以说加强大学生自我革命精神的培育，可以使其反思自身与社会主义事业"建设者"与"接班人"的差距。

针对大一新生，教学的重点在于：一是通过理论教学与案例分析培养大学生的问题意识。马克思指出："问题就是时代的口号，是它表现自己精神状态的最实际的呼声。"大学生问题意识的培养能够帮助他们敢于、愿意、能够同"旧我"作斗争，主动同不良社会思潮作斗争，在斗争中实现自我成长与成才，让他们深刻意识到，不能放弃斗争意识，更不能患上"软骨病"。二是要引导大学生不断利用自我革命精神来鞭策自己直面挑战，身体力行地传承党敢于斗争的鲜明品格，从而坚定斗争意志，避免碰到挫折畏缩不前，主动迎战、坚决斗争，准确识变、科学应变、主动求变，掌握斗争规律，练就敢于斗争的真本领、强功夫。

四、教学目标

1. 知识目标：通过本节学习，让学生深入理解以下四个方面内容：一是坚决维护党中央权威和集中统一领导。二是把党的政治建设摆在首位。三是党的领导制度体系不断完善。四是深入推进党的自我革命。

2. 能力目标：通过本节学习，培养学生用历史的和全面的眼光来看待坚持党的全面领导与推进党的自我革命的过程和效果，要看到过程具有长期性，效果具有阶段性，坚持党的全面领导与推进党的自我革命过程和效果相统一。

3. 价值目标：通过本节学习，使学生深刻认识推进党的自我革命永不停歇，全面从严治党永远在路上这句话的深刻含义，让同学们系统把握新时代党的建设总要求，以及对推进党的建设新的伟大工程作出顶层设计和全面部署，从而增强对党的长期执政能力建设、先进性和纯洁性建设的信心。引导学生切实做到"四个意识""两个维护"。

五、教学重点难点

重点：把握新时代党的建设总要求，以及对推进党的建设新的伟大工程作出顶层设计和全面部署。

难点：怎样理解深入推进党的自我革命永不停歇，全面从严治党永远在路上。

六、教学设计总体思路

导入新课（图片）引起兴趣，引发思考→讲授新知，语言严密，逻辑严谨（视频、案例+互动提问、使用"学习通"生成词云，讨论+教师点评+讲授新知+课程小结）→课后习题，参考文献→教学反思（课后）。

七、教学过程

（一）教学流程设计

环节一：课程导入

教师活动：

提问："1991年12月25日19时38分，红旗落地，苏联解体。苏联共产党早年在有20万党员时能够夺取政权，在有200万党员时能够打败法西斯侵略者，而在有近2000万党员时却丢失了政权、丢失了自己，这是为什么？"

历史是最好的教科书。苏联共产党之所以走向"红旗落地"的境地，一个重要原因就是削弱了党中央权威和集中统一领导，最终难逃分崩离析的命运。这需要我们党高度重视，引以为戒。同时我们党也面临着大党独有的难题，既包括恩格斯提出的"防止国家和国家机关由社会公仆变为社会主人"问题，毛泽东同志和黄炎培先生在"窑洞对"中提出的"其兴也勃焉，其亡也忽焉"这一治乱兴衰的历史周期率问题，还包括"不断提高党的领导水平和执政水平、增强拒腐防变和抵御风险能力"等。那么面对难题我们应该怎么办呢？

今天我们将围绕怎样把握新时代党的建设总要求以及怎样理解"深入推进党的自我革命永不停歇，全面从严治党永远在路上"为主要内容开始今天的课程。

学生活动：通过观看视频和图片回顾苏联解体这一历史事件，根据教师的提问回答问题，再分组进行讨论。

设计意图：通过观看视频和图片回顾苏联解体这一历史事件作为课程导入，再提出问题，引发学生思考，引导学生进入本节课的学习当中。

环节二：进入课程教学

教师活动：

讲授新知1：坚决维护党中央权威和集中统一领导。

中国共产党是什么、要干什么，是党的建设的核心议题。

党的十八大以来，习近平总书记围绕建设什么样的长期执政的马克思主义政党、怎样建设长期执政的马克思主义政党的重大时代课题，提出一系列管党治党、兴党强党的新理念新思想新战略，形成了习近平总书记关于党的建设的重要思想。2023年6月全国组织工作会议用"十三个坚持"集中概括了习近平总书记关于党的建设的重要思想，其中以坚持和加强党中央集中统一领导为最高原则。习近平总书记从党的初心使命的历史高度和"两个大局"的现实情况出发，用三个"最"概括了坚持党的领导的重要性，即党的领导是中国特色社会主义最本质的特征，是中国特色社会主义制度的最大优势，是中国革命、建设、改革不断取得胜利最根本的保证；同时从全新的角度阐释了党的全面领导的内涵和特征，即"党政军民学，东西南北中，党是领导一切的"，而且"加强党对一切工作的领导，这一要求不是空洞的、抽象的"，要"把党的领导落实到国家治理各领域各方面各环节"。总书记为什么这么说？因为历史反复证明，党中央坚强有力的领导是我们战胜一切困难和风险的根本保证，是中国共产党带领人民经过长期奋斗积累和创造的成果，适合中国国情，顺应时代潮流。所以我们要坚决维护习近平同志党中央的核心、全党的核心地位，坚决维护党中央权威和集中统一领导，确保全党步调一致向前，做到令行禁止、政令畅通、不打折扣、不讲条件、不搞变通。

过渡：随着党的建设这项伟大工程不断深化发展，党的十九大提出了新时代党的建设总要求，明确了党的建设总体布局，指出"全面推进党的政治建设、思想建设、组织建设、作风建设、纪律建设，把制度建设贯穿其中"。党的政治建设是党的根本性建设，决定党的建设方向和效果，在这个总体布局中居于统领地位。那么接下来我们就一起来学习下面的内容：

讲授新知2：把党的政治建设摆在首位。

旗帜鲜明讲政治，高度重视政治建设，是马克思主义政党的鲜明特征和巨大优势，也是中国共产党的优良传统和党的建设的宝贵经验。我们党早在古田会议上就确立了思想建党、政治建军原则。延安时期，党提出"首先着重在思想上、政治上进行建设"。新中国成立后，毛泽东同志再次提出"政治工作是一切经济工作的生命线"。改革开放后，邓小平同志强调"到什么时候都得讲政治"。进入新时代，习近平总书记明确提出党的政治建设这个重大命题，将其纳入党的建设总体布局并摆在首位。习近平总书记指出，我们党作为马克思主义政党，必须旗帜鲜明讲政治，严肃认真开展党内政治生活。全面从严治党首先要从政治上看，政治问题要从政治上来解决。如果在方向问题上出现偏离，就会犯颠覆性错误。

师生互动：这里我给同学们列举了一些可能会出现违反政治纪律和政治规矩的表现：如政治立场不坚定，重大决策不执行，组织原则不遵循，言辞论调与党中央不一致，当政治逃兵，面对错误言论与行为不亮剑、不抵制。给同学们两分钟时间，根据老师刚刚给出的一些违反政治纪律和政治规矩的表现，自己找一个反例思考一下，是属于哪种违反政治纪律的表现，然后分享讨论。

教师点评：加强党的政治建设是党的建设的"灵魂"和"根基"。党的十九大以来，党中央聚焦党的政治属性、政治使命、政治目标、政治追求持续发力，坚持把党的政治建设融入党和国家重大决策部署的制定和落实全过程，不断健全贯彻落实党中央重大决策部署和习近平重要指示批示督查问责机制，严肃查处违背党的政治路线、破坏党的集中统一问题，以政治上的加强推动全面从严治党向纵深发展。

讲授新知3：党的领导制度体系不断完善。

党的领导是全面的、系统的、整体的，建立健全党的全面领导制度体系是坚持和加强党的全面领导的关键所在。2019年10月，党的十九届四中全会对党的领导制度体系作出全面部署，明确了六个方面的制度安排：这六个方面的制度之间既有各自的任务和明确要求，又相互贯通、相互作用，形成了一个系统完整、科学有效的有机整体，深刻体现出党的建设布局在治党与治国，党的建设与党的领导，党领导自身建设与领导国家事务、经济事务、社会和文化事业方面的有机统一，从深度与广度上深化了对党的领导制度体系的认识与把握，从理论与实践维度丰富与发展了马克思主义建党学说和国家学说。

师生互动：下面我们来讨论一个问题：一个制度的生命力在于什么，其权威性又要靠什么呢？

教师点评：制度的生命力在于执行，制度的权威性要依靠监督。习近平总书记强调："要强化制度执行力，加强制度执行的监督，切实把我国制度优势转化为治理效能。"党的十九大以来，中国共产党坚持制度治党、依规治党，以党章为根本，以民主集中制为核心，完善党内法规制度体系，增强党内法规权威性和执行力，形成了坚持真理、修正错误，发现问题、纠正偏差的机制。

师生互动：播放习近平总书记的一段音频：这段话出自2015年2月2日习近平在省部级主要领导干部学习贯彻十八届四中全会精神全面推进依法治国专题研讨班开班式上的讲话：

不能把党的领导作为个人以言代法、以权压法、徇私枉法的挡箭牌。

把权力关进制度的笼子里，就是要依法设定权力、规范权力、制约权力、监督权力。

听完这段音频，我想请大家深入思考一下这里的权力和制度指的是什么。

教师点评：把权力关进制度的笼子里，涉及"权力"和"制度"两个关键词。这些要被关进去的"权力"，指的是作为执政党及其政府以及各级官员手中拥有的公共权力，也就是人们所说的公权，而非私权。这个要关住权力的"制度"，也绝不是那些写在纸上、贴在墙上、说在嘴上那样毫无执行力的制度，而是能够真正把权力关进"笼子"里去的制度，也就是习近平总书记所强调的"不敢腐的惩戒机制、不能腐的防范机制、不易腐的保障机制"。把权力关进制度的笼子里，既是对权力与制度关系的形象概括，也是回归权力本质的必然要求。权力是人民赋予的，行使权力必须为人民服务、对人民负责并自觉接受人民监督，为政清廉才能取信于民，秉公用权才能赢得人心。

所以怎样把握住权力和制度的关系，关键在党，习近平总书记多次强调："打铁必须自身硬。"党的二十大报告从党的建设高度明确提出"健全全面从严治党体系"的要求，以伟大自我革命引领伟大社会革命。新时代以来，以习近平同志为核心的党中央以坚定决心、顽强意志、空前力度推进全面从严治党，刹住了一些长期没有刹住的歪风，纠治了一些多年未除的顽瘴痼疾，管党治党宽松软状况得到根本扭转，党的建设取得了历史性、开创性成就，产生了全方位、深层次影响。

接下来我们就来学习下一个问题，一起看看我们党是怎样通过全面从严治党推进自我革命不断走向深入的。

讲授新知4：深入推进党的自我革命。

党的十八大以来，以习近平同志为核心的党中央将全面从严治党纳入"四个全面"战略布局，把严的标准、严的措施贯穿管党治党全过程和各方面，全面从严治党推进自我革命不断走向深入。

古人说："国家之败，由官邪也。"腐败是最容易颠覆政权的问题，反腐败是最彻底的自我革命。我们党以"得罪千百人，不负十四亿"的使命担当去疴治乱，坚持无禁区、全覆盖、零容忍，坚持重遏制、强高压、长震慑，坚持受贿行贿一起查，坚持有案必查、有腐必惩，坚定稳妥、有力有效地查处了一批新中国成立以来十分重大的案件，"打虎""拍蝇""猎狐"多管齐下，坚决消除腐败这个最大危险，坚决打赢反腐败这场输不起的斗争。经过新时代全面从严治党的革命性锻造，反腐败斗争取得压倒性胜利并全面巩固，不敢腐的震慑充分彰显，不能腐的笼子越扎越牢，不想腐的自觉显著增强。当今世界没有其他哪个政党、哪个国家能够像我们这样大规模、大力度、坚持不懈惩治腐败。我们成功走出了一条依靠制度优势、法治优势反腐败之路，书写了人类反腐败斗争历史新篇章。

师生互动：为什么我们党要勇于刀刃向内、拿自己开刀？

教师点评：习近平总书记指出："中国共产党的伟大不在于不犯错误，而在于从不讳疾忌医，敢于直面问题，勇于自我革命。"在领导中国革命、建设、改革的奋斗历程中，我们党为什么能够在中国各种政治力量的反复较量中脱颖而出？为什么能够始终走在时代前列、成为中国人民和中华民族的主心骨？根本原因在于我们党始终保持了自我革命精神，一次次拿起手术刀革除自身的病症，一次次靠自己解决了自身问题，攻克了一个又一个看似不可攻克的难关。第一次国内革命战争失败后，1927年8月紧急召开的八七会议，在中国革命紧急关头及时为全党全国人民指明了斗争方向；红军长征途中，1935年1月召开的遵义会议，在生死攸关的转折点，不仅挽救了党和红军，挽救了中国革命，也标志着中国共产党在政治上开始走向成熟；抗日战争时期，从1942年开始，历时3年多的整风运动取得了巨大成效，对于全党同志，坚持一切从实际出发，坚持理论联系实际，具有极其深远的意义；1949年3月，党的七届二中全会提出"两个务必"，要求全党在执政条件下继续保持和发扬自我革命精神；1978年12月召开的党的十一届三中全会，是新中国成立以来我们党的历史上具有深远意义的伟大转折，重新确立了我们党解放思想、实事求是的思想路线，作出把党和国家工作中心转移到经济建设上来，实行改革开放的历史性决策。实践证明，百年党史，就是勇于自我革命的历史，正因为我们党始终坚持自我革命，我们才能在中国革命的重要转折点，一次次走出困境、浴火重生。我们党每一次自我革命，都不是简单的自我修复，而是从里到外的深刻改造、深度重塑，使我们党能够一次次转危为安、化危为机，不断由小到大、由弱变强，带领中国人民从胜利走向胜利。在这个意义上，勇于自我革命是我们党最鲜明的品格，也是我们党最大的优势。中国共产党能够带领人民进行伟大的社会革命，也能够进行伟大的自我革命。勇于自我革命是党区别于其他政党的显著标志，是党跳出治乱兴衰历史周期率、历经百年沧桑更加充满活力的成功秘诀。全面从严治党是新时代党的自我革命的伟大实践，开辟了百年大党自我革命的新境界。我们党以前所未有的勇气和定力推进全面从严治党，打了一套自我革命的"组合拳"，形成了一整套党自我净化、自我完善、自我革新、自我提高的制度规范体系。

学生活动：

1.通过一系列PPT展示历史时刻图片，让同学们了解要坚决维护党中央权威和集中统一领导的重要性。

2.通过过渡段引导学生随着教师的逻辑进入下一个内容的学习。

3.通过让同学们自己去找例子，然后通过"学习通"点名的方式分享讨论，让同学们都能够参与到这一问题的思考中，以加深对这一问题的理解。

4. 通过一个PPT图表展示出党的领导制度体系，可以看到党的领导是全面的、系统的、整体的。

5. 请学生们通过"学习通"发送弹幕，由教师将弹幕生成词云进行投屏讨论。

6. 播放总书记的一段音频，让学生们认真聆听，深切感受，时刻牢记总书记的谆谆教导，让这段音频内容入脑入耳入心。

7. 通过动态PPT回顾百年党史，使学生们深切体会党的自我革命精神。

设计意图：通过师生互动的方式讲授，配合PPT和视频的说明，可以使同学们更加深入地理解坚持党的全面领导与推进党的自我革命这一重要问题。

（二）课堂小结

深入推进党的自我革命永不停歇，全面从严治党永远在路上。党的十九大提出的新时代党的建设总要求，对推进党的建设新的伟大工程做出顶层设计和全面部署，对新时代党的建设方针、主线、总体布局、根本目标作出明确规定，为坚持和加强党的全面领导和提高党的建设质量指明前进方向，提供基本遵循。经过不懈努力，党找到了自我革命这一跳出治乱兴衰历史周期率的第二个答案，自我净化、自我完善、自我革新、自我提高能力显著增强，管党治党宽松软状况得到根本扭转，风清气正的党内政治生态不断形成和发展，确保党永远不变质、不变色、不变味。

（三）板书设计

第三章 中国特色社会主义进入新时代

第二节 把新时代中国特色社会主义不断推向前进

（一）习近平新时代中国特色社会主义思想指导地位的确立

1. 党的十九大的召开

2. 明确我国发展新的历史方位和新时代我国社会主要矛盾

3. 确立习近平新时代中国特色社会主义思想的指导地位

（二）坚持党的全面领导与推进党的自我革命

1.坚决维护党中央权威和集中统一领导

2.把党的政治建设摆在首位

3.党的领导制度体系不断完善

4.深入推进党的自我革命

（三）国家制度和治理体系建设迈出新时代

1.党和国家机构职能的系统性、整体性重构

2.坚持和完善中国特色社会主义制度，推进国家治理体系和治理能力现代化

3.全面深化改革向纵深发展

（四）在应对风险挑战中推进各项事业

（五）坚持"一国两制"和推进祖国统一

（六）全面推进中国特色大国外交和推动构建人类命运共同体

（四）作业设计

思考问题：请你们结合实际谈谈如何将坚持党的领导落实在行动上。

（五）参考资料

1.习近平：在中国共产党第二十次全国代表大会上的报告，https://www.ccps.gov.cn/zl/20dzl/202210/t20221025_155436.shtml.

2.《习近平新时代中国特色社会主义思想学习纲要》，学习出版社、人民出版社，2019年。

3.《习近平关于"不忘初心、牢记使命"重要论述选编》，中央文献出版社、党建读物出版社，2019年。

4.《中国共产党第十九届中央委员会第四次全体会议文件汇编》，人民出版社，2019年。

八、教学总结与反思

（一）教学成功之处

第一，通过案例视频和总书记谆谆教导的原声播放，将抽象的知识形象化、具体化，能够使学生入耳、入脑、入心。

第二，每一个重点内容都有问题导学，引发学生思考，提高学生思辨和

语言表达能力。而且学生的课堂参与度高，课堂互动效果好。运用学习通的词云、弹幕等功能，参与到教学活动中来。

第三，教材的知识点与党史融会贯通，既跟踪前沿，又以史为鉴，多角度启发学生，使其有所感悟。

（二）教学不足之处

1. 在教学设计上未充分考虑学生所学专业和学科背景。应根据实际教学情况，适当选取和学生所学专业相关联的案例。

2. 这部分内容是重点内容，但教学大纲只规定一个学时，课堂教学时间不足。考虑修改教学大纲，增加这部分教学内容的学时。

中国共产党为什么能

沈阳化工大学　赵　磊

一、课程基本信息

主讲课程：习近平新时代中国特色社会主义思想概论

使用教材版本：人民教育出版社2023年版

教材章节出处：《习近平新时代中国特色社会主义思想概论》第三章第一节第一课《中国最大的国情就是中国共产党领导》

二、教学设计概述

本教案以《新时代学校思想政治理论课改革创新实施方案》中关于构建大中小学一体化思政课课程体系，重点推进习近平新时代中国特色社会主义思想融入思政课的课程体系建设要求，以及旨在向学生梳理马克思主义中国化时代化理论成果及其关系，引导学生从历史、现实、理论维度明确历史和人民为什么选择中国共产党的领导，做新时代好青年的课程目标体系要求为基本遵循展开教学设计。

（一）教学设计思路

以《习近平新时代中国特色社会主义思想概论》课程第三章第一节"中国共产党领导地位是在历史奋斗中形成的"为基本教学内容，结合《大纲》在知识层面系统掌握习近平新时代中国特色社会主义思想的主要内容和科学体系、在能力层面能够密切联系思想实际和学习实际，将教学过程分为课前、课中和课后三个环节。课前自主学习知识理解环节，教师通过"学习通""雨课堂"推送学习任务，学生完成线上视频学习任务等。课堂知识深化价值引领环节，形成师生之间的互动，深化知识理解。课后教师线上布置作业、线上答疑，学生完成作业、自主复习。课前、课中和课后三个环节，促进学生的全面发展和个性化需求满足。以符合学情特点、突出以学生为中心的设计原则，实现教学内容、方法、目标的精准匹配和有机结合，着力增强思政课教学的说服力、亲和力和实效性。

（二）理论依据

1. 在教学内容上，全面构建大中小学思政课一体化的教学新格局，完善课程内容，丰富课程形式，促进思政课程与课程思政同向同行，实现大中小学思政课程的高质量发展。坚持把习近平新时代中国特色社会主义思想进教材、进课堂、进头脑作为课程主线，深入探讨其有机融入思政课教学的内容、方法与途径，实现课程理念的先进性。

2. 在教学方法层面，即坚持线上为辅，线下为主，线上与线上实时联动的教学方式，充分发挥各种教学资源的优势，实现课堂形式的多样性。

（三）设计特色

1. 教学案例选用有特色。

紧密结合教学内容将具有现实针对性和理论说服力的经典案例融入课程教学之中，同时注重案例的覆盖面和合理性。如引入"没有共产党就没有新中国"的教学内容，用歌曲的氛围增强了教学内容的说服力，强化了教学目标的达成效果。

2. 教学方法设计有特色。

教学团队采用多元化考核方式，注重过程考核。注重突出以学生为中心的教学理念，结合大学生的学情特点，灵活选用教学方法，在课前安排预习任务，在课堂检验预习成果，在教学中综合运用案例、视频等教学素材和小组研讨、互动提问等教学方法，实现知识传授、思维能力拓展和价值观培养塑造在教学过程中的有机统一。

三、学情分析

目前，高校的本科生基本都是"○○后"，在思想心理方面，有正确的理想信念、价值观和高度的文化认同感，思想活跃，接受新鲜事物能力强。但在思想的理论性、系统性和辨识力等方面仍有待成熟，课堂讲授中运用情景教学和案例教学相结合的方法可以增强亲和力。在知识储备方面，已经完成《原理》和《概论》的课程学习，掌握了马克思主义基本原理和马克思主义中国化理论成果的主要内容，对坚持党的全面领导有基本的认知，但缺乏系统化的理论学习，理论讲授中可以运用问题逻辑的教学方法提升实效性。在学习能力水平方面，具备基本的自主学习探究能力，合作意识薄弱，通过启发式教学法和小组讨论的方式激发求知欲，对深化和内化坚持中国共产党的领导具有良好效果。

四、教学目标

1.通过案例教学和观看视频，了解中国共产党领导地位是在历史奋斗中形成的，掌握中国共产党取得的成就，科学归纳中国共产党为什么能的原因，正确区别"自我革命"是我们党与其他政党不同的显著标志。

2.通过案例讲授，把握中国共产党的领导是人民当家作主的可靠保障。能够准确地运用马克思主义的立场观点和方法分析"中国共产党为什么能"，能够运用已经掌握的知识，分析党领导中国人民取得抗疫成功的原因，提高学生的学习能力。

3.通过展示中国特色社会主义制度内涵逻辑，知道中国共产党领导关系中国特色社会主义的性质、方向、命运以及中国共产党领导是实现中华民族伟大复兴的根本保证，培养学生的马克思主义素养，构建肩负投身社会主义现代化强国建设的重任。

五、教学重点难点

（一）教学重点

深入探究中国共产党为什么"能"背后的根源，系统学习坚持中国共产党领导、实现中华民族伟大复兴的中国梦重要的理论价值与实践意义。实现在知识层面充分让学生去了解、认可、热爱党，为实现中国梦而不懈奋斗，

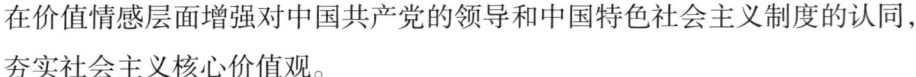

在价值情感层面增强对中国共产党的领导和中国特色社会主义制度的认同，夯实社会主义核心价值观。

（二）教学难点

理解中国共产党自我革命精神是我们党最大优势。"勇于自我革命，是我们党最鲜明的品格，也是最大的优势。"在知识层面深化对这个"最鲜明的品格"和"最大的优势"的理解；在价值情感层面坚定不移听党话、感党恩、跟党走。

六、教学设计总体思路

大学阶段思政课重在增强学生的使命担当，切实推动习近平新时代中国特色社会主义思想入脑入心入行。本课程设计以 "中国共产党为什么能"作为教学内容中的重点内容。围绕"中国共产党在不同历史时期，取得哪些辉煌成就" "为什么中国共产党能取得这些成就"两个具体问题展开，从党的辉煌成就、艰辛历程、历史经验、优良传统中深刻领悟中国共产党为什么能、马克思主义为什么行、中国特色社会主义为什么好等道理，引导学生深化对中国共产党的认识和认同，增强坚持中国共产党和中国特色社会主义制度的信心和决心。

七、教学过程

（一）教学流程设计

环节一：课前线上安排预习任务

教师活动：

1.通过"学习通"线上安排预习内容：新时代十年，我们取得了哪些伟大变革、伟大成就？

2.播放视频：（党的二十大开幕会）新时代十年：伟大变革　伟大成就。

学生活动：

1.查阅相关文献资料。

2. 按照问题准备预习学习材料（发言材料）。

3. 预习"学习通"上相关学习视频、资料等内容。

设计意图：课前明确理论知识重点——培育思政学习习惯

环节二：学生代表对预习内容进行交流发言（10分钟）

教师活动：

1.随机选择2—3名学生对预习问题进行3分钟左右发言。

2.对每名同学的发言观点进行总结陈述。

学生活动：

1.按照预先准备的材料发言。

2.对发言同学的观点对照自己的材料进行思考。

设计意图：通过对预习问题进行发言，可以对预习效果进行检查，还可以使学生对自己观点与发言同学观点进行对照检验。教师对每名同学的发言观点进行总结陈述，为通过课程讲授中评判学生观点埋下伏笔。

环节三：课程导入（2分钟）

教师活动：

1.结合安排的预习内容导入新课。

2.注意课程导入的逻辑性和承接性。

学生活动：

1.听讲。

2.记录笔记。

设计意图：使学生明确课程的学习目标、主要内容。

环节四：讲授课程内容——中国共产党领导地位是在历史奋斗中形成的（20分钟）

教师活动：

1.讲授课程内容——中国共产党领导地位是在历史奋斗中形成的。

2.结合授课内容讲述案例：《中共中央关于党的百年奋斗重大成就和历史经验的决议》中指出："实践充分说明，历史和人民选择了中国共产党，没有中国共产党领导，民族独立、人民解放是不可能实现的。""党的百年奋斗从根本上改变了中国人民的前途命运。"

学生活动：

1.案例总结：历史维度——只有中国共产党才能带领我们实现民族独立、人民解放。

2.观看视频《没有共产党就没有新中国》。

设计意图：完成教学目标1的任务要求，通过案例教学和观看视频，了解中国共产党领导地位是在历史奋斗中形成的，进而增强对中国共产党的理解和认同。

环节五：组织学生进行小组研讨——从历史的角度来看，没有中国共产党，就没有中华民族的独立和人民的解放（15分钟）

教师活动：

1.组织小组讨论：从历史的角度来看，没有中国共产党，就没有中华民族的独立和人民的解放。

2.课堂特色环节——《学习故事绘》半条被子——什么是共产党，共产党就是有一条被子也要剪下半条给老百姓的人。

这一个动作，告诉你中国共产党为什么能？（3—4分钟）

学生活动：

1.按照预先准备的材料发言。

2.对小组其他同学的观点进行思考讨论。

设计意图：强化教学目标1的任务要求。通过组织小组研讨，深化对"从历史的角度来看，没有中国共产党，就没有中华民族的独立和人民的解放"的理论思考。

环节六：讲授课程内容二——现实维度：没有中国共产党领导，就没有中华民族伟大复兴（18分钟）

教师活动：

1.讲授课程内容二——现实维度：没有中国共产党领导，就没有中华民族伟大复兴。

2.结合授课内容讲述案例：我们民族要想实现伟大复兴，要想全国各族人民过上好日子，那也必须得坚持党的领导。

学生活动：

1. 案例反思。

2. 思考为什么没有中国共产党领导，就没有中华民族伟大复兴。

设计意图：完成教学目标2的任务要求。结合案例讲授树立没有中国共产党领导，就没有中华民族伟大复兴的认同和坚定信心。

环节七：讲授课程内容三——中国共产党的领导是人民当家作主的可靠保障（15分钟）

教师活动：

1. 讲授课程内容三——中国共产党的领导是人民当家作主的可靠保障。

2. 互动提问：中国共产党的领导，就是支持和保证人民实现当家作主，结合自身的理解和实际谈一谈如何支持和保证人民实现当家作主。

3. 点评：中国共产党的领导是人民当家作主的可靠保障。

学生活动：

1. 按照预先准备的材料发言。

2. 将发言同学的观点对照自己的材料进行思考。

设计意图：完成教学目标3的任务要求。通过展示中国共产党的领导是人民当家作主的可靠保障，知道中国共产党是中国特色社会主义事业的坚强领导核心，是这一伟大事业的开创者、引领者、推动者，坚持党的领导是中国特色社会主义永不变色、永不变质的根本保证。

环节八：结合案例讲授课程内容四——中国共产党的领导是实现中华民族伟大复兴的根本保证（20分钟）

教师活动：

1.讲授课程内容四——中国共产党的领导是实现中华民族伟大复兴的根本保证。

2.结合授课内容讲述案例：怎样来理解中国共产党的领导是实现中华民族伟大复兴的根本保证？我们可以从历史上简要的来说。我们中国共产党的百年历史，每一个时期都对民族复兴做出了重要的贡献，《决议》对 100 年

的历史分为四个时期阐述中国共产党对民族复兴的贡献。

学生活动：

1.案例反思。

2.掌握中国共产党的百年历史，每一个时期都对民族复兴做出了重要的贡献。

设计意图：完成教学目标4的任务要求。通过内容讲授和互动提问，把握中国共产党的领导是实现中华民族伟大复兴的根本保证，增进对中国共产党是中国特色社会主义制度的开创者，中国共产党领导是中国特色社会主义制度最大优势的理论认知和情感强化，矢志不渝听党话跟党走，争做社会主义合格建设者和可靠接班人。

（二）课堂小结

中国共产党一经诞生，就把为中国人民谋幸福、为中华民族谋复兴确立为自己的初心使命。自从有了中国共产党，中国的革命面貌开始焕然一新。一百年来，中国共产党团结带领中国人民建立了新中国、建立了社会主义制度，进行了社会主义建设道路的初步探索、改革开放和现代化建设，中华民族迎来了从站起来、富起来到强起来的伟大飞跃。由此可见，选择马克思主义，建立中国共产党，是世界和中国近代历史发展的必然结果，是历史的选择，更是人民的选择。

（三）板书设计

坚持党的全面领导

中国共产党领导是中国特色社会主义最本质的特征

中国最大的国情就是中国共产党的领导（重点内容）

（1）中国共产党的领导地位是在历史奋斗中形成的

（2）中国共产党是人民当家作主的可靠保障

（3）中国共产党领导是实现中华民族伟大复兴的根本保证

（四）作业设计

结合所学知识，从实践逻辑梳理中国共产党为什么能。

（五）参考资料

1. 习近平：《时刻保持解决大党独有难题的清醒和坚定，把党的伟大自我革命进行到底》，《求是》2024年第6期。

2. 习近平：《高举中国特色社会主义伟大旗帜 为全面建设社会主义现代化国家而团结奋斗——在中国共产党第二十次全国代表大会上的报告》，人民出版社，2022年版。

3. 习近平：《在庆祝中国共产党成立100周年大会上的讲话》，人民出版社，2021年版。

八、教学总结与反思

（一）教学总结

教学设计较好地坚持了问题意识和时代意识，不回避重大问题和疑难问题，围绕学生关心和困惑的问题进行了具有针对性的释疑解惑，将抽象的理论与鲜活的实际相结合；教学设计理论性强、内容充实、资料丰富，层次分明、逻辑清楚，很好地体现了教学目标要求，有效支撑了预期教学成果的实现。

（二）教学反思

在经验总结方面，教学设计很好地实现了教学内容、教学方法和教学目的有机结合，尤其是根据学情特点科学合理地选择教学案例和教学方法，增强了实现不同层面教学目标的针对性和实效性。在尚待完善之处方面，对基础知识薄弱学生的精准化教学仍需加强，对现代化教学手段的运用仍有待拓展。

中国共产党领导是中国特色社会主义最本质的特征

辽宁何氏医学院　　回　娜

一、课程基本信息

主讲课程：习近平新时代中国特色社会主义思想概论

使用教材版本：高等教育出版社2023年版

教材章节出处：《习近平新时代中国特色社会主义思想概论》第三章第一节《中国共产党领导是中国特色社会主义最本质的特征》

二、教学设计概述

（一）教学设计的思路

明确教学目标：在教学设计中，首先要明确教学目标，即培养学生的政治觉悟、道德品质和学科知识。这些目标应该与党的领导和教育方针相一致，体现出对党的理论和路线方针政策的认同。

选择教学内容：教学内容应该围绕教学目标进行选择，既要包括党的理论知识，也要包括实践案例和时事政治等。通过这些内容的学习，学生可以更好地理解党的领导的重要性和必要性。

设计教学方法：教学方法应该根据学生的实际情况和教学内容的特点进行选择。可以采用讲授、讨论、案例分析等多种方法，以激发学生的学习兴趣和积极性。

（二）理论依据

历史和现实都告诉我们，没有中国共产党，就没有新中国，就没有中国特色社会主义。习近平总书记深刻指出："中国共产党领导是中国特色社会主义最本质的特征。"这一重大政治论断，进一步丰富发展了马克思主义建党学说，深化了对坚持和发展中国特色社会主义的规律性认识，在科学把握党的领导和社会主义基本关系上达到新的高度。这一论断符合科学社会主义的基本原则，反映中国特色社会主义的历史经验，适应新时代历史使命的实践要求。

（三）设计特色

问题式教学。以问题为引导，让学生通过自主探究、合作学习和教师指导等方式，解决实际问题，提高其综合素质和能力。这种教学理念的应用，不仅提高了学生的学习积极性和主动性，也增强了思政课的针对性和实效性。使学生能够正确认识中国共产党是领导我们事业的核心力量，中国人民和中华民族之所以能够扭转近代以后的历史命运，取得今天的伟大成就，最根本的是有中国共产党的坚强领导。

三、学情分析

授课对象为大三学生，经过两年的大学生活，许多学生会逐渐形成自己的价值观、人生观和世界观，学生通常适应大学的学习方式，包括自主学习、独立思考以及团队合作。学生在上课之前已经系统学习过《马克思主义基本原理》和《毛泽东思想和中国特色社会主义理论体系概论》两门基础课程，具有一定的知识基础。但由于学生高中时文理分科，部分同学对于理论学习不够充分，一些学生可能意识到学习不仅仅是学术知识的累积，还包括理论联系实际能力的培养。

四、教学目标

（一）知识目标

1.掌握中国最大的国情就是中国共产党的领导和中国共产党领导是中国特色社会主义制度的最大优势。

2.理解加强党的全面领导为新时代党和国家事业发展提供了坚强保证。

（二）能力目标

1.逻辑思维能力的培养：通过本节课的教学，引导学生正确理解中国人民之所以能昂首阔步地走在民族复兴的大道上，是因为中国共产党的正确领导。

2.自主学习能力的培养：培养学生发现问题、分析问题和解决问题的能力。

3.通过启发式教学，以问题为导向等多种教学方法，激发学生自主学习的兴趣，培养学生自主学习的能力。

（三）思政目标

通过本节课的教学，使学生明确党领导的范围是"党政军民学，东西南北中"，以此增强中国共产党对中国特色社会主义伟大事业的领导就无比坚强，我们的事业就一定能无往而不胜的信心。

五、教学重点难点

教学重点、难点：中国最大的国情就是中国共产党的领导。

（一）教学重点分析

深刻把握"中国共产党领导是中国特色社会主义最本质的特征，是中国特色社会主义制度的最大优势"这一重大判断，必须深刻理解党的领导对于中国特色社会主义的内在性、根本性和核心性。

（二）解决对策

授课时通过具体案例，使学生充分理解没有共产党，就没有新中国，就没有新中国的繁荣富强。坚持中国共产党这一坚强领导核心，是中华民族的命运所系。中国共产党的领导，就是支持和保证人民实现当家作主。我们必须坚持党总揽全局、协调各方的领导核心作用。

六、教学设计总体思路

以问题为导向，着重培养学生的问题意识和解决问题的能力。根据本节课的教学目标和学生的实际情况设置问题，紧扣教学目标、贴近学生实际、突出重点难点、注重时代性。

教学中注重教学方法和手段的多样化，采用多种形式的教学手段，如课堂讨论、案例分析等，提高教学效果和学生的学习体验。

问题1：为什么必须坚持党的全面领导？

从历史和理论，过去、现在和未来，党的领导和人民当家作主，党的领导与中国特色社会主义、党的领导与以中国式现代化推进中华民族伟大复兴等多个维度，阐述中国最大的国情就是中国共产党的领导，为引导学生增强对中国共产党领导的政治认同、思想认同、理论认同、情感认同提供一定深度的学理支撑。

问题2：中国特色社会主义制度的最大优势是什么？

阐述"中国共产党领导是中国特色社会主义制度的最大优势"，不仅要指出党的领导优势是统领性的根本优势，贯穿于中国特色社会主义制度和国家治理体系其他方面显著优势中，而且要重点讲清楚中国共产党何以成为这个最大优势、何以具备这个根本优势，党的优势又是如何决定中国特色社会主义制度和国家治理体系优势的。

问题3：新时代党和国家事业发展提供的坚强保证是什么？

在阐述这个问题时，要重点讲清楚党的十八大以来，以习近平同志为核心的党中央坚持和加强党的全面领导，全党全国各族人民对坚持党的领导的认识不断深化，党的领导制度体系更加健全，党在应对各种风险挑战中发挥了中流砥柱的作用，为党和国家事业取得历史性成就、发生历史性变革提供了根本保证。

七、教学过程

（一）教学流程设计

环节一：课程导入（5分钟）

教师活动：播放视频：《为了更加伟大的胜利和荣光》系列主题视频第一集"坚持党的领导"精华剪辑。

设计意图：引导学生回顾之前学习的"十个坚持"的内容。

环节二：提出问题，观看视频，学生讨论（30分钟）

教师活动：

1. 在讲中国最大的国情就是党的领导的时候，结合教材引用的领导人讲话，关于"中国特色"的解释，引导学生思考为什么中国最大的国情是党的领导，先抛出这个问题然后播放视频《中国共产党百年述职报告》。

2. 学生发言后进行总结。

学生活动：

1. 观看视频。

2. 小组讨论。

3. 小组代表进行总结发言。

设计意图：让学生结合观看的视频内容来理解中国共产党是中国特色社会主义事业的坚强领导核心。这个核心地位是如何形成的。

环节三：提出问题，案例教学（20分钟）

教师活动：

1. 关于党的领导是当前我国制度的最大优势，首先提出问题：中国特色社会主义制度的最大优势是什么？

2. 向学生介绍十九届四中全会总结的我国国家制度和国家治理体系13个方面的显著优势，其中第一个方面的优势就是坚持党的集中统一领导。

3. 介绍党自身优势是我国制度优势的主要来源，党自身优势包括理论优势、政治优势、组织优势、制度优势、密切联系群众的优势。

4. 引入案例"浦江经验"，讲密切联系群众的优势。

5. 杭州亚运会开幕式讲组织优势和制度优势。杭州亚运会是党领导开启中国式现代化新征程后，向世界讲述"中国之治"的一次重要契机。

6. 学生发言后进行总结。

学生活动：

1. 听讲。

2. 小组讨论。

3. 小组代表进行总结发言。

设计意图：充分阐明中国共产党能够集中全党全国力量、凝聚全民族共同意志，在各项事业中发挥总揽全局、协调各方的作用，确保中国特色社会主义制度的显著优势充分彰显。

环节四：提出问题，案例教学（20分钟）

教师活动：

1. 教师讲授要点：关于加强党的全面领导是新时代党和国家事业的坚强保证，如何解决问题，一是彰显党的领导核心作用，二是增强"四力"。

2. 案例：通过2024年9月央视新闻公布的国家破获多起危害国家安全的间谍案来讲"四力"。事关国家安全，人人必须保持清醒的政治头脑，思想统一，齐心协力，响应党的号召，尽己所能维护国家安全。只有国家安全，我们的发展才能有一个安定的环境保障，才能应对各种风险挑战，确保事业平稳健康发展。

学生活动：

1. 听讲。

2. 小组讨论。

3. 小组代表进行总结发言。

设计意图：使学生充分理解党在应对各种风险挑战中发挥了中流砥柱的作用，为党和国家事业取得历史性成就、发生历史性变革提供了根本保证。

（二）课堂小结

使学生充分理解党在应对各种风险挑战中发挥了中流砥柱的作用，为党和国家事业取得历史性成就、发生历史性变革提供了根本保证。

（三）板书设计

中国共产党领导是中国特色社会主义最本质的特征

1. 为什么必须坚持党的全面领导？

中国最大的国情

在历史奋斗中形成的

人民当家作主的可靠保障

中国特色社会主义的性质、方向和命运

实现中华民族伟大复兴的根本保证

2.中国特色社会主义制度的最大优势是什么？

中国共产党的领导

具有强大理论优势

制度优势的主要来源

凝聚共识，确保优势的彰显

3.新时代党和国家事业发展提供的坚强保证是什么？

领导核心作用

政治领导力、思想引领力、群众组织力、社会号召力

政治保证，主心骨

（四）作业设计

如何认识中国最大的国情就是中国共产党的领导？

（五）参考资料

1.习近平：《高举中国特色社会主义伟大旗帜 为全面建设社会主义现代化国家而团结奋斗——在中国共产党第二十次全国代表大会上的报告》，人民出版社2022年版。

2.《中共中央关于党的百年奋斗重大成就和历史经验的决议》，人民出版社2021年版，第27—29页，第65页。

3.习近平：《在庆祝中国共产党成立100周年大会上的讲话》，人民出版社2021年版。

4.中共中央宣传部：《习近平新时代中国特色社会主义思想学习纲要》，学习出版社、人民出版社2023年版，第15—28页。

5.中共中央宣传部：《习近平新时代中国特色社会主义思想学习问答》，学习出版社、人民出版社2021年版，第425—448页。

八、教学总结与反思

（一）教学总结

本节课，我们深入探讨了党的全面领导在社会主义现代化建设中的核心

地位和作用。通过学习，我们更加清晰地认识到，党的领导是中国特色社会主义最本质的特征，是我们党和国家的最大优势。

在学习过程中，我们通过案例分析、小组讨论等方式，深入分析了党的领导在实际工作中的应用和成效。我们看到，党的领导在各个领域都发挥着举旗定向、掌舵领航的核心作用，是确保党和国家事业正确发展方向的根本保证。

通过这门课程的学习，我们深刻认识到党的领导是我们国家和民族发展的根本保证。在未来的学习和工作中，我们将更加自觉地坚持党的领导，不断增强"四个意识"，坚定"四个自信"，做到"两个维护"，为实现中华民族伟大复兴的中国梦贡献自己的力量。

（二）教学反思

课程内容丰富，如何将这些内容系统地、有条理地传授给学生，同时确保他们能够理解并吸收，是值得深入思考的。课后将通过学生的反馈，调整授课内容的详略，以更贴近学生的理解水平。

坚持和加强党的领导

辽宁大学　王忠宝

一、课程基本信息

主讲课程：习近平新时代中国特色社会主义思想概论

使用教材版本：高等教育出版社2023年版

教材章节出处：《习近平新时代中国特色社会主义思想概论》第三章《坚持党的全面领导》

二、教学设计概述

本教案以《新时代学校思想政治理论课改革创新实施方案》中关于构建大中小学一体化思政课课程体系，重点推进习近平新时代中国特色社会主义思想融入思政课的课程体系建设要求。教案围绕坚持党的全面领导这个重大命题，重点阐述坚持党的全面领导的必要性和重要性、党的全面领导的内涵及其最高原则、健全和完善党的领导制度体系等问题，引导学生增强对中国共产党领导的政治认同、思想认同、理论认同、情感认同。

（一）教学内容设计思路

以《习近平新时代中国特色社会主义思想概论》课程第三章重点阐述坚持党的全面领导的必要性和重要性、党的全面领导的内涵及其最高原则、健全和完善党的领导制度体系等问题。具体而言，本章主要是从中国共产党领导与中国特色社会主义的关系、中国共产党在中国政治生活中的地位和作用、加强党的全面领导与新时代党和国家事业发展的关系、党的全面领导的内涵、健全和完善党的领导制度体系等方面，来论述新时代为什么坚持和加强党的全面领导、如何坚持党对一切工作的领导、如何从制度上和体制机制上来保证党的全面领导等重大问题的。第一节"中国共产党领导是中国特色社会主义最本质的特征"从中国最大的国情、中国特色社会主义制度的最大优势、新时代中国特色社会主义事业发展的坚强保证这三个方面，来论述中国共产党领导是中国特色社会主义最本质的特征，分别论述了中国最大的国情就是中国共产党的领导、中国共产党领导是中国特色社会主义制度的最大优势、加强党的全面领导为新时代党和国家事业发展提供了坚强保证。第二节"坚持党对一切工作的领导"主要从中国共产党是最高政治领导力量、党的领导是全面的系统的整体的、维护党中央权威和集中统一领导这三个方面，来阐述坚持党对一切工作的领导。第三节"健全和完善党的领导制度体系"围绕健全和完善党的领导制度体系这个问题，依次阐述了党的领导制度是我国的根本领导制度，健全党中央对重大工作的领导体制，健全党的全面领导制度，不断完善总揽全局、协调各方的党的领导制度体系。

（二）理论依据

1.教学内容：习近平新时代中国特色社会主义思想科学地回答了新时代建设什么样的长期执政的马克思主义政党、怎样建设长期执政的马克思主义政党等重大时代课题。党的十八大以来，习近平总书记关于坚持党的全面领导的重要论述成为本章教学内容的理论依据。以习近平同志为核心的党中央坚持和加强党的全面领导，党在应对各种风险挑战中发挥了中流砥柱的作用，为党和国家事业取得历史性成就、发生历史性变革提供了根本保证。党的领导是党和国家的根本所在、命脉所在，是全国各族人民的利益所系、命运所系，必须坚持党对一切工作的领导。党的领导是全面的、系统的、整体的，必须落实到国家治理各领域各方面各环节。党中央集中统一领导是党的领导的最高原则，必须加强和维护党中央权威和集中统一领导，保证党的团结统一。党的领导制度是我国的根本领导制度，必须不断完善总揽全局、协调各方的党的领导制度体系。

2.教学方法：问题导向教学法，通过抛出相互关联并存在内在联系的几个启发式问题，引领课程进程。让学生带着问题去学习，有目的地去学习。

学生通过对问题的探究、讨论，充分引起学习兴趣，教师结合学生的疑惑围绕问题进行解析。案例分析教学法，通过典型案例的讲解，引导学生对案例进行深入分析、讨论，深化对坚持和加强党的领导等方面的认识，提高学生运用理论与实践相结合方式分析问题的能力。线上线下融合讨论教学法，根据教学内容，科学设置问题，以问题为教学线索，利用雨课堂平台，实现线下线上融合式讨论教学，实现从点到面的全覆盖式讨论模式。最后由教师进行总结点评，阐明问题的理论内涵，引导教学目标的达成，实现发挥学生主体作用，提高教学参与度的目标。

（三）设计特色

1.教学案例选用有特色。通过典型案例的讲解，引导学生对案例进行深入分析、讨论，深化对坚持和加强党的领导等方面的认识，提高学生运用理论与实践相结合方式分析问题的能力。紧密结合教学内容将具有现实针对性和理论说服力的经典案例融入课程教学之中，同时注重案例的覆盖面和合理性。

2.教学方法设计有特色。注重突出以学生为中心的教学理念，结合大学生的学情特点，灵活选用教学方法，实现知识传授、思维能力拓展和价值观培养塑造在教学过程中的有机统一。

三、学情分析

学情分析是教学过程的重要环节，需要坚持把以学生为中心的主线贯穿教学全过程，课前以学生的专业情况作为备课的落脚点，课中以学生动态为关注点，推动观察—反省继而推动教学计划的完善，对于学情全面复盘分析，推动思政课程高质量发展。

《习近平新时代中国特色社会主义思想概论》课程面对的本科生群体主要是18—20岁的青年大学生。这一代青年人"生于盛世，肩负使命"，有正确的理想信念、价值观和高度的文化认同感，思想活跃，接受新鲜事物能力强。在知识储备方面，因为青年大学生专业的差异性，造成学生群体对马克思主义基本原理和马克思主义中国化时代化理论成果主要内容的掌握情况参差不齐。

　　《坚持党的全面领导》这一章内容逻辑性较强，需要青年大学生具备一定的实践基础才能更好地理解这部分理论知识。但是，这个年龄段的青年大学生普遍不是中国共产党党员，在党的基础理论知识方面普遍缺乏系统化的理论学习经历，理论讲授中可以运用问题逻辑的教学方法提升实效性。

四、教学目标

　　1.知识目标：通过本章的学习，让学生深入理解坚持党的全面领导的必要性和重要性、党的全面领导的内涵及其最高原则、健全和完善党的领导制度体系等问题。

　　2.能力目标：通过本章的学习，提升学生用历史与现实相结合的视角分析坚持党的全面领导的必要性和重要性；培养学生能够运用理论与实践相结合的方法分析党的全面领导的内涵及其最高原则、健全和完善党的领导制度体系等问题。

　　3.情感目标：通过本章的学习，引导学生进行深入思考，基于历史、理论和实践逻辑，认识到党的领导是党和国家的根本所在、命脉所在，是全国各族人民的利益所系、命运所系，必须坚持党对一切工作的领导。党的领导是全面的、系统的、整体的，必须落实到国家治理各领域各方面各环节。引导学生增强对中国共产党领导的政治认同、思想认同、理论认同、情感认同。

五、教学重点难点

　　1. 如何认识中国特色社会主义最本质的特征是中国共产党领导。中国特色社会主义有很多特点和特征，其中最本质的特征是中国共产党领导。中国特色社会主义其他特点和特征都是由党的领导这一最本质特征决定的，都是在党的领导下形成发展、发挥作用、彰显优势的。

　　2. 如何理解党的领导是全面的。主要从领导对象、领导内容、领导过程和领导方式等方面讲解中国共产党作为最高政治领导力量，在党和国家事业发展中居于中心地位。党的领导必须贯穿到治国理政的方方面面。

　　3. 如何坚持党的全面领导。坚持党的全面领导，必须依靠制度来保障。

党的领导制度是我国的根本领导制度，在中国特色社会主义制度体系中具有统领地位。要建立不忘初心、牢记使命的制度，完善坚定维护党中央权威和集中统一领导的各项制度，健全党的全面领导制度，健全为人民执政、靠人民执政各项制度，健全提高党的执政能力和领导水平制度，完善全面从严治党制度，健全党中央对重大工作的领导体制，不断完善总揽全局、协调各方的党的领导制度体系。

六、教学环节设计总体思路

本章主要包括三节内容：第一节 中国共产党领导是中国特色社会主义最本质的特征；第二节　坚持党对一切工作的领导；第三节　健全和完善党的领导制度体系。重点阐述坚持党的全面领导的必要性和重要性、党的全面领导的内涵及其最高原则、健全和完善党的领导制度体系等问题。通过课程导入、问题提出、课程讲授、课程总结和课后思考等教学环节，将经典案例、视频等教学素材贯穿其中，灵活运用线上线下相结合、情景教学、互动教学、小组研讨等教学方法，突出逻辑思维和问题导向，做到"破"与"立"相贯通，说"理"与谈"情"相结合，引导学生深化对坚持和加强党的领导的认识、认同，引导学生增强对中国共产党领导的政治认同、思想认同、理论认同、情感认同。

教学环节设计如下：

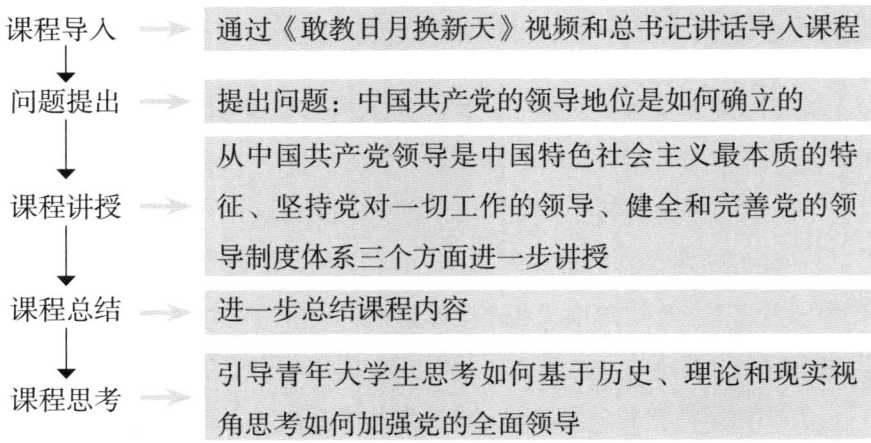

课程导入 →　通过《敢教日月换新天》视频和总书记讲话导入课程

问题提出 →　提出问题：中国共产党的领导地位是如何确立的

课程讲授 →　从中国共产党领导是中国特色社会主义最本质的特征、坚持党对一切工作的领导、健全和完善党的领导制度体系三个方面进一步讲授

课程总结 →　进一步总结课程内容

课程思考 →　引导青年大学生思考如何基于历史、理论和现实视角思考如何加强党的全面领导

七、教学过程

（一）教学流程设计

环节一：课程导入

播放《敢教日月换新天》第一集《开天辟地》部分内容，由此引出习近平总书记的讲话内容：

中国有了中国共产党执政，是中国、中国人民、中华民族的一大幸事。只要我们深入了解中国近代史、中国现代史、中国革命史，就不难发现，如果没有中国共产党领导，我们的国家、我们的民族不可能取得今天这样的成就，也不可能具有今天这样的国际地位。在坚持党的领导这个重大原则问题上，我们脑子要特别清醒、眼睛要特别明亮、立场要特别坚定，绝不能有任何含糊和动摇。

——习近平在全国党校工作会议上的讲话（2015年12月11日）

引出本次课程内容：坚持党的全面领导是坚持和发展中国特色社会主义的必由之路。习近平指出：中国特色社会主义最本质的特征是中国共产党领导，中国特色社会主义制度的最大优势是中国共产党领导，中国共产党是最高政治领导力量，坚持党中央集中统一领导是最高政治原则。必须坚持党对一切工作的领导，不断健全和完善党的领导制度体系，确保党始终成为中国特色社会主义事业的坚强领导核心。

环节二：问题提出

通过雨课堂系统让学生互动式发言。基于中国近代史、中国现代史、中国革命史，思考为什么说中国共产党的领导地位是历史和人民的选择。

教师活动：

1.随机选择2—3名学生对预习问题进行3分钟左右发言。

2.对每名同学的发言观点进行总结陈述。

学生活动：

1.按照预先准备的材料发言。

2.对发言同学的观点对照自己的材料进行思考。

设计意图：通过对视频内容学习引发思考，教师对每名同学的发言观点进行总结陈述，为通过课程讲授中评判学生观点埋下伏笔。

最后，根据学生问题的思考提出三个问题：

1.如何理解中国共产党领导是历史和人民的选择？

2.如何坚持和加强党对一切工作的领导？

3.如何健全和完善党的领导制度体系？

环节三：课程讲授

第一节　中国共产党领导是中国特色社会主义最本质的特征

一、中国共产党的领导地位是在历史奋斗中形成的

近代以来，为了拯救民族危亡，中国人民奋起反抗，仁人志士奔走呐喊，各种救国方案轮番出台，但都以失败告终。中国共产党的成立，使中国人民有了前进的主心骨和领路人，中华民族伟大复兴的梦想一步步成为现实。中国从四分五裂、一盘散沙到高度统一、民族团结，从积贫积弱、"一穷二白"到全面小康、繁荣富强，从被动挨打、饱受欺凌到独立自主、坚定自信，仅用几十年时间就走完发达国家几百年走过的工业化历程，创造了经济快速发展和社会长期稳定两大奇迹，中华民族向世界展现出一派欣欣向荣的气象，巍然屹立于世界东方，这一切都是在中国共产党领导下实现的。历史和现实都证明，中国人民和中华民族之所以能够扭转近代以后的历史命运、取得今天的伟大成就，最根本的是有中国共产党的坚强领导。

二、中国共产党的领导是中国特色社会主义制度的最大优势

我国国家制度和国家治理体系具有多方面的显著优势，其中最大优势是中国共产党领导。这一优势是带有统领性的根本优势，贯穿于中国特色社会主义制度和国家治理体系其他方面显著优势中。只有坚持党的领导，才能更好发挥党和国家的各方面优势，更好推动中国特色社会主义事业不断向前发展。中国共产党以马克思主义作为行动指南，在实践中不断推进马克思主义中国化时代化，为坚持和完善中国特色社会主义制度提供强大理论优势。中国共产党的自身优势是中国特色社会主义制度优势的主要来源。中国共产党能够集中全党全国力量、凝聚全民族共同意志，在各项事业中发挥总揽全

局、协调各方的作用，确保中国特色社会主义制度的显著优势充分彰显。

三、加强党的全面领导为新时代党和国家事业发展提供了坚强保证

党的十八大以来，以习近平同志为核心的党中央坚持和加强党的全面领导，全党全国各族人民对坚持党的领导的认识不断深化，党的领导制度体系更加健全，党在应对各种风险挑战中发挥了中流砥柱的作用，为党和国家事业取得历史性成就、发生历史性变革提供了根本保证。坚持和加强党的全面领导，使党的领导核心作用充分彰显。坚持和加强党的全面领导，使党的政治领导力、思想引领力、群众组织力、社会号召力显著增强。坚持和加强党的全面领导，为推进新时代中国特色社会主义事业提供了政治保证，使党成为风雨来袭时中国人民最可靠的主心骨。

第二节　坚持党对一切工作的领导

党的领导是党和国家的根本所在、命脉所在，是全国各族人民的利益所系、命运所系。中国共产党是最高政治领导力量，党的领导是全面的、系统的、整体的，必须坚持党对一切工作的领导，坚决维护党中央权威和集中统一领导，使党的领导落实到国家治理各领域各方面各环节。

一、中国共产党是最高政治领导力量

中国共产党作为最高政治领导力量，得到了最广大人民群众的支持和拥护，得到了各民主党派、各团体、各民族、各阶层、各界人士的支持和拥护。中国共产党作为最高政治领导力量是由我国国家性质和政治制度体系决定的。我国是工人阶级领导的、以工农联盟为基础的人民民主专政的社会主义国家，工人阶级领导是通过其先锋队——中国共产党领导实现的。中国共产党作为最高政治领导力量是由中华民族伟大复兴事业决定的。

二、党的领导是全面的、系统的、整体的

党的领导是全面的、系统的、整体的，并不是说党组织包揽包办一切、事无巨细什么都去管，而是在各级各种组织中发挥领导核心作用，既善于总揽全局，又善于协调各方，不断增强党组织的领导统筹能力，充分调动方方面面的工作积极性，使党的领导作用贯穿于工作全过程。

三、维护党中央权威和集中统一领导

事在四方，要在中央。党中央集中统一领导是党的领导的最高原则，是党保持团结统一和强大战斗力、不断取得胜利的关键所在。加强和维护党中央权威和集中统一领导，是全党共同的政治责任，是党和国家事业发展的必然要求。维护党中央权威和集中统一领导，是一个成熟的马克思主义执政党的重大建党原则。维护党中央权威和集中统一领导，必须坚决贯彻党的理论、路线、方针、政策和党中央决策部署。维护党中央权威和集中统一领导，最关键的是坚决维护习近平同志党中央的核心、全党的核心地位。一个国家、一个政党，领导核心至关重要。维护党中央权威和集中统一领导，同坚持党的民主集中制是完全一致的。

第三节　健全和完善党的领导制度体系

坚持党的全面领导，必须依靠制度来保障。党的领导制度是我国的根本领导制度，要健全党中央对重大工作的领导体制，健全党的全面领导制度，不断完善总揽全局、协调各方的党的领导制度体系。

一、党的领导制度是我国的根本领导制度

习近平指出："中国特色社会主义制度是一个严密完整的科学制度体系，起四梁八柱作用的是根本制度、基本制度、重要制度，其中具有统领地位的是党的领导制度。"党的领导制度是一个系统完备、内涵丰富的制度体系，主要涵盖六个方面的制度。党的领导制度是党的领导核心地位的必然反映和内在要求，明确了我国政治生活的领导关系、领导主体、领导对象，是中国特色社会主义制度体系的核心，是国家治理体系和治理能力现代化的关键，发挥着提纲挈领、无可替代的作用。

二、健全党中央对重大工作的领导体制

党中央对重大工作的领导体制，是加强党的全面领导的制度安排，是实现党的全面领导的直接体现。加强党的全面领导，必须加强党中央对党和国家重大工作的领导。加强党中央对重大工作的领导，是我们党的优良传统和宝贵经验。加强党中央对重大工作的领导，必须完善党中央重大决策部署落实机制。

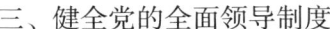

三、健全党的全面领导制度

坚持和加强党的全面领导，必须健全党的全面领导制度，发挥党在各种组织中总揽全局、协调各方的领导核心作用，把党的领导贯彻到党和国家所有机构履行职责全过程。必须完善党在各种组织中发挥领导作用的制度。必须完善党协调各方的机制。必须完善党领导各项事业的具体制度。

（二）课堂小结

中国特色社会主义最本质的特征是中国共产党领导，中国特色社会主义制度的最大优势是中国共产党领导，中国共产党是最高政治领导力量。党的十八大以来，以习近平同志为核心的党中央坚持和加强党的全面领导，党在应对各种风险挑战中发挥了中流砥柱的作用，为党和国家事业取得历史性成就、发生历史性变革提供了根本保证。党的领导是党和国家的根本所在、命脉所在，是全国各族人民的利益所系、命运所系，必须坚持党对一切工作的领导。党的领导是全面的、系统的、整体的，必须落实到国家治理各领域各方面各环节。党中央集中统一领导是党的领导的最高原则，必须加强和维护党中央权威和集中统一领导，保证党的团结统一。党的领导制度是我国的根本领导制度，必须不断完善总揽全局、协调各方的党的领导制度体系。

（三）课程思考

课后思考题：

1.如何认识中国最大的国情就是中国共产党的领导？

2.坚持党对一切工作的领导主要体现在哪些方面？

3.如何理解党中央集中统一领导是党的领导的最高原则？

4.为什么要健全党中央对重大工作的领导体制？

（四）参考资料

1.习近平：《高举中国特色社会主义伟大旗帜 为全面建设社会主义现代化国家而团结奋斗——在中国共产党第二十次全国代表大会上的报告》，人民出版社2022年版。

2.《中共中央关于党的百年奋斗重大成就和历史经验的决议》，人民出版社2021年版，第27—29页，第65页。

3.习近平：《在庆祝中国共产党成立100周年大会上的讲话》，人民出版社2021年版。

4.中共中央宣传部：《习近平新时代中国特色社会主义思想学习纲要》，学习出版社、人民出版社2019年版，第68—79页。

5.中共中央宣传部：《习近平新时代中国特色社会主义思想学习问答》，学习出版社、人民出版社2021年版，第425—448页。

中华民族近代以来最伟大的梦想

辽宁工程技术大学　陈晓庆

一、课程基本信息

主讲课程：习近平新时代中国特色社会主义思想概论

使用教材版本：高等教育出版社2023年版

教材章节出处：《习近平新时代中国特色社会主义思想概论》第二章第一节第一课《中华民族近代以来最伟大的梦想》

二、教学设计概述

《中华民族近代以来最伟大的梦想》是教材第二章第一节第一课。第二章的主题是建设什么样的社会主义现代化强国、怎样建设社会主义现代化强国，帮助学生初步了解习近平新时代中国特色社会主义思想。第一节围绕民族复兴的中国梦、全面建成小康社会和全面建成社会主义现代化强国的内涵及其关系展开。

以问题式教学法为主导，通过本节课的学习，让学生掌握理论内涵的同时，深刻领悟中华民族伟大复兴的中国梦的价值引领、全面建成小康社会的深刻意义、现代化强国战略安排的历史逻辑，尤其是理解由于中国独特的国情，民族复兴与现代化实现、现代化强国建设历史性地契合在一起。进而增强学生的认同感，厚植家国情怀，激发学习动力，主动将个人奋斗与中国梦融为一体。

（一）教学设计思路

分析本节课教学内容的教材地位，把握教学内容及其内在逻辑关系以及确定教学重难点。第一目中国梦是中华民族近代以来最伟大的梦想，第二目、第三目是为实现这一梦想确定的两个百年奋斗目标。从情境创设导入新课，以问题引导方式进行研讨和案例分析。知识层面系统掌握中国梦历史演进、科学内涵、全面建成小康社会的内涵和意义、现代化强国的战略部署；能力层面能够密切联系实际，将个人小我融入祖国和人民大我之中；在价值观层面坚定实现中华民族伟大复兴中国梦的信心，坚定不移听党话、跟党走。融汇多种教学方法，突出以学生为中心的设计原则，增强课程的针对性、亲和力和实效性。

（二）理论依据

本教学设计体现的理念是"以学生为中心，教师为主导"建构主义理论。教师是学生知识建构的帮助者和引导者，为学生学习创设环境、组织学生协作学习和讨论；学生通过教师引导，主动参与教学过程，完成知识自主建构过程。

（三）设计特色

本教学设计采取"教与学"互动教学模式，以问题链教学法，构建"情境创设—激发兴趣—提出问题—互动探究—反馈交流—感悟内化"的教学过程。通过依次递进的问题链式教学法，激发学生兴趣，引导主动参与学习过程。教学内容由浅及深逐步呈现，帮助学生积极主动完成知识建构。

三、学情分析

学生在完成第一章内容的学习，宏观上对习近平新时代中国特色社会主义思想有了初步认识，对于掌握本章内容有一定基础理论知识的储备。学生在主动构建知识体系方面的能力相对欠缺，尤其是授课对象大部分为工科学生，对于人文社会科学知识的理解碎片化，需要教师在教学中帮助学生构建知识的内在逻辑关系。本节课授课对象基本为"○○"后（Z世代），思维异常活跃，易于接受新鲜事物。但是其涉世不深，主体意识突出，价值观可塑性强，理性思维需要加强，对社会问题的认识喜欢通过网络找答案，其思维容易受到网络观点的左右。学生对于中国梦的直观感受，能够从宏观层面

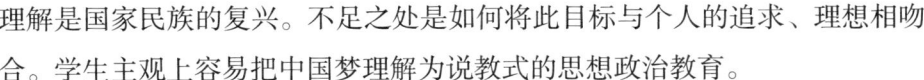

理解是国家民族的复兴。不足之处是如何将此目标与个人的追求、理想相吻合。学生主观上容易把中国梦理解为说教式的思想政治教育。

四、教学目标

1.通过问题研讨法和观看视频，了解近代以来中国人民寻梦、追梦、圆梦的历程，理解民族复兴为什么是近代以来中华民族最伟大的梦想，掌握中国梦的科学内涵及其内在逻辑关系。

2.通过内容讲授和互动讨论，掌握全面建成小康社会的理论内涵和历史演进，理解全面建成小康社会的重大历史意义。

3.通过视频和研讨，了解我国为实现现代化先后制定"三步走""新三步走"的战略内容，掌握全面建成社会主义现代化强国的"两步走"战略部署；理解全面建成小康社会和全面建成社会主义现代化强国的关系。

4.通过图片展示"百年辛丑"对比，认识到中华民族伟大复兴的中国梦能够实现，源自我国自身综合实力不断提升、影响力不断增强的底气。

五、教学重点难点

（一）教学重点

要讲清楚为什么民族复兴是近代以来中华民族最伟大的梦想的内在历史逻辑。在知识层面深化中国梦的历史演进，能力层面正确认识中国共产党为什么能，情感价值层面增强对党的领导和中国特色社会主义道路的认同，厚植家国情怀。

（二）教学难点

通过案例教学、问题研讨法，讲清楚全面建成小康社会的重大意义，理解其为探索人类解决贫困问题提供了新路径。中国共产党以巨大的政治勇气和决心，通过"精准扶贫"这一战略，解决绝对贫困问题，为治理绝对贫困这一世界性难题贡献了中国智慧和中国方案。知识层面深化全面建成小康社会的内涵，能力层面正确理解全面建成小康社会的认识，在价值情感层面增进听党话、跟党走的信心。

六、教学设计总体思路

  本节课的教学内容重在引导学生在情感价值观方面增强使命感、责任感，让学生牢固树立与时代主题同心同向的理想信念。本课程设计以实现中华民族伟大复兴中国梦为教学内容，按照探究"为什么民族复兴是近代以来中华民族最伟大梦想""中国梦的内涵是什么""中国梦与个人梦的关系""中国梦与美国梦的不同""全面建成小康社会的这一目标的历史演进过程""现代化强国的战略部署是什么"等依次递进问题链，建立起知识的内在逻辑联系。同时通过案例分析、视频、图片展示、小组研讨等，激发学生兴趣，引导主动参与学习过程。教学内容由浅及深逐步呈现，帮助学生积极主动完成知识建构，引起学生情感共鸣，形成价值引领。

七、教学过程

（一）教学流程设计

环节一：课前线上安排预习任务

学生活动：

1.通过学习通线上安排预习内容。

中华民族近代以来最伟大的梦想是什么？提出的时间是什么？

2.通过学习通线上安排提问研讨内容。

你的梦想是什么？

学生活动：

1.查阅相关文献资料。

2.学生通过学习通，完成线上自主学习任务。

3.学生线上完成主题讨论。

设计意图：引导学生对教学内容进行课前预习，提前明晰课程学习的重点和难点。

环节二：复习提问（2分钟）

教师活动：

1.习近平新时代中国特色社会主义思想回应什么重大时代课题？

2.教师分析本章知识点教材体系结构和地位。

学生活动：学生回答问题。

设计意图：学生回答问题，参与课堂互动，进行知识的巩固复习；学生通过掌握知识体系的内在逻辑关系，提高自主建构知识体系能力。

环节三：课程导入（5分钟）

教师活动：

1.播放视频、展示图片：对比1901年《辛丑条约》签订图片与2021年中美高层战略对话图片，播放谈判音频。

2.教师预设问题："面对美国代表团的挑衅，为什么中国代表团能够掷地有声地回话——你们没有资格在中国面前说你们从实力的地位出发同中国谈话？"

3.教师进行总结：通过学生课堂发言，线上讨论凝练词云，总结中国代表团谈判的底气源自我们国家自身实力的不断提升，是综合国力、影响力增强的结果。

学生活动：学生代表进行课上发言，阐述个人观点。

设计意图：通过视频，创设情境，形成强烈对比，激发学生学习兴趣，进而进行深入思考。

环节四：讲授课程内容——实现中华民族伟大复兴的中国梦（40分钟）

教师活动：

1.通过问题研讨法，讲授课程内容：中国梦的提出、内涵及其关系。

（1）近代以来，中华民族最大的梦想是什么？

（2）为什么民族复兴是近代以来中华民族最伟大梦想？

（3）为了实现民族复兴的梦想，先后有哪些政治力量，分别提出了什么样的救国方案，最终结果如何？

（4）中国共产党百余年来为团结带领中国人民为实现中华民族伟大复

兴作出了哪些努力？

（5）中国梦的内涵是什么？

2. 结合问题讲授案例：辉煌灿烂的中华文明与近代国家蒙难、民族蒙辱、文明蒙尘的历史对比。

3. 播放视频：街头采访："你的梦想是什么？"

学生活动：

1. 案例分析讨论：旧民主革命失败的原因，进而总结为什么中国共产党能够带领中国人民实现民族复兴的伟大梦想。

2. 观看视频，感悟个人梦想与国家梦之间的关系。

3. 问题研讨，学生分析中国梦与美国梦的不同，深刻认识到中国梦是国家梦、民族梦、个人梦想结合在一起的，是和平梦。

设计意图：通过问题链教学法，问题之间具有逻辑递进性，激发学生学习兴趣，通过开放性问题培养学生创新思维。教学内容和学生关切紧密结合起来。通过解答问题引导学生穿越理论障碍和思想迷雾，使教学从抽象走向具体、从概念走向事实；让学生由课堂的"旁观者"变为课堂的"主人翁"，感受深邃思想、深刻理论的魅力，从而调动学生学习的自觉性和主动性。

环节五：组织学生进行小组研讨——你的梦想是什么？中国梦与个人梦的关系是什么？中国梦与美国梦有哪些不同？（10分钟）

教师活动：

1. 组织小组讨论：中国梦与个人梦的关系、中国梦与美国梦的不同。

2. 点评：个人梦想的实现与国家发展密切相关；中国梦是和平梦，既是宏观层面的实现，同时也是具体而微的个人梦。（3—4分钟）

学生活动：学生按照预先准备的材料发言。

设计意图：强化教学目标1的任务要求。通过组织小组研讨，深化对"适合自己国情的制度才是最可靠最管用的"论断的认知，强化中国不能照搬照抄西方社会制度的理论思考，进而增强对中国特色社会主义制度科学性合理性的理解和认同。

环节六：讲授课程内容二——全面建成小康社会（20分钟）

教师活动：

1.问题研讨：为什么用"小康"这一词来描绘中国社会的发展目标？

2.讲述案例："1991年小康指标"与"2000年小康指标"对比分析，进而讲述全面建成小康社会的内涵。

3.结合授课内容讲述案例：全面建成小康社会目标的提出及其历史演进。

4.问题研讨：为什么把贫困人口脱贫作为底线任务和标志性指标？

5.案例分析：全面建成小康社会不等于平均小康、绝对小康、数字小康。

学生活动：

1.学生总结梳理从中国传统文献中理解"小康"的含义。

2.学生通过案例：小康指标变化，让学生深刻理解"小康"是指发展水平和程度，随时代变化其标准在不断提高。

3.学生思考从"总体小康—全面建设小康—全面建成小康"这样一个持续不断的推进过程，体现了我国的哪些制度优势。

4.学生结合家乡或者身边的脱贫典型事件或者代表性人物，总结脱贫攻坚的意义。

教师总结："小康"在中国历史上有两层含义。一是普通老百姓的理想生活水平，是指一种介于温饱与富裕之间的生活状态，即温饱有余而富裕不足；另一层是知识分子的理想社会模式，是指一种仅次于大同的理想社会模式。用小康来表述，来自中华优秀传统文化的积淀，更利于被理解和接受；同时也体现了中国共产党在推进马克思主义中国化时代化的进程中，将人类社会发展目标的制定与中华优秀传统文化相结合，推动了理论创新。

设计意图：问题链式教学法，将重点理论知识点与学生对问题关切相结合，设置成层层递进的问题，提升思政课教学效果、增强思政课教学针对性。

环节七：组织学生进行小组研讨——为什么是全面建成小康社会为人类解决贫困问题提供新路径？（5分钟）

教师活动：

1.组织小组讨论：精准脱贫在我国脱贫攻坚战中的重大作用和意义。

2.点评：解决绝对贫困是千百年来的难题，中国共产党以巨大的勇气和政治魄力创造性提出精准脱贫的理念，并付诸实践，足以彪炳史册。（3—4分钟）

学生活动：学生代表结合所学所感所悟进行发言。

设计意图：强化教学目标1的任务要求。通过组织小组研讨，深化对"全面建成小康社会"重大意义的认知，深刻理解中国共产党为解决绝对贫困问题的巨大勇气和决心以及非凡的智慧，进而增强对中国特色社会主义制度自信和道路自信。

环节八：讲授课程内容三——全面建成社会主义现代化强国（10分钟）

教师活动：

1.播放视频：1995年中国人的回答《21世纪的中国会是什么样子？》。

2.结合视频问题研讨：全面建成小康社会目标达成之后，下一个阶段目标是什么？

3.结合教学内容讲述"两步走"战略的历史逻辑及其内容。

学生活动：

1.学生结合观看视频进行探讨：展望2050年的中国会是什么样子；通过跨越时空维度，感受社会变迁带来的巨大变化。

2.学生梳理"三步走""新三步走""两步走"战略之间的逻辑联系。

设计意图：创设情境，激发兴趣；从历史和现实层面梳理我国探索现代化道路的历史逻辑和现实逻辑，进而理解中国共产党的领导是实现民族复兴梦想的必由之路。

环节九：组织学生进行小组研讨——"三步走""新三步走""两步走"战略的逻辑联系是什么？（5分钟）

教师活动：

1.组织小组讨论：上述不同战略部署，分别是什么样的背景之下做出的战略规划？

2.组织学生讨论："两步走"与"新三步走"在目标达成时间以及具体目标变化有什么不同？

3.点评：从党的十三大提出"三步走"到党的十五大提出的"新三步走"战略，体现了中国共产党对既定战略的持之以恒的努力以及切实可行的阶梯式发展战略，为实现现代化打下坚实的基础，同时在目标高度、时间方面都进行了提升。

学生活动：学生总结发言。

设计意图：创设情境，激发兴趣，通过组织小组研讨，深化对"全面建成小康社会"发展战略的认识，从历史和现实层面梳理我国探索现代化道路的历史逻辑和现实逻辑，进而理解中国共产党的领导是实现民族复兴梦想的必由之路。

（二）课堂小结

实现中华民族伟大复兴，是中华民族近代以来最伟大的梦想。新时代党团结带领人民全面建成小康社会，使中华民族伟大复兴向前迈出新的一大步，具有重要里程碑意义；党擘画的全面建成社会主义现代化强国总的战略，明确了到本世纪中叶把我国建成富强民主文明和谐美丽的社会主义现代化强国宏伟目标。

历史证明，坚持中国共产党的领导是实现中华民族伟大复兴的必由之路，是实现中华民族伟大复兴的"定海神针"。

中国共产党团结带领中国人民追求民族复兴的历史，也是一部不断探索现代化道路的历史。下节课，我们将继续学习中国共产党如何破解"现代化密码"，通过理论和实践创新，找到一条既具有中国特色又符合中国实际的现代化道路。

（三）板书设计

中华民族近代以来最伟大的梦想

1.实现中华民族伟大复兴的中国梦（重点内容）

（1）提出：2012年，《复兴之路》

（2）内涵：国家富强、民族振兴、人民幸福

2.全面建成小康社会

（1）内涵：全面：覆盖领域、覆盖人口、覆盖区域

小康：发展水平

（2）历史进程：总体小康—全面建设小康—全面建成小康

（3）意义：实力提升；复兴基础；提供新路径

3.全面建成社会主义现代化国家

（1）两步走：2020—2035，基本实现社会主义现代化

2035—2050，富强民主文明和谐美丽的社会主义现代化强国

（2）变化：时间提前15年；目标提升

（四）作业设计

1.通过学习通发布作业"测试练习题"。

2.通过学习通发布作业话题讨论"请同学们进行远景展望，2035年的你什么样"。

（五）参考资料

1.中共中央文献研究室：《全面建成小康社会大事记》，人民出版社，2021年。

2.中共中央文献研究室：《中国共产党一百年大事记（1921年7月—2021年6月）》，中央编译出版社，2021年。

3.中共中央文献研究室：《习近平关于实现中华民族伟大复兴的中国梦论述摘编》，中央文献出版社，2013年。

4.习近平：《决胜全面建成小康社会　夺取新时代中国特色社会主义伟大胜利》，《人民日报》，2017年10月28日。

八、教学总结与反思

中国梦作为宏大叙事的国家梦，学生理解起来问题不大。课堂吸引学生的难点在于，如何将"宏大叙事"的中国梦与"具体而微"的个人梦之间建立联系，进而引发学生共鸣。总结本节课的教学内容，从"教"与"学"两个维度进行教学反思。

（一）教学总结

从如何"教"的角度进行总结。教学方法以问题链式教学为主要教学方法，融合多种教学方法，充分调动学生主动参与教学的积极性，将教学内容与学生关切相结合，提高课程亲和力和针对性。教学评价反馈，课上学生能够积极参与问题研讨，线上讨论参与度比较高。尤其是关于"个人梦想"讨论，学生反应比较热烈，气氛活跃，尤其是教师和学生围绕"个人梦想"与"中国梦"，探讨小我和大我，实现情感共鸣，思政课知识性与价值性的统一。

从如何"学"的角度进行总结。依托学习通线上课程平台，拓展学生参与课程学习的空间、时间。通过平台数据能够充分反映出学生参与度。理论课堂学习方面，学生通过问题研讨、合作探究，提升理论素养的同时，坚定对实现中华民族伟大复兴中国梦的信心。

（二）教学反思

在经验总结方面，理论课堂发布的线上讨论，由于时间关系以及课堂教学完整性，教师无法逐一统计分析线上反馈。课堂发言更能调动气氛，但受班级人数影响较大，覆盖面较小。持续改进方面，线上环节部分内容在课前和课后完成。

政党—国家—人民：理解坚持党的全面领导

辽宁工程技术大学　姜　珊

一、课程基本信息

主讲课程：习近平新时代中国特色社会主义思想概论

使用教材版本：高等教育出版社2023年版

教材章节出处：《习近平新时代中国特色社会主义思想概论》第三章《坚持党的全面领导》

二、教学设计概述

本教案以《新时代学校思想政治理论课改革创新实施方案》中关于构建大中小学一体化思政课课程体系，重点推进习近平新时代中国特色社会主义思想融入思政课的课程体系建设要求，帮助学生掌握中国共产党领导是中国特色社会主义最本质的特征，党的领导是全面的、系统的、整体的，维护党中央权威和集中统一领导的重大意义和实践要求，党的领导制度是我国的根本领导制度，以及坚定永远跟党走的信心和决心，增进政治认同，增强"四个意识"、坚定"四个自信"、做到"两个维护"、捍卫"两个确立"，任何时候任何情况下都与党中央同心同德，真心爱党。

（一）教学设计思路

以《习近平新时代中国特色社会主义思想概论》课程第三章"坚持党的全面领导"为基本教学内容，结合《大纲》，在知识层面系统掌握中国共产党领导是中国特色社会主义最本质的特征，党的领导是全面的、系统的、整体的，维护党中央权威和集中统一领导的重大意义和实践要求，党的领导制度是我国的根本领导制度。在能力层面学生能够增强党员意识和服务意识，提升思想认识，坚决拥护中国共产党的领导。在价值观层面坚定永远跟党走的信心和决心，增强对党的全面领导的理解，提升思想认识，坚决拥护中国共产党的领导。以"为什么坚持党的领导、坚持党的领导的内涵及原则、坚持党的领导的制度保障"的内容逻辑为主线，以掌握基本理论认知、增进我国根本领导制度认同、坚定党的领导的目标逻辑为遵循，以符合学情特点、突出以学生为中心设计原则，实现教学内容、方法、目标的精准匹配和有机结合，着力增强思政课教学的说服力、亲和力和实效性。

（二）理论依据

1.在教学内容层面，充分体现党的最新理论成果。党的二十大报告指出，中国特色社会主义最本质的特征是中国共产党领导，中国特色社会主义制度的最大优势是中国共产党领导，中国共产党是最高政治领导力量，坚持党中央集中统一领导是最高政治原则。必须坚持党对一切工作的领导，不断健全和完善党的领导制度体系，确保党始终成为中国特色社会主义事业的坚强领导核心。

2.在教学方法层面，按照问题导向的思维方式，采取任务驱动法、案例教学法、讨论法以及系统讲授法，遵循坚持政治性和学理性相统一、灌输性和启发性相统一的方法论原则，在加深学生对理论知识的理解、掌握和运用的同时，充分调动学生的积极性和主动性，提高学生课堂的参与度，培养学生独立思考和分析问题的能力，增强学生学习思政课的乐趣。

（三）设计特色

1.教学案例选用有特色。紧密结合教学内容，将具有现实针对性和理论说服力的经典案例融入课程教学之中，同时注重案例的覆盖面和合理性。利用丰富的图片，以及《党的领导是打赢脱贫攻坚战的根本保证》《掌舵远航》《国旗的见证》等视频材料进行辅助讲解，使学生更好地理解相关知识点，提升学习兴趣和学习热情，促进学习交流。结合具有代表性的案例《把党的领导贯彻到治国理政全过程》《激活"神经末梢" 擦亮"幸福底色"》进行知识点的讲解，锻炼学生的知识迁移能力，实现对理论知识更深刻的理解和认识。

2.教学方法设计有特色。注重突出以学生为中心的教学理念，结合大学生的学情特点，灵活选用教学方法。课前通过观看纪录片、阅读书籍、唱红歌、VR全景参观等预习方式，激发学生对本章的学习兴趣。在教学中综合利用丰富的图片，结合具有代表性的案例、视频材料以及小组研讨、互动提问等教学方法，充分调动学生的积极性和主动性，提高学生课堂的参与度，培养学生独立思考和分析问题的能力，实现知识传授、思维能力拓展和价值观培养塑造在教学过程中的有机统一。

三、学情分析

基于思想政治理论课大中小学一体化理念，通过初中阶段对党的必备知识的学习，高中阶段对坚持党的领导的科学认识和政治认同，为学生步入大学阶段奠定了基础。

目前，高校的本科生基本都是"○○后"，在思想心理方面，有正确的理想信念、价值观和高度的文化认同感，思想活跃，接受新鲜事物能力强，能够通过大众传媒的新闻报道了解到中国共产党在我国政治生活中的作用，对党的领导具有一定的感性认识。因此，学生对坚持中国共产党的领导有初步的情感认同。在知识储备方面，已经完成《中国近现代史纲要》《思想道德与法治》和《党史》课程的学习，补充拓展阅读《习近平新时代中国特色社会主义思想学生读本》，学生对学习中国共产党的领导对中国革命、建设和改革事业不断取得胜利的作用、中国共产党领导是中国特色社会主义最本质的特征等知识有初步的了解。但是，对于党的领导是全面的、系统的、整体的，新时代坚持党的全面领导的具体内容和意义等知识缺乏系统的理性认知。通过本章的学习，使学生对中国共产党全面领导的相关知识，在认知、情感和思维上有所提升，为人生奠定良好的基础。

四、教学目标

1.通过案例教学和观看视频，深刻认识中国共产党是中国特色社会主义事业的坚强领导核心，中国最大的国情就是中国共产党的领导。明晰中国特色社会主义制度的最大优势是中国共产党领导。

2.通过结合案例讲授，了解新时代在坚持党的全面领导上取得的历史性成就、发生的历史性变革，明确以习近平同志为核心的党中央旗帜鲜明地坚持和加强党的全面领导，将其作为开创事业新局面的重中之重，为新时代党和国家事业发展提供根本保证。

3.通过课堂实践活动，掌握加强党的全面领导为新时代党和国家事业发展提供了坚强保证。传承红色基因，坚定永远跟党走的决心。

4.通过内容讲授和互动提问，明晰"党政军民学，东西南北中，党是领导一切的"，并从三个方面准确把握中国共产党是最高政治领导力量。

5.通过内容讲授和互动提问，深刻理解党的领导是全面的、系统的、整体的。着重理解党的领导是全面的、系统的、整体的，并不是说党组织包揽包办一切、事无巨细什么都去管，而是在各级各种组织中发挥领导核心作用，既善于总揽全局，又善于协调各方，不断增强党组织的领导统筹能力，充分调动方方面面的工作积极性，使党的领导作用贯穿于工作全过程。通过参与思考讨论，在掌握理论知识的同时，体悟习近平总书记的用典智慧。

6.通过案例视频结合互动提问，明确党中央集中统一领导是党的领导的最高原则，是党保持团结统一和强大战斗力、不断取得胜利的关键所在；掌握如何维护党中央权威和集中统一领导。坚定矢志不渝听党话跟党走，争做社会主义合格建设者和可靠接班人的信心与决心。

7.通过结合案例讲授，正确认识加强党对一切工作的领导，这一要求不是空洞的、抽象的，要在各方面各环节落实和体现，必须依靠制度来保障。增强对党的全面领导的理解和认同。

五、教学重点难点

（一）教学重点

要讲明讲透中国共产党领导是中国特色社会主义最本质的特征，中国共产党是最高政治领导力量，党的领导是全面的、系统的、整体的，健全党中央对重大工作的领导体制。实现在知识层面深化对为什么坚持党的领导、坚持党的领导的内涵及原则、坚持党的领导的制度保障等问题的认识。在能力层面提升思想认识，坚决拥护中国共产党的领导。在价值情感层面增强对中国共产党的领导和中国特色社会主义制度的认同，任何时候任何情况下都与党中央同心同德，真心爱党。

（二）教学难点

要注重通过案例帮助学生理解维护党中央权威和集中统一领导的重大意义和实践要求，讲清楚党的领导制度是我国的根本领导制度。在知识层面明确党中央集中统一领导是党的领导的最高原则，是党保持团结统一和强大战斗力、不断取得胜利的关键所在；掌握如何维护党中央权威和集中统一领导。在能力层面树立看齐意识，自觉向优秀党员同志看齐，增强党员意识和服务意识。在价值情感层面提升思想认识，坚决拥护中国共产党的领导。

六、教学设计总体思路

大学阶段思政课重在增强学生的使命担当，切实推动习近平新时代中国特色社会主义思想入脑入心入行。本课程设计通过课前布置任务、问题互动、图片展示、课堂分享等翻转教学模式，实现知识点自学为主、教师讲解为辅的点睛式教学过程。利用丰富的图片，以及《党的领导是打赢脱贫攻坚战的根本保证》《掌舵远航》《国旗的见证》等视频材料进行辅助讲解，使学生更好地理解相关知识点，提升学习兴趣和学习热情，促进学习交流。结合具有代表性的案例《把党的领导贯彻到治国理政全过程》《激活"神经末梢" 擦亮"幸福底色"》进行知识点的讲解，锻炼学生的知识迁移能力，实现对理论知识更深刻的理解和认识。通过对问题"什么是'如身使臂，如臂使指'，党的领导何以'如身使臂，如臂使指'？"进行思考讨论，充分调动学生的积极性和主动性，提高学生课堂的参与度，培养学生独立思考和分析问题的能力，让学生从被动回答发展为主动提问，从中体会到学习的乐趣。

七、教学过程

（一）教学流程设计

环节一：课前线上安排预习任务

教师活动：通过学习通线上安排预习内容。

1. 选择性地观看纪录片《敢教日月换新天》第二十四集《千秋伟业》、《领航》第一集《掌舵远航》、第三集《逐梦先锋》等与本章相关的视频资源。

2. 阅读《毫不动摇坚持和加强党的全面领导》《高举中国特色社会主义伟大旗帜　为全面建设社会主义现代化国家而团结奋斗——在中国共产党第二十次全国代表大会上的报告》《习近平著作选读》第一卷等文献资料，并在重点位置做好标记。

3. 学生分成若干小组为课堂实践活动"唱红歌　忆党史　颂党恩"做准备。每个小组选择一首红歌，并以多种形式进行唱演排练，同时了解与所唱红歌相关的党史故事。

4. 线上VR全景参观 "不忘初心、牢记使命——中国共产党历史展览"虚拟展馆。在线展馆网址：http://vr.81.cn/content/vrpano/2021/07/pano/58/index.html.

学生活动：

1. 课前通过观看纪录片、VR云展厅，阅读文献等资料初步了解与本章的相关知识，为课堂学习做好必要的准备。

2. 完成教师布置的课前任务。

设计意图：引导学生对教学内容进行课前预习，提前明晰课程学习的重点和难点。

环节二：学生代表对预习内容进行交流发言（10分钟）

教师活动：

1. 随机选择2—3名学生对预习问题进行2分钟左右发言。

2. 对每名同学的发言观点进行总结陈述。

学生活动：

1.按照预先准备的材料发言。

2.对发言同学的观点对照自己的材料进行思考。

设计意图：通过对预习问题的发言，可以对预习效果进行检查，还可以使学生对自己观点与发言同学观点进行对照检验。教师对每名同学的发言观点进行总结陈述，为在课程讲授中评判学生观点埋下伏笔。

环节三：课程导入（5分钟）

教师活动：

1.播放视频《红色经典永流传——〈没有共产党就没有新中国〉》，以经典红歌导入。

2.互动：无论是战火纷飞的革命年代，还是繁荣昌盛的新时代，"没有共产党就没有新中国"的歌声早已唱遍祖国的大江南北。这首歌被一代代人传唱至今，是什么力量让它成为经久不衰的经典？这歌声背后蕴含着怎样的真理？

3.总结：引用习近平总书记的讲话，强调"没有中国共产党，哪有社会主义中国？哪有中国特色社会主义？哪有中华民族伟大复兴"，以此导入本节教学。

学生活动：

1.合唱《没有共产党就没有新中国》。

2.思考并参与课堂讨论。

设计意图：在歌声中重温党的光辉历史，明确没有中国共产党，就没有新中国，就没有中国特色社会主义。

环节四：讲授课程内容一：中国共产党领导是中国特色社会主义最本质的特征（30分钟）

教师活动：

1.授课：

知识点1：中国最大的国情就是中国共产党的领导。

知识点2：中国共产党领导是中国特色社会主义制度的最大优势。

知识点3：加强党的全面领导为新时代党和国家事业发展提供了坚强保证。

2.结合授课内容讲述案例：对比西方之乱和中国之治。中国共产党为实现人民当家作主进行不懈探索和奋斗的百年历程。（结合2024年9月14日习近平总书记在庆祝全国人民代表大会成立70周年大会上发表的重要讲话）

3.结合案例：《把党的领导贯彻到治国理政全过程》，讲授中国共产党自身优势所在。

4.引用党的二十大报告相关内容明确党的十八大以来，以习近平同志为核心的党中央坚持和加强党的全面领导，为党和国家事业取得历史性成就、发生历史性变革提供了根本保证。

5.组织课堂实践活动："唱红歌　忆党史　颂党恩"主题实践活动。

学生活动：

1.案例反思：深刻认识中国共产党是中国特色社会主义事业的坚强领导核心，中国最大的国情就是中国共产党的领导。

2.明晰中国特色社会主义制度的最大优势是中国共产党领导。

3.了解新时代在坚持党的全面领导上取得的历史性成就、发生的历史性变革，明确以习近平同志为核心的党中央旗帜鲜明坚持和加强党的全面领导，将其作为开创事业新局面的重中之重，为新时代党和国家事业发展提供根本保证。

4.参与课堂实践活动。

设计意图：完成教学目标1的任务要求，通过案例教学和观看视频，了解中国共产党领导是中国特色社会主义最本质的特征。通过联动唱红歌忆党史，铭记党的初心使命，传承红色基因，坚定永远跟党走的决心。真正让红色歌曲走进青年大学生心中，并把学习成果转化为干事创业的强大精神动力和实践动力。

环节五：讲授课程内容二：坚持党对一切工作的领导（20分钟）

教师活动：

1.展示两张图片，分别为1949年新政治协商会议筹备会公布的国旗图样与2019年10月1日庆祝中华人民共和国成立70周年大会上的"国旗"方阵。提问：中华人民共和国国旗有着怎样的象征意义？

2. 结合《党的二十大党章修正案学习问答》拓展理论知识讲授知识点1：中国共产党是最高政治领导力量。

3. 组织学生进行思考讨论：什么是"如身使臂，如臂使指"？党的领导何以"如身使臂，如臂使指"？通过习近平总书记的用典智慧为后面的教学做铺垫。结合案例《激活"神经末梢" 擦亮"幸福底色"》讲授知识点2：党的领导是全面的、系统的、整体的。重点分析党的领导是全面的、系统的、整体的，并不是说党组织包揽包办一切、事无巨细什么都去管。

4. 结合视频《掌舵远航》，让学生分享习近平总书记同人民在一起的暖心小故事等活动，帮助学生理解知识点3：维护党中央权威和集中统一领导。

学生活动：

1. 回答问题，探寻中华人民共和国国旗是如何诞生的，有着怎样的象征意义，进而深入认识中国共产党是全中国人民的领导核心。

2. 参与思考讨论，在掌握理论知识的同时，体悟习近平总书记的用典智慧。

3. 参与课堂互动。

设计意图：深刻理解坚持党的全面领导的内涵及原则。

环节六：讲授课程内容三：健全和完善党的领导制度体系（20分钟）

教师活动：

1. 结合案例《党的领导是"定海神针"》帮助学生正确认识加强党对一切工作的领导，这一要求不是空洞的、抽象的，要在各方面各环节落实和体现，必须依靠制度来保障。

2. 授课：

知识点1：党的领导制度是我国的根本领导制度。党的领导制度是中国特色社会主义制度建设的关键。

知识点2：健全党中央对重大工作的领导体制。党中央对重大工作的领导体制，是实现党的全面领导的直接体现。

知识点3：健全党的全面领导制度。我国社会主义政治制度优越性的一个突出特点是党总揽全局、协调各方的领导核心作用。

学生活动：

1.案例反思。

2.掌握健全和完善党的领导制度体系。

设计意图：帮助学生深入理解坚持和加强党的全面领导，必须健全党的全面领导制度，发挥党在各种组织中总揽全局、协调各方的领导核心作用。坚定党的领导制度的制度自信。

环节七：课堂总结（5分钟）

（二）课堂小结

中国特色社会主义最本质的特征是中国共产党领导，中国特色社会主义制度的最大优势是中国共产党领导，中国共产党是最高政治领导力量。党的十八大以来，以习近平同志为核心的党中央坚持和加强党的全面领导，党在应对各种风险挑战中发挥了中流砥柱的作用，为党和国家事业取得历史性成就、发生历史性变革提供了根本保证。党的领导是党和国家的根本所在、命脉所在，是全国各族人民的利益所系、命运所系，必须坚持党对一切工作的领导。党的领导是全面的、系统的、整体的，必须落实到国家治理各领域各方面各环节。党中央集中统一领导是党的领导的最高原则，必须加强和维护党中央权威和集中统一领导，保证党的团结统一。党的领导制度是我国的根本领导制度，必须不断完善总揽全局、协调各方的党的领导制度体系。

（三）板书设计

第三章 坚持党的全面领导

一、中国共产党领导是中国特色社会主义最本质的特征

（一）中国最大的国情——党的领导（国情）

1. 国情：中国共产党是中国特色社会主义事业领导核心

2. 历史：革命、建设、改革

3. 立场：保障人民当家作主

4. 道路：中国特色社会主义的性质、方向和命运

5. 复兴：实现中国梦的根本保证

（二）中国特色社会主义制度最大优势——党的领导（制度优势）

1. 理论优势：以马克思主义作为行动指南

2. 自身优势：充分彰显制度优势

3. 实践优势：集中力量办大事

（三）新时代党和国家事业发展的坚强保证——党的领导（实践检验）

二、坚持党对一切工作的领导（内涵及原则）

（一）中国共产党是最高政治领导力量

（二）党的领导是全面的、系统的、整体的（内涵）

1. 领导对象　2. 领导内容　3. 领导过程　4. 领导方式

（三）维护党中央权威和集中统一领导（原则）

三、健全和完善党的领导制度体系——党的领导（制度保障）

（一）党的领导制度是我国的根本领导制度

（二）健全党中央对重大工作的领导体制

（三）健全党的全面领导制度

（四）作业设计

1. 课后思考：

（1）如何认识中国最大的国情就是中国共产党的领导？

（2）坚持党对一切工作的领导主要体现在哪些方面？

（3）如何理解党中央集中统一领导是党的领导的最高原则？

（4）为什么要健全党中央对重大工作的领导体制？

2. 实践作业：主题：永远跟党走。

我们的生活水平在不断改善，获得感、幸福感、安全感在不断提升，在中国共产党领导下过上更加美好的生活。请同学们结合专题内容，围绕主题收集相关资料，抓住典型事例，用镜头展现在党的领导下我们的生活所发生的巨大变化，要求本人出镜，视频时间在10分钟以内。

（五）参考资料

1.习近平:《毫不动摇坚持和加强党的全面领导》,《求是》2021年第18期。

2.习近平:《论坚持党对一切工作的领导》, 中央文献出版社, 2019年。

3.《二十大党章修正案学习问答》, 党建读物出版社, 2022年。

4.习近平：《习近平谈治国理政》第一卷, 外文出版社, 2018年。

5.习近平：《推进党的建设新的伟大工程要一以贯之》,《求是》, 2019年第19期。

6.习近平：《习近平谈治国理政》第三卷, 外文出版社, 2020年。

八、教学总结与反思

（一）教学总结

一堂课，不仅需要学生主体作用的发挥，也需要教师深耕教学方法，才能不断推动课程的完善，促进学生素养的提升。教学设计较好地坚持了问题意识和时代意识，价值引领有效，促进素养达成。逻辑清晰，串联知识，凸显学生的主体地位。所有的环节都要围绕充分发挥学生的积极性主动性而设计，让学生在课堂上真正活起来。在课堂上通过一些学生回答问题，看出一些学生的思维逻辑性强，能够深入课堂进行深度学习。能用身边的事例与理论结合，讲解层层递进，很好地体现了教学目标要求，有效支撑了预期教学成果的实现。

（二）教学反思

讲述为什么坚持党的领导时，表达不够流畅，偶尔词不达意，不够精练。讲解中国特色社会主义的最本质特征是中国共产党领导时，虽有一定理论基础，但是还不够精练，部分学生尚未理解。对学生引导有所欠缺，预设不够，缺乏谨慎思考，为了能把控时间，有时对学生的回答缺乏全面点评。在接下来的教学中会进一步优化和提升自身素质，更关注和指导学生前置任务的落实，以积极的鼓励评价提升学生的参与意识，进而提高任务完成的质量和效率，优化课堂环节设计，充分发挥学生主体作用。

坚持党的领导的历史逻辑、理论逻辑与实践逻辑

辽东学院　　吴静媛

一、课程基本信息

主讲课程：中国近现代史纲要

使用教材版本：高等教育出版社2023年版

教材章节出处：《中国近现代史纲要》第十章第二节第二课《坚持党的全面领导与推进党的自我革命》

二、教学设计概述

本教案以《新时代学校思想政治理论课改革创新实施方案》中关于构建大中小学一体化思政课课程体系，重点推进习近平新时代中国特色社会主义思想融入思政课的课程体系建设要求，以及引导学生"坚定'四个自信'，做德智体美劳全面发展的社会主义建设者和接班人"的课程目标体系要求为基本遵循展开教学设计。

（一）教学设计思路

以《中国近现代史纲要》课程第十章第二节中"坚持党的全面领导与推进党的自我革命"为基本教学内容，结合《大纲》在知识层面系统掌握中国近现代历史的大要梗概、主要线索及其发展走向基础上领悟"四个选择"、在能力层面能够树牢以唯物史观分析和解决问题，以及在价值观层面坚定中国特色社会主义"四个自信"的教学目标要求，以"总结坚持党的领导的历史逻辑、挖掘坚持党的领导的理论逻辑、探讨坚持党的领导的实践逻辑"的

内容为逻辑主线，以"学史明理、学史增信、学史崇德、学史力行"的目标逻辑为遵循，在把握青少年群体成长发展规律的前提下，根据大学生的认知特点、思想实际和接受能力来考量教育目标、内容与方法的适配性，确保思想政治教育活动的科学性、针对性和有效性。

（二）理论依据

1. 在教学内容层面：

（1）《新时代学校思想政治理论课改革创新实施方案》中明确指出：对思政课课程目标进行一体化设计：大学阶段重在增强使命担当，引导学生矢志不渝听党话跟党走，争做社会主义合格建设者和可靠接班人。

（2）教育部办公厅关于开展大中小学思政课一体化共同体建设的通知中强调：加强协同合作，注重资源整合，深入推进大中小学思政课一体化建设，切实增强思政课的针对性、有效性，更好地用党的创新理论铸魂育人。

（3）国家教材委员会印发的《"党的领导"相关内容进大中小学课程教材指南》的通知中，对各学段提出具体要求：大学阶段——重点阐释党的领导的历史逻辑、理论逻辑、实践逻辑。

2. 在教学方法层面：遵循思想政治工作规律、教书育人规律和学生成长规律，坚持政治性和学理性相统一、价值性和知识性相统一、主导性和主体性相统一、灌输性和启发性相统一，不断增强思政课的思想性、理论性和亲和力、针对性。

（三）设计特色

1. 逻辑主线清晰：历史逻辑—理论逻辑—实践逻辑，层层推进，清晰明了，易于接受。

2. 教学目标明确：起始于百年党史的辉煌，落脚于中华民族伟大复兴目标的实现，激励大学生汲取力量，砥砺前行。

3. 学段特点突出：大学生具有较强的理性分析、抽象思维能力，能够透过现象分析本质，因此将教学内容设计为紧紧围绕"坚持党的领导"这一核心主题，在总结历史逻辑的基础上挖掘理论逻辑，进而探索实践逻辑，最终引导大学生为实现中华民族伟大复兴勇担重任。遵循学生认知规律设计教学内容，契合学段特点，有明确的针对性。

4. 立足"一体化"建设大视野：大中小学思政课建设需要加强整体设计，此教学设计是在小学、初中、高中学段基础上进行的统筹规划，是对学生已有知识储备和价值认同的理性升华。

三、学情分析

本课的授课对象是大学本科一年级学生，通过高中阶段的学习，已对坚持党的领导有了感性认知，但在形成理性认同和探寻规律方面尚有欠缺。

（一）知识储备

已基本了解党的基本理论、基本路线、基本方略、党的领导历程，但多是碎片化记忆，未建立关于坚持党的领导的知识系统。

（二）能力水平

已初步掌握辩证分析的能力，有一定的理性思考能力和分析问题能力；已经建立起坚持党的领导的情感认同，可以在此基础上进行深入思考分析，探寻规律，建立理性认同。

（三）学习特点

"〇〇后"学生思维活跃、意识自主、表达欲望强烈，对现代信息技术运用熟练，信息获取量强大；有较强的归纳总结理性分析能力，具有较好的探究性学习基础。

四、教学目标

（一）知识目标

了解坚持党的领导的历史逻辑，明晰坚持党的领导的理论逻辑，明确坚持党的领导的现实逻辑，深刻认识中国共产党永远是中国人民和中华民族的主心骨。

（二）能力目标

增强用唯物史观、大历史观和正确的党史观来分析和探寻坚持党的领导的内在逻辑和蕴含其中的历史规律的能力。

（三）价值目标

深刻理解坚持中国共产党领导的必然性和重要性，增强坚持党的领导的政治自觉，坚定在中国共产党领导下实现中华民族伟大复兴的信心和决心，积极投身于党领导人民进行的伟大斗争、伟大工程、伟大事业、伟大梦想，践行拥护党的领导的使命担当。

五、教学重点难点

（一）教学重点

讲清楚坚持党的领导的实践逻辑，明确坚持党的领导是近现代中国历史发展的必然结果，是中国人民的正确选择，是实现中华民族伟大复兴的根本保证。实现在知识层面深化对坚持党的领导现实必然性的认知，在能力层面警惕和反对历史虚无主义，在价值情感层面增强坚持党的领导的政治自觉，坚定拥护党的领导的政治自信。

（二）教学难点

讲透彻坚持党的领导的理论逻辑。采用多种教学方法和手段，教师主导与学生参与相结合，讲清坚持党的领导的理论源起、现实根基、永续动力，解决"为了谁、依靠谁、我是谁"这一根本问题，彰显坚持党的领导强大的理论自信，赋予坚持党的领导更多的信心和力量。实现在知识层面深化坚持党的领导的理论认知，在能力层面树立正确的党史观，在价值情感层面用理论指导实践，增强坚持党的领导的思想认同、理论认同。

六、教学设计总体思路

本课程设计以坚持党的领导为教学内容，以讲清楚"坚持党的领导的历史逻辑""坚持党的领导的理论逻辑""坚持党的领导的实践逻辑"为内容主线，用直指教学内容的问题为切入点，以"回顾历史—映照现实—展望未来"为逻辑主线，层层推进，"教为主导"与"学为主体"双向驱动，采用课堂讲授法、案例分析法、问题讨论法等教学方法，讲清重点，突破难点，以经典论述、典型案例为"点"，带动坚持党的领导这一宏大主题的

"面"，"用心、用情、用理"引导学生从感性认识上升到理性认识，从情感认同上升到价值认同，增强坚持党的领导的政治自觉，坚定在中国共产党领导下实现中华民族伟大复兴的信心和决心。研究思路如图：

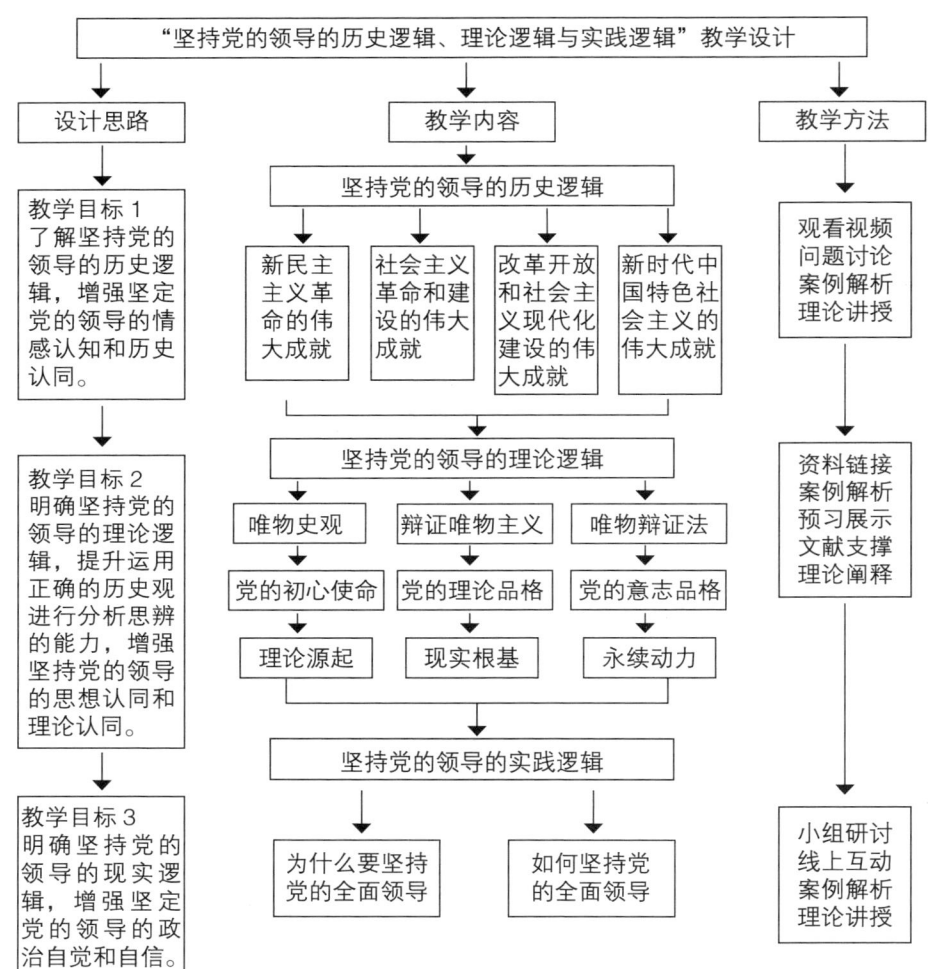

七、教学过程

（一）教学流程设计

环节一：课前线上安排预习任务

教师活动：通过学习通线上安排课前预习内容。

1.总结百年党史中中国共产党所取得的历史性成就。

2.查阅资料，搜集总结中国共产党人对马克思主义无产阶级政党理论的继承和发展。

3.思考：你是否认同并接受中国共产党的领导？为什么？结合现实，谈谈如何更好地实现和坚持中国共产党的领导。

学生活动：

1.根据课前预习内容，回顾总结与本次课相关的前述授课内容。

2.根据课前预习内容，查阅相关文献资料，为课堂学习、讨论做好前期准备。

设计意图：通过课前预习，引导学生为教学内容做好史料及文献准备，并对教学内容有深入探索和思考。

环节二：课程导入（2分钟）

教师活动：

1.结合前述授课内容导入新课。

2.课程导入要言简意赅，突出教学主题。

学生活动：

1.听讲。

2.记录笔记。

设计意图：使学生明确课程的学习目标、主要内容，迅速、有针对性地进入学习和思考。

环节三：播放视频、提出问题、学生发言（13分钟）

教师活动：播放视频：开天辟地大事变。

结合视频提出问题，随机选择3—4名学生结合预习针对问题进行2—3分钟发言，并对同学们的发言观点进行总结陈述。

学生活动：

1.发言的同学，针对教师提出的问题进行个人观点的阐述。

2.未发言的同学，认真听取他人发言并对其观点进行思考、补充。

设计意图：为完成教学目标1的任务要求作准备。结合授课内容及预习内容有针对性地提出问题，教师可以通过学生的发言对预习效果进行检查，引导学生围绕教学内容进行有效思考；学生可以通过回答问题展示预习成果，参与教学过程，以提升学习兴趣。

环节四：讲授课程内容一——坚持党的领导的历史逻辑（20分钟）

教师活动：

1.讲授课程内容一——坚持党的领导的历史逻辑。

2.结合授课内容讲述案例：井冈山革命根据地的建立。

3.展示资料链接：脱贫攻坚的成果。

学生活动：

1.总结回顾：与老师一起回顾百年党史的四个历史时期，中国共产党团结带领中国人民所取得的历史性成就，在突出内容连续性的同时，使学生更加明确坚持党的领导是人民的选择、历史的选择。

2.案例反思：认识到中国共产党在新民主主义革命时期，对于将马克思主义与中国具体实际相结合、探索及开辟适合中国国情的革命道路过程中所发挥的重要作用及作出的具体牺牲，在中国特色社会主义新时代为了实现第一个百年奋斗目标所作出的巨大努力和取得的伟大成就，激发认同、拥护、维护党的领导的情感共鸣。

设计意图：完成教学目标1的任务要求，通过回顾总结与案例讲解，了解中国共产党在完成"争得民族独立和人民解放、实现国家富强和人民幸福"这两大历史任务的过程中，发挥了无可替代的重要作用，进而形成对坚持党的领导的历史逻辑认同。

环节五：讲授课程内容二——坚持党的领导的理论逻辑（25分钟）

教师活动：

1.讲授课程内容二——坚持党的领导的理论逻辑。

2.资料链接：党在不同时期的土地政策。

3.案例解析：渡江战役中坚实的群众基础。

4.结合授课内容及预习内容，选择学生分阶段总结中国共产党人对马克思主义无产阶级政党理论的继承和发展。

学生活动：

1. 案例反思：为什么中国共产党能赢得民心？

2. 针对教师提出的问题，根据课前预习中所收集的资料进行回答，为课程内容的学习和理解提供文献支撑。

设计意图：完成教学目标1和教学目标2的任务要求。通过教师讲授、案例解析及学生分享，厘清坚持党的领导的理论逻辑，明确支撑着中国共产党一路奋勇前行，克服重重困难，不断取得令世人瞩目的辉煌成就的理论根源，使得对于坚持党的领导从感性认识上升到理性认识，从情感认同上升到价值认同，增强坚持党的领导的政治自觉，坚定在中国共产党领导下实现中华民族伟大复兴的信心和决心。

环节六：讲授课程内容三——坚持党的领导的实践逻辑之为什么要坚持党的全面领导（15分钟）

教师活动：

1. 讲授课程内容三——坚持党的领导的实践逻辑之为什么要坚持党的全面领导。

2. 组织小组研讨：坚持党的全面领导与过去党的一元化领导有什么不同？

3. 对学生的讨论加以总结，回应理论难点。

学生活动：

1. 参与小组研讨，形成小组结论。

2. 听取同学发言、老师讲授，破解理论难点。

设计意图：完成教学目标1和教学目标3的任务要求。通过教师讲授、小组研讨，深刻认识在当前的时代背景（实现中华民族伟大复兴、百年未有之大变局、进一步深化改革）下，坚持党的全面领导的必要性和重要性，坚定坚持党的领导的政治自信，明晰中国共产党的领导必须长期坚持，毫不动摇。

环节七：讲授课程内容四——坚持党的领导的实践逻辑之如何坚持党的全面领导（13分钟）

教师活动：

1. 线上线下相结合的师生互动：教师在学习通平台设置讨论——新征程

上，我们如何更好地坚持党的领导？

2.提取学生互动关键词，并结合关键词进行理论讲授。

3.案例解析：窑洞对。

学生活动：

1.参与线上互动，发表个人观点。

2.案例反思：理解党长盛不衰、不断发展壮大的内外因。

设计意图：完成教学目标1和教学目标3的任务要求。通过教师讲授和师生互动，明确新时代新征程中如何能更好地坚持和加强党的领导，坚定青年听党话、跟党走的政治信念，由此产生与党的意志相一致的思想和行为，坚定不移地追随党的步伐，将自身发展融入党和国家事业发展全局。

（二）课堂小结（2分钟）

本次课，我们总结了坚持党的领导的历史逻辑，厘清了坚持党的领导的理论逻辑，明确了坚持党的领导的实践逻辑，对于为什么要坚持党的领导以及如何坚持党的领导有了更加理性的认识。办好中国的事情，关键在党。正是因为有中国共产党的领导，有党总揽全局、协调各方的领导核心作用，我们才能在百年奋斗中胜强敌、抗侵略、搞建设、斗洪峰、化危机、战疫情、反贫困、建小康，不断从胜利走向新的胜利。历史和现实都告诉我们，坚持党的领导是党和国家的根本所在、命脉所在，是中国人民和中华民族的利益所系、命运所系，这是我们百年奋斗的重要经验总结。新时代新征程，坚持和加强党的全面领导，为全面建成社会主义现代化强国、实现第二个百年奋斗目标提供根本保证。作为新时代的青年大学生，我们要在理性认知的基础上，坚定不移听党话、跟党走，为实现中华民族的伟大复兴贡献青春力量。

（三）板书设计

坚持党的领导的历史逻辑、理论逻辑和实践逻辑

1.坚持党的领导的历史逻辑

（1）新民主主义革命的伟大成就源于坚持党的领导

（2）社会主义革命和建设的伟大成就源于坚持党的领导

（3）改革开放和社会主义现代化建设的伟大成就源于坚持党的领导

（4）新时代中国特色社会主义的伟大成就源于坚持党的领导

2.坚持党的领导的理论逻辑

（1）唯物史观—党的初心使命—理论源起

（2）辩证唯物主义—党的理论品格—现实根基

（3）唯物辩证法—党的意志品格—永续动力

3.坚持党的领导的实践逻辑

（1）为什么要坚持党的全面领导

（2）如何坚持党的全面领导

（四）作业设计

1.识记新时代新征程为什么要坚持党的全面领导。

2.理解坚持党的领导的历史逻辑、理论逻辑和实践逻辑。

3.思考：作为担当民族复兴大任的时代新人，如何将坚持党的领导落实在行动上？如何在党的领导下为中华民族伟大复兴贡献青春力量？

（五）参考资料

1.习近平:《在庆祝中国共产党成立100周年大会上的讲话》，人民出版社，2021年。

2.《中国共产党第十九届中央委员会第六次全体会议文件汇编》，人民出版社，2021年。

3.习近平：《在庆祝改革开放40周年大会上的讲话》，人民出版社，2018年。

4.江泽民：《江泽民文选》（第2卷），人民出版社，2006年。

5.胡锦涛：《胡锦涛文选》（第3卷），人民出版社，2016年。

6.习近平：《决胜全面建成小康社会 夺取新时代中国特色社会主义伟大胜利——在中国共产党第十九次全国代表大会上的报告》，人民出版社，2017年。

7.习近平：《高举中国特色社会主义伟大旗帜　为全面建设社会主义现代化国家而团结奋斗——在中国共产党第二十次全国代表大会上的报告》，人民出版社，2022年。

八、教学总结与反思

（一）教学总结

本讲内容要在讲清史实的基础上，兼具理论性和实践性，教学过程要注意立场正确、观点明确。要采用多种教学方法和教学手段，讲清事实与逻辑，以理服人，实现使理论入脑入心的教学目的。

1.教学内容上：层层推进，构建严密逻辑

本课以"历史逻辑—理论逻辑—实践逻辑"的递进推演为设计思路，形成逻辑链，层层推进，推演结论。以理论逻辑为桥梁，用历史映照现实，紧扣主题形成对坚持党的领导的理性认同。

2.教学方法上：讲授与探究相结合，主导与主体双驱动

在整个教学过程中，在教师讲授的基础上，设置了线上互动、线下讨论等多元任务，切实改变传统思想政治理论课"一言堂"的现象，在教为主导与学为主体的双向驱动下提升教学实效。

3.教学手段上：线上线下混合式教学，突出信息化优势

借助网络教学平台的讨论、答题、摇人等功能，在及时高效采集教学信息的同时，有效解决了传统思政课中教学工具单一性的问题，同时有效改善了大班化教学人数多而导致的兼顾性低下问题，有效提升学生参与度，提高了学习积极性和课堂抬头率。

（二）教学反思

就本课的实施效果而言，仍有诸多方面需要改进和提升。教学内容的深度和广度仍需继续拓展，教学方法和手段仍需继续创新，学生的课堂参与度和理性思辨能力仍需继续提升。

在党的领导下走中国特色社会主义法治道路

辽宁大学　孙晓媛

一、课程基本信息

主讲课程：思想道德与法治

使用教材版本：高等教育出版社2023年版

教材章节出处：《思想道德与法治》第六章第二节第二课《坚持走中国特色社会主义法治道路》

二、教学设计概述

本教案以《新时代学校思想政治理论课改革创新实施方案》中关于构建大中小学一体化思政课课程体系，重点推进习近平新时代中国特色社会主义思想融入思政课的课程体系建设要求，以引导大学生"贯彻习近平法治思想，明确中国特色社会主义法治道路是建设社会主义法治国家的唯一正确道路"的课程目标体系要求为基本遵循展开教学设计。

（一）教学设计思路

以《思想道德与法治》课程第六章第二节中"坚持走中国特色社会主义法治道路"为基本教学内容，以"为什么要走中国特色社会主义法治道路、坚持中国特色社会主义法治道路必须遵循的原则"的内容逻辑为主线，以掌握基本理论认知、增进中国法治道路认同和社会主义制度自信的目标逻辑为遵循，在教学中注重课上课下相衔接、教师主导与学生为本相结合，根据大中小一体化法治教育侧重点的不同作统筹设计，必要时开展差异化教学，着力增强教学的说服力、亲和力和实效性。

（二）理论依据

1. 在教学内容层面，充分体现在党的领导下走中国特色社会主义法治道路具有深刻的历史逻辑、理论逻辑和实践逻辑。

（1）《"党的领导"相关内容进大中小学课程教材指南》指出，将"党的领导"相关内容全面融入大中小学课程教材，中小学道德与法治（思想政治）课程教材重在讲述党的先锋队性质、全心全意为人民服务的宗旨、以人民为中心的根本立场等基本知识，引导学生感受伟大建党精神，理解党是领导我们事业的核心力量。大学的思想政治理论课教材集中阐释坚持和加强中国共产党领导的基本理论，帮助学生深刻理解中国共产党领导的必然性和重要性，坚定在中国共产党领导下走中国特色社会主义道路的信心和决心。

（2）习近平总书记指出："党的领导是我国社会主义法治之魂，是我国法治同西方资本主义国家法治最大的区别。"这一重要论述深刻揭示了党的领导是中国特色社会主义法治的最鲜明特征和最根本保证。中国特色社会主义法治道路本质上是中国特色社会主义道路在法治领域的具体体现。我们党以马克思主义为指导，总结运用领导人民实行法治的成功经验，走出的这条中国特色社会主义法治道路，具有多方面显著优势。

2. 在教学方法层面，《青少年法治教育大纲》明确不同学段法治教育的目标、内容和要求，推动大中小学法治课程有机衔接。

按照辩证的思维方式，注重按照遵循灌输性和启发性相统一、价值性和知识性相统一的方法论原则，充分考虑青少年的学龄阶段、知识结构和社会化程度等多种因素，合理设计教学内容，确定相应的教学方式，做到循序渐进，增强课程教学的精准性和亲和力。

（三）设计特色

1. 教学案例选用有特色。紧密结合教学内容将具有现实针对性和理论说服力的经典案例融入课程教学之中，同时注重案例的覆盖面和合理性。如针对"坚持人民主体地位原则"的教学内容，引入"民法典出台过程"等案例，增强教学内容的说服力。

2. 教学方法设计有特色。实现知识传授、思维能力拓展和价值观培养塑造在教学过程中的有机统一。一方面，形成课上课下联动课堂，打破课上教学的时空限制。学生课前对所授章节进行学情分析，必要时收看慕课，夯实基础；掌握学生关注的热点问题，使授课内容有的放矢；提前分享相关资料，列出思考题，学生自主研究，增强自主学习、独立思考和逻辑分析能力；发布角色扮演召集令，脚本由教师提供或请同学参与脚本制作。课后做好书面总结汇报，收集学生仍未解决或比较感兴趣的其他问题。另一方面，课上运用多种教学手段加强理论教学，遵循"提问＋小组讨论"或"个体思考＋教师归纳总结"，统一认识、达成共识，调动学生思考发言以及角色扮演的参与度和积极性。

三、学情分析

（一）大学生思想特点

1.具有较强的创新和创造意识，注重自由发挥、看重团队合作、愿意独立思考。

2.在学习中愿意与他人分享自己的思考和见解。

3.愿意利用互联网等现代化工具获取知识、交流情感等。

4.更加注重多元化思考，同时也注重现实逻辑，愿意把理论知识和实际问题相结合。

（二）大学生知识储备

法治方面，大一学生在高中阶段已经了解中国特色社会主义法律体系的基本框架、基本制度以及法律常识。党的领导方面，义务教育阶段已经对"党的领导"相关内容进行渗透落实。高中阶段把握党的领导、人民当家作主、依法治国三者有机统一，理解党的先进性、革命性、人民性，以及党的基本理论、基本路线等，具有拥护党的领导的政治认同。

（三）大学生能力水平

大学生的认知水平和能力有了显著提高，具备形成法治思维、树立法治信仰的能力，初步具备参与法治实践、正确维护自身权利的能力，但在思想的理论性、系统性和辨识力等方面仍有待成熟。

四、教学目标

（一）知识目标

通过对党领导下走中国特色社会主义法治道路这一主题的学习，掌握中国特色社会主义法治道路的"三大"核心要义，明确走中国特色社会主义法治道路的"三大"原因及其必须遵循的"五个坚持"原则。

（二）能力目标

通过对课上课下学习资料的分析研究提升自主学习和逻辑思维能力，从历史和现实的维度充分认识中国特色社会主义法治道路是建设社会主义法治国家的唯一正确道路，为全面建设社会主义现代化强国提供有力法治保障。

（三）价值目标

学生在法治领域坚定道路自信，成为中国特色社会主义法治道路的忠诚守护者；领会党的领导是我国社会主义法治之魂、中国特色社会主义法治道路的历史进程和巨大成就都依赖于中国共产党的领导，增强对坚持和加强党的领导的认知，能够积极响应党的号召，以实现中华民族伟大复兴为己任，自觉融入我国法治建设进程，做德法兼备的时代新人。

五、教学重点难点

（一）教学重点

1. 中国特色社会主义法治道路的核心要义

中国特色社会主义法治道路的核心要义包括党的领导、中国特色社会主义制度和中国特色社会主义法治理论，具有鲜明的中国特色、实践特色、时代特色。

2. 走中国特色社会主义法治道路的原因（具有深刻的历史逻辑、理论逻辑、实践逻辑，选择中国特色法治道路的依据）

（1）是历史的必然结论。

（2）由我国社会主义国家性质所决定的。

（3）是立足我国基本国情的必然选择。

3.坚持中国特色社会主义法治道路必须遵循的原则（实现在知识层面深化对如何走好中国特色社会主义法治道路的认知，在能力层面增强抵御诸如"党大还是法大伪命题"等政治陷阱的辨识力，在价值情感层面增强对中国共产党的领导和中国特色法治道路的认同，夯实社会主义法治观）

（1）坚持中国共产党的领导。

（2）坚持人民主体地位。

（3）坚持依法治国与以德治国相结合。

（4）坚持法律面前人人平等。

（5）坚持从中国实际出发。

（二）教学难点

如何理解坚持中国特色社会主义法治道路，最根本的是坚持中国共产党的领导？要讲明讲透党的领导和社会主义法治是一致的，中国法治有中国特色，在坚持和拓展中国特色社会主义法治道路这个根本问题上，我们必须树立自信、保持定力，绝不走西方所谓"宪政""三权鼎立""司法独立"的路子。

六、教学设计总体思路

大学阶段思政课重在增强学生的使命担当，本课程设计基于学生年龄、心理特点和学习特点选择适合的教学方法，教学内容要侧重于系统化和理论化，充分论证党对我国法治道路领导的必然性，使学生对党的领导这一主题由感性认识上升到理性认识，注重合理将案例、视频等教学素材贯穿其中，突出逻辑思维和问题导向，引导学生深化对中国特色法治道路及其优越性的认识和认同，增强坚定走中国特色法治道路的信心。

七、教学过程

（一）教学流程设计

环节一：课前线上安排预习任务

教师活动：

1.通过雨课堂线上安排预习内容

（1）资料一：观看视频"法治建设这十年（2）法治建设成就巨大"。

（2）资料二：《法制日报》更名为《法治日报》。

（3）资料三：《党领导法治建设的经验与启示》。

（4）资料四：我国社会主义法律体系的构成与历史沿革（教师归纳总结的电子版材料）。

（5）观看电影《第二十条》剪辑。

2.通过雨课堂安排提问研讨内容

（1）习近平同志指出："全面推进依法治国，必须走对路……但归结起来就是开辟了中国特色社会主义法治道路这一条。"结合资料一和资料二思考，如何理解习近平同志这段话？

（2）结合资料三，分析研究法治建设中坚持党的领导的重要性。

（3）通过视频《第二十条》以及现实中正当防卫案件思考，如何看待我国的法治进步？

学生活动：

1.查阅相关文献资料。

2.按照问题准备预习学习材料（发言材料）。

设计意图：引导学生对教学内容进行课前预习，提前明晰课程学习的重点和难点。

环节二：复习提问、导入新课（8分钟）

教师活动：

1.复习提问（习近平法治思想包括哪些主要内容？）并概括总结（坚持中国特色社会主义法治道路是习近平法治思想的重要内容，习近平法治思想深刻回答了法治中国建设走什么路的问题）。

2.随机选择2—3名学生对预习问题一、二进行3分钟左右发言，并对发言进行总结陈述（我国法治建设选对方向很重要，中国特色社会主义法治道路归根结底来源于丰富生动的中国实践。从"制"到"治"，一字之变，折射出坚持和拓展中国特色社会主义法治道路的历史性进步，中国特色社会主义法治道路是社会主义法治建设成就和经验的集中体现）。

3.结合提问内容导入新课——坚持走中国特色社会主义法治道路。

学生活动：

1.按照预先准备的材料发言。

2.对发言同学的观点对照自己的材料进行思考。

3.听讲、记笔记。

设计意图：回顾上次课主要知识点，建立本次课与上次课教学内容的联系，通过"提问＋归纳总结"，调动学生答题热情，为形成统一观点和认识、坚定不移走中国特色社会主义法治道路奠定基础。

环节三：讲授课程内容一——中国特色社会主义法治道路的核心要义（20分钟）

教师活动：

1.展示—提问—总结。

展示：习近平总书记强调："走中国特色社会主义法治道路是一个重大课题，有许多东西需要深入探索，但基本的东西必须长期坚持。""我们有符合国情的一套理论、一套制度，同时我们也抱着开放的态度，无论是传统的还是外来的，都要取其精华、去其糟粕，但基本的东西必须是我们自己的，我们只能走自己的道路。"

提问：这个"基本的东西"是指什么？

总结：习近平总书记将中国特色社会主义法治道路必须坚持的"基本的东西"精辟地概括为三个"核心要义"和五个必须长期坚持的"基本原则"。

2.讲授三个"核心要义"。

（1）坚持中国特色社会主义法治道路，最根本的是坚持中国共产党的领导，在我国，法是党的主张和人民意愿的统一体现。

（2）中国特色社会主义制度是全面推进依法治国的根本制度保障，现在中国发展呈现出"风景这边独好"的局面，这其中很重要的原因就是我国国家制度和法律制度具有显著优越性和强大生命力。

（3）推进全面依法治国最重要的就是贯彻习近平法治思想。习近平法治思想是马克思主义法治理论中国化最新成果，是全面依法治国的根本遵循和行动指南。

学生活动：思考并回答：

1.这个"基本的东西"是指什么？

2.中国特色社会主义法治道路的核心要义是对我国法治道路的概括和提炼。

设计意图：完成教学内容一的任务要求，通过提问引入"核心要义"，体现出我国法治道路的社会主义性质，具有鲜明的中国特色、实践特色和时代特色。

环节四：讲授课程内容二——厘清坚持走中国特色社会主义法治道路的原因（20分钟）

教师活动：

1.讲授课程。

（1）这是历史的必然结论。要不要走法治道路、走什么样的法治道路是近代以来中国人民面临的历史性课题。历史和现实充分证明，这条道路走得通、走得对、走得好。

（2）这是由我国社会主义国家性质所决定的，保证了人民当家作主的主体地位，也保证了人民在全面依法治国中的主体地位，中国特色社会主义法治道路贯彻党以人民为中心的思想，遵循法治保障人民权益的宗旨。

（3）这是立足我国基本国情的必然选择。世界上没有放之四海而皆准的法治道路，中国特色社会主义法治道路是从中国自身历史发展中走出来的，具有鲜明中国特色。

2.播放视频（马锡五审判），请同学们思考：从无法治到有法治、从"探索"到"走出"一条中国特色社会主义法治道路为什么皆依赖于有党的领导？

3.请同学们思考并回答：宪法原则之一是保障人权，体现人民主体地位，那么什么是我国的最大人权？最基本的人权又是什么？你给我国的人权保障事业打多少分呢？

学生活动：

1.观看视频。

2.思考并回答问题。

设计意图：完成教学内容二的任务要求。结合视频案例讲授，明确走中国特色社会主义法治道路的必然性，它是建设社会主义法治国家的唯一正确道路，从根本上保证我国社会主义法治建设的正确方向。

环节五：讲授课程内容三——讲清楚坚持中国特色社会主义法治道路必须遵循的原则（40分钟）

教师活动：

1.讲授课程内容。

（1）党历来重视法治建设，在革命、建设、改革各个时期接力推进，成功开辟了一条符合中国国情、赢得人民拥护、具有显著优势的中国特色社会主义法治道路。

（2）《中国共产党章程》深刻回答了法治建设"我是谁，为了谁，依靠谁"的问题，中国特色社会主义法治道路坚持人民主体地位。

（3）平等是社会主义法治的基本要求，必须坚持法律面前人人平等。任何组织和个人都必须尊重宪法法律权威，绝不允许任何人以任何借口任何形式以言代法、以权压法、徇私枉法。

（4）中国特色社会主义法治道路的一个鲜明特点，就是坚持依法治国和以德治国相结合。法安天下，德润人心。治理国家和社会必须一手抓法治、一手抓德治，既重视发挥法律的规范作用，又重视发挥道德的教化作用。

（5）中国法治有中国特色，有自己长期积累的经验和优势，不能妄自菲薄，学习借鉴世界上优秀的法治文明成果不等于是简单的拿来主义，必须坚持以我为主、为我所用。推进全面依法治国，决不照搬别国模式和做法，决不走西方所谓"宪政""三权鼎立""司法独立"的路子。

2.随机选择1—2位学生回答预习问题三、四并总结。

3. 结合授课内容讲述新民主主义革命时期立法、新中国成立后立法以及中国特色社会主义法律体系的形成和完善。讲授中华法系在世界几大法系中独树一帜，彰显了中华优秀传统法律文化的智慧。

4. 分组讨论：请学生结合民法典出台过程，谈谈我国立法如何体现民主立法、倾听民意，大学生日常生活中有哪些民事权利和民事义务。

5. 播放视频：（1）中国共产党历史上第一个土地法：井冈山《土地法》；（2）习近平总书记进行宪法宣誓；（3）法律面前人人平等（共和国法治从这里走来）。

6. 角色扮演：情景剧——权力与权利，以《毒舌律师》为基础。

学生活动

1. 思考并回答问题。

2. 参与小组讨论。

3. 角色扮演。

设计意图：通过多种教学手段，站在历史和现实的维度，理论联系实际，以学生之前所学知识为基础，引导学生充分理解我国法治道路为什么必须在党的领导之下。

"回答问题＋小组讨论＋角色扮演"增加学生学习兴趣。

（二）课堂小结（2分钟）

在全面依法治国和建设社会主义现代化强国的大背景下，本次课意义重大。东西南北中，党是领导一切的，我国法治建设同样离不开党的领导。我党遵循社会主义法治理论、高举社会主义旗帜，以人民为中心，在立法、执法、司法、守法方面不断提升对人权的保障力度，法治建设不盲目崇外，"以我为主"不断汲取世界法治文明成果，这使我国的社会主义法治道路彰显"中国特色"，我国法治建设的巨大成果也在不断夯实我们的制度自信。

（三）板书设计

在党的领导下走中国特色社会主义法治道路

1. 中国特色社会主义法治道路的核心要义

（1）党的领导——中国特色社会主义最本质的特征，社会主义法治最根本的保证

（难点内容）

（2）中国特色社会主义制度——全面推进依法治国的根本制度保障

（3）中国特色社会主义法治理论——全面推进依法治国的行动指南

2. 坚持走中国特色社会主义法治道路的原因

（1）是历史的必然结论

（2）是由我国社会主义国家性质所决定的

（3）是立足我国基本国情的必然选择

3. 坚持中国特色社会主义法治道路必须遵循的原则（重点内容）

（1）坚持中国共产党的领导

（2）坚持人民主体地位

（3）坚持依法治国与以德治国相结合

（4）坚持法律面前人人平等

（5）坚持从中国实际出发

（四）作业设计

围绕党领导下走中国特色社会主义法治道路，谈谈自己的感受（雨课堂，300字以上）。

（五）参考资料

1.中共中央宣传部、中央全面依法治国委员会办公室：《习近平法治思想学习纲要》，人民出版社、学习出版社，2021年。

2.中共中央文献研究室：《习近平关于全面依法治国论述摘编》，中央文献出版社，2015年。

3.习近平：《坚持走中国特色社会主义法治道路　更好推进中国特色社会主义法治体系建设》，《求是》，2022年第4期。

4.习近平：《加快建设社会主义法治国家》，《求是》，2015年第1期。

5.石佑启：《中国特色社会主义法治道路的历史、理论与实践逻辑》，中国科学网，2021年10月19日。

6.孙晓勇：《党的领导是中国特色社会主义法治之魂》，《光明日报》，2021年8月6日。

7.张志丹：《推进大中小学思政课一体化共同体建设》，《光明日报》，2023年8月29日。

8.中共司法部党组：《党领导法治建设的经验与启示》，"学习强国"学习平台，2021年11月10日。

八、教学总结与反思

（一）教学总结

教学设计较好地坚持了问题意识和时代意识，不回避重大问题和疑难问题，围绕学生关心和困惑的问题进行了具有针对性的释疑解惑，将抽象的理论与鲜活的实际相结合；教学设计理论性强、内容充实、资料丰富，层次分明、逻辑清楚，很好地体现了教学目标要求，有效支撑了预期教学成果的实现。

（二）教学反思

在经验总结方面，深度调查、掌握学情。主要采用互动式的教学方法，使学生真正地成为学习主体，教师成为知识传授的设计者和引路人。将多种教学方法有效结合，课上课下有机衔接，案例选取具有代表性和时代性，并且及时将学术研究理论成果带入课堂，使课程具有实效性。尚待完善之处方面，学情分析有待提高，所提问题的难易度和出题角度有待完善。

三维视角下的"没有共产党就没有新中国"

沈阳师范大学　王　皓

一、课程基本信息

主讲课程：中国近现代史纲要

使用教材版本：高等教育出版社2023年版

教材章节出处：《中国近现代史纲要》第七章《为建立新中国而奋斗》

二、教学设计概述

本教学设计遵循"深刻领会历史和人民是怎样选择了马克思主义、选择了中国共产党、选择了社会主义道路、选择了改革开放"和"深刻领会中国共产党为什么能、马克思主义为什么行、中国特色社会主义为什么好"的主旨，拟选题于中国近现代史中的重要事件——新中国的诞生，以近代史到现代史的转入为切入点，以中国共产党在历史之中所发挥的重要作用为主体，从"中国共产党为什么能""中国共产党何以能""中国共产党始终能"三个维度，充分向学生阐明中国共产党的重要地位和作用，并以此佐证坚持党的领导是过去那一个时期内所坚持的正确的选择，同时更是在历史规律和经验中总结出来的现如今以及未来要仍然坚持下去的正确的选择。

（一）教学设计思路

本教学设计主要分为以下部分：一是前情导入——以毛泽东同志开国大典上的讲话为素材，引导学生感受新中国诞生的感动和震撼，并思考新中国的诞生意味着什么、诞生前夕到底经历了什么；二是正式教学——结合三个维度架构，以抗日战争后国共双方的种种行事对比为核心，包括之于"帝国主义"、之于"战争与和平"、之于"人民的生活"、之于"各民主党派"等态度，突出阐明为何历史和人民选择中国共产党，并深刻总结中国共产党作为有先进科学理论指导的工人阶级政党是中国人民必然的选择；三是进行课程小结与反思归纳——总结回答为什么"没有共产党就没有新中国"。

（二）理论依据

"没有共产党就没有新中国"，这是每一位中国人都耳熟能详的句子，是中国人民依据近代中国革命的历史经验得出的科学结论。本教学设计的理论依据根植于"实现中华民族伟大复兴的中国梦"，这既是本门课程贯穿始终的主题主线，也是中国共产党团结带领中国人民进行的一切奋斗、一切牺牲、一切创造的主题。近代以来，当鸦片战争的枪炮声响起时，中华民族的反侵略战争就已经开始了，在无数次的失败与挣扎中，争得民族独立、人民解放，实现国家富强、人民幸福，就成为中国人民必须完成的两大历史任务。新中国的诞生可以说是开辟中华民族伟大复兴新纪元的重要事件，因此能充分彰显党的领导的核心力量。

（三）设计特色

本教学设计的特色之处主要在于：第一是视角创新，不同于常规性的时间叙事型讲授，而是将"坚持党的领导"，即中国共产党的地位和作用进行立体化呈现，在整体课程架构中呈现为延伸向上的发展性态势，强化课程内容的真实性、递进性；第二是内容创新，在授课过程中重视运用对比的手法，以中国共产党的初心和使命为抓手，通过展现无论何时何地都在坚持以人民为中心的鲜明形象，有理有情地将学生的理论认知转化为内在认同。

三、学情分析

本教学设计主要面向的是大学一年级的本科生新生，学情分析主要呈现出以下特点：

一是专业不一，学科基础概不相同。本门课是公共政治必修课，所有专业的学生都需要学习，但是不同的学习背景造就了学生不同的学科基础，偏文史类科目的学生相较于偏理工类科目的学生接受本课的能力稍显突出。因此，在教学设计的过程中需要充分考量到学生的"最低处"，强化知识学理性的同时注重把握深度和广度，真正做到让"思政课"走进每个人的心中。

二是年龄较轻，成长体悟不够丰富。大一新生在过去的成长中倾向于个人的发展建设，对于纵观历史长河，构建大历史观的能力培养还尚显欠缺，同时由于工作生活方面缺少实际的社会经验，对于党的领导的认知认同停留在较为表象的层面。因此，在授课时要注重"接地气"，才能让学生脚踏实地感受党的先进性所在。

三是思维活跃，认知途径较为多元。作为青年人群体，其本身思维就非常活跃，接受新鲜事物的能力也很强，因此在授课过程中需要创新方法，凝练语言，杜绝冗长的灌输，同时在信息化极其发达的今天，青年学生获取信息的渠道极为丰富，因此在讲授知识时必须准确笃实，引导学生获取正确科学的知识信息。

四、教学目标

1.知识与技能目标。了解国民党政权的反动本质及其所面临的全面危机，认识这一政权迅速走向崩溃的根本原因；认识中国共产党领导的多党合作和政治协商格局形成的历史条件；认识中华人民共和国的建立和共产党执政地位的确立是历史和人民的选择。了解中国新民主主义革命胜利的基本经验，充分认识"没有共产党就没有新中国"的道理。

2.过程与方法目标。通过在教学内容中设计鲜明的对照对比研究，充分训练辩证思维能力，以及全面掌握和分析知识点的基本素养；通过立体化观察和分析党史国史等史料史实，切实提升历史唯物主义下的研究能力，浸润思政力量；通过在课上小组学习讨论等环节的设置，培养和锻炼合作学习能力和团结协作能力。

3.情感、态度与价值观目标。深刻认知认同中国共产党作为执政党的核心地位和重要作用，在理性与感性的交汇中增强拥护中国共产党领导和接受马克思主义指导的自觉性，形成大历史观、正确党史观，能自觉围绕在党中央周围为实现中华民族伟大复兴接续奋斗。

五、教学重点难点

（一）教学重点

使学生认识中华人民共和国的创建和共产党执政地位的确立是历史和人民的选择，掌握新民主主义革命胜利的基本经验，进一步认识"没有共产党就没有新中国"的真理，切实明确第一个历史任务，即争得民族独立、人民解放，离不开党的坚强领导。同时进一步领悟下一个历史任务的完成也需要继续沿着实践探索出来的正确的路走。

（二）教学难点

使学生深刻清醒地认识到国民党政权的反动本质以及其所面临的全面危机，明晰这一政权遭到广大人民的反对并迅速走向崩溃的根本原因，由此深刻总结出来中国必然要走社会主义道路而不是资本主义道路，更不是独裁统治下的半殖民地半封建道路。

六、教学设计总体思路

在前提性设计中，首先注重加强学情分析，深刻认识到"思政课"作为公共政治理论课所要面对的教育对象，明确青年群体的重要作用及其思维模式、专业背景等；其次注重挖掘选题，坚持党的领导在中国近现代历史和实践中始终得到充分的印证，而深入讲授新中国的建立能够达到对最普遍常识性的认识加以根源性剖析的成效，能够更加吸引人、震撼人。

在过程性设计中，一方面合理整合教材知识点，结合教学目标的要求，有的放矢进行专题之下再分小专题的系统性教学模式，形成严谨紧密的知识体系，并选用讲授法、小组合作探究法、多媒体辅助法等；另一方面坚持以学生为中心，注重发挥翻转课堂的作用，在坚持问题导向的同时积极设置小组讨论、思考提问、课后作业等，提高学生的思考和学习能力。

七、教学过程

（一）教学流程设计

环节一：新课导入（2分钟）

教师活动：

1.教师播放视频材料。

2.教师提出问题：到底经历了什么才有如此盛大的开国大典？到底经历了什么中华民族才开辟了新的纪元？到底经历了什么伟大的中国共产党才能带领我们走到了今天？引入到从"中国共产党为什么能、何以能、始终能"三个维度与大家共同学习"没有共产党就没有新中国"。

学生活动：

1.观看视频素材：《开国大典》讲话、阅兵仪式等视频材料。

2.带着问题进入听讲状态。

设计意图：通过视频材料引起学生共鸣，抛出问题导入新课，以问题导向正式引向内容教学。

环节二：讲授课程内容一 ——解答"中国共产党为什么能"的问题（10分钟）

教师活动：

1.讲授课程内容一——提出要解答"中国共产党为什么能"的问题。

2.结合授课内容设置"对比探究"：

（1）抗日战争之后，对于人民对和平民主的期盼和向往，国民党和共产党分别采取什么态度？

共产党——积极争取和平民主的方针，通过和平途径对中国进行政治社会的改革，进行经济建设，逐步向新中国目标迈进。1945年提出"蒋反我亦反，蒋停我亦停"的方针，并发表《对目前时局的宣言》，明确提出"和平、民主、团结"的口号。

国民党——意图使战后的中国维持蒋介石的独裁统治，继续走半殖民地半封建道路，并且发动内战，以武力消灭共产党及其领导的人民军队和解放区政权。蒋介石三次电邀毛泽东到重庆"共定大计"，毛泽东毅然前往，10月10日双方签署《政府与中共代表会谈纪要》，即"双十协定"，但是在1946年6月，国民党仍然是以进攻中原解放区为起点，挑起了全面内战，彻底撕下虚伪的面具。

（2）解放战争之时，对于人民的需求和呼喊，国民党和共产党分别采取什么态度？

共产党——在解放区开展了轰轰烈烈的土地改革运动，1946年发布《关于土地问题的指示》（《五四指示》），1947年制定和通过《中国土地法大纲》，明确废除封建性及半封建性的土地制度。面对代表着社会各阶级声音的各民主党派，共产党采取积极争取和团结的政策，始终及时向民主党派通报情况，认真听取意见，以求共同进步。

国民党——党内大小官员贪污腐败，大发国难财，对统治区人民征收苛重的捐税，无限制地发行纸币，造成严重的经济危机，使各阶层人民在饥饿和死亡线上挣扎。面对呼吁和平的学生、工人和民主党派，国民党均采取暴力镇压，甚至将民盟公开宣布为"非法团体"。

3. 随机向学生提出互动问题：蒋介石为何明明想挑起内战，但表面上却表示愿意和中共进行谈判？

学生活动：

1. 听讲，记录笔记。

2. 思考并回答提问：蒋介石意在敷衍国内外舆论；诱使共产党妥协，交出军队和政权；将谈判不成引起内战的责任推给共产党。"双十协定"是国民党所用来掩盖其野心的幌子，国民党的所作所为与共产党争取和平民主的努力形成鲜明对比。

设计意图：在将教材内容立体化架构和整合后，将"中国共产党为什么能"放在第一层维度进行分析解读，旨在通过具体史实的陈列对比，直观地引导学生认识和领悟中国共产党"过去能行"的意之所在，帮助学生对是非黑白形成直接的判断。

环节三：组织学生进行小组研讨——对"第三条道路"的看法（8分钟）

教师活动：

1.组织小组研讨：在抗日战争胜利之后，一些民主党派曾经企图在国共对立的纲领之外寻求第三条道路，倡导"改良的资本主义"，即和平改良的道路。通过该部分学习，对此你有什么看法？

2.点评总结：资产阶级共和国的方案在中国行不通的事实已然在过去的历史中得到验证，国民党的暴虐统治的现实也已经证明不会允许有中间路线的可能，因此，只能走靠近和选择共产党的路，直至打倒国民党。

学生活动：

1.分别按小组进行现场讨论。

2.每组派1人进行观点陈述。

设计意图：在讲授第一维度的课程内容后将之放置此讨论，致力于以加诸"第三人称"的视角，从总结历史规律、立足历史方位入手，进一步说清讲明只有走靠近和选择共产党的路才能打倒国民党。同时，本设计也意在帮助讲清教学难点。

环节四：讲授课程内容二——解答"中国共产党何以能"的问题（10分钟）

教师活动：

1.讲授课程内容二——提出要解答"中国共产党何以能"的问题。

2.通过进一步分析总结史实，分层次说明中国共产党的自身优势所在：

（1）中国共产党有科学理论的指导。共产党人始终以马克思主义理论为指导，坚决和广大工人、农民站在一起，想人民之所想，谋人民之所求。在中国化的马克思主义理论——毛泽东思想的指引下，制定了正确的纲领和路线方针政策，找到了适合本国国情的革命道路。

（2）中国共产党有统一战线的支持。共产党人坚决维护农民利益，使广大农民自觉围绕在其周围团结起来，奠定了深厚的群众基础。同时积极联合民主党派，形成中国共产党领导的多党合作和政治协商格局。

（3）中国共产党有坚毅勇猛的军队。共产党军队坚决以革命战争反对反革命战争，从战略防御阶段到战略进攻阶段，始终顶住压力，奋力抗争。1947年10月10日，提出"打倒蒋介石，解放全中国"的口号，1948年取得辽沈、淮海、平津三大战役的胜利，最终在1949年4月，人民解放军占领南京。

学生活动：

1.听讲。

2.记录笔记。

设计意图：将"中国共产党何以能"放在第二层维度进行分析解读，强化学理性的梳理和架构，旨在引导学生将直观认知上升到本质剥离，形成对中国共产党是一个能够不断加强自身建设，有纪律的、有马克思列宁主义理论武器的、采取自我批评方法的、联系人民群众的坚强的无产阶级政党的抽象认识，进而完成对中国共产党"现在能行"的认识和体悟。

环节五：组织学生进行史料观察——通过对战时力量对比演变的数据材料的观察，有什么启示？（3分钟）

教师活动：

1. 在课件中展示人民解放军和国民党军在战事发展过程中军队力量的对比演变等史料数据，引导学生进行史料观察。

2. 启示总结：前期处于劣势的共产党军队之所以能够粉碎国民党统治集团想要速战速决，一举消灭共产党的计划，是因为从根本上来说，蒋介石发动的战争是反人民性质的战争，其军事力量的优势和美国对其的援助只是暂时的，而共产党人是为中国人民的解放而战。人心的向背是决定战争胜负的关键，人民的战争才是最终能够获得胜利的战争。

学生活动：

1.观察相关史料数据。

2.对史料进行分析，得到启示。

设计意图：以明确的历史史料数据为依托，引导学生深刻挖掘问题本质，即力量的强弱是表象，本质在于是否是有利于人民的战争，说明人心向背的重要性和中国共产党自身的先进性，更加佐证"中国共产党何以能"的核心要义。

环节六：讲授课程内容三——解答"中国共产党始终能"的问题（10分钟）

教师活动：

1.讲授课程内容三——提出要解答"中国共产党始终能"的问题。

2.播放视频资料：疫情期间，钟南山院士"逆行者"事迹。

3.结合视频资料从三个层面总结中国共产党始终如一地保持先进性：

（1）始终坚守初心和使命。时至今日，共产党人仍然以人民为中心，在为实现国家富强、人民幸福而努力。曾经的土地改革与当今的农村脱贫，曾经的解放战争与当今的强军思想，都是时代的呼应，证明了中国共产党人能够一以贯之地牢记初心和使命，始终将人民的利益放在首位。

（2）始终坚持马克思主义中国化事业。共产党人始终加强自身建设，坚持把马克思列宁主义基本原理同中国具体实际结合起来，推进马克思主义中国化的事业。从毛泽东思想、邓小平理论、"三个代表"重要思想、科学发展观，再到习近平新时代中国特色社会主义思想，证明了共产党始终致力于实现马克思主义中国化时代化的飞跃。

（3）始终传承优秀共产党人的精神血脉。一个坚强的政党需要一代又一代优秀的党员奉献和奋斗。从1921年到1949年，李大钊、瞿秋白、蔡和森、向警予等无数先辈用献出生命的代价换来了革命的胜利，在当代仍然有钟南山、屠呦呦、孙家栋等优秀共产党员接续为实现中华民族伟大复兴而奋斗着。

学生活动：

1.观看视频材料。

2.听讲，记录笔记。

设计意图：将"中国共产党始终能"放在第三层维度进行分析解读，着重突出感性表达，通过现实经历的情感激化，进一步加深其对坚持党的领导的认同感，让学生深刻领悟中国共产党"过去能行"，"现在能行"，"未来也一定能行"。

环节七：课堂小结及作业布置（2分钟）

教师活动：

1. 对本节课进行整体梳理总结，通过总结展示新中国诞生的重要意义，进一步强调"没有共产党就没有新中国"的课程主旨。

2. 布置课后讨论题：请阅读搜索马克思关于无产阶级专政的思想，并结合本课所学知识，谈谈你对中国共产党以革命战争反对反革命战争，最终建立新中国的理解。要求在学习通中发表自己的看法。

学生活动：

1. 针对不懂的地方在学习通上提出问题，请教师加以补充分析。

2. 学生于课后在学习通软件上的"作业"功能部分完成思考题及作业。

设计意图：以"新中国的诞生"点题，完成授课主题"没有共产党就没有新中国"的闭环，同时通过让学生提问以及布置课后作业的方式，进一步加深学生对知识的吸收，提高学习成效。

（二）课堂小结

抗日战争胜利后，中国共产党提出的代表中国人民和中华民族根本利益的人民共和国方案，得到了工人、农民、城市小资产阶级和民族资产阶级的拥护，成为中国人民的共同选择。"没有共产党就没有新中国"是中国人民基于切身体验所确认的客观真理，是中国人民总结近代以来中国革命历史经验所得出的科学结论。

中国共产党领导中国人民经过二十八年浴血奋斗，实现了民族独立、人民解放，为实现中华民族伟大复兴创造了根本社会条件。中国共产党和中国人民以英勇顽强的奋斗向世界庄严宣告，中国人民从此站起来了，中华民族任人宰割、饱受欺凌的时代一去不复返了，中国发展从此开启了新纪元。

通过本节课的学习，我们充分明晰了"中国共产党为什么能""中国共产党何以能""中国共产党始终能"带领中华民族大踏步迈向实现中华民族伟大复兴的基本原理和根本动力，在充分肯定和认同中国共产党坚强领导的历史作用之外，我们也应该相信，未来，中国共产党仍然会带领我们坚定地向前迈进，因此我们要坚决维护党的领导，爱党爱国，跟随党的脚步，为国家富强和人民幸福做出自己的贡献。

（三）板书设计

三维视角下的"没有共产党就没有新中国"

一、中国共产党为什么能

1.抗日战争之后，对于人民的期盼和向往，国民党和共产党的不同

2.解放战争之时，对于人民的需求和呼喊，国民党和共产党的不同

二、中国共产党何以能

1.中国共产党有科学理论的指导

2.中国共产党有统一战线的支持

3.中国共产党有坚毅勇猛的军队

三、中国共产党始终能

1.始终坚守初心和使命

2.始终坚持马克思主义中国化事业

3.始终传承优秀共产党人的精神血脉

建立新中国 ———— 始终坚持党的领导 ————→ 实现中国梦

（四）作业设计

1.抗日战争后，国民党政府为什么会陷入全民的包围中并迅速走向崩溃？

2.中国共产党领导中国革命取得胜利的基本经验是什么？

3.结合所学知识，谈谈你对"没有共产党就没有新中国"这句话的理解。

（五）参考资料

1.《高举中国特色社会主义伟大旗帜　为全面建设社会主义现代化国家而团结奋斗——在中国共产党第二十次全国代表大会上的报告》，人民出版社，2022年。

2.《中共中央关于党的百年奋斗重大成就和历史经验的决议》，人民出版社，2021年。

3.《中国共产党历史》，中共党史出版社，2011年。

4.《历史是最好的教科书：学习习近平同志关于党的历史的重要论述》，中共党史出版社，2014年。

5.《在中央政协工作会议暨庆祝中国人民政治协商会议成立70周年大会上的讲话》，人民出版社，2019年。

八、教学总结与反思

一是教学总结。通过设计规划本节课，能够总结发现立体化的授课方式相对比时间叙事来说更加有利于知识体系的建构，更有利于训练学生的思维体系，更有利于加深对于某一专题或问题的深入分析。同时，对于青年大学生群体来说，往往以感性认同出发，进而发展到理性认同，是更加较为合理的引导方式，要注重从马克思主义理论基本的观点、立场等出发，来分析历史事实中的具体问题，坚决不能抛弃掉"思政课"的本质色彩。

二是教学反思。在具体授课的过程中，仍需要进一步加强逻辑性，因为史料的堆积容易使得学生出现稍显混乱的问题，所以教师在讲授过程之中一定要强化语言的逻辑，同时也可以适当总结补充一些课前预习的资料，提前给学生布置下去，便于课上更好接受新知识。

坚持党的全面领导

辽宁师范大学　马宝娟

一、课程基本信息

主讲课程：习近平新时代中国特色社会主义思想概论

使用教材版本：高等教育出版社2023年版

教材章节出处：《习近平新时代中国特色社会主义思想概论》第三章《坚持党的全面领导》

二、教学设计概述

（一）理论依据

习近平总书记强调："在大中小学循序渐进、螺旋上升地开设思想政治理论课非常必要，是培养一代又一代社会主义建设者和接班人的重要保障。"这是大中小学思政课一体化建设的重要遵循，同时，依据学生的成长规律和认知规律以及思想政治教育的合力理论，大中小学思政课实施一体化设计是非常必要的。从某种角度看，思政课的一体化建设，是要求我们学会用不同的方式，来给不同学段的学生讲一个共同的故事，并把这个故事讲好，讲到学生的心坎里去。因此，根据大中小学思政课一体化建设的理论逻辑和实施要求，本节课开展理论性学习，重在增强大学生使命担当，引导学生矢志不渝听党话跟党走，争做社会主义合格建设者和可靠接班人。

（二）大中小学相关教材内容分析

小学五年级下册第九课《中国有了共产党》，本课重点呈现党的领袖故事、英雄事迹、重要事件、重大成就等内容，让学生懂得党的领导是历史和人民的必然选择，培养学生热爱党、拥护党的领导的感情，启蒙道德情感。初中八年级下册第一课第一框《党的主张和人民意志的统一》，本课重点介绍不同时期党的重大事件和重要人物、理论成果和建设成就，引导学生夯实拥护党的领导的信念根基，让学生在体验性学习中树立跟党走的坚定信念，打牢学生思想基础。高中必修三第三课《坚持和加强党的全面领导》，本课重点解析党的先进性、革命性、人民性，帮助学生形成拥护党的领导的政治认同，理解党对一切工作领导的意义，提升政治素养。大学阶段以《习近平新时代中国特色社会主义思想概论》第三章为例，系统介绍党的领导的基本知识、基本理论、体制机制，阐释党的领导的历史逻辑、理论逻辑、实践逻辑，教导学生践行拥护党的领导的责任意识，增强学生的使命担当。

（三）教学设计思路

本节课根据教学大纲要求和大学生的认知阶段特点，通过"为什么坚持党的全面领导""怎样理解党的全面领导""如何坚持党的领导"三个问题设置层层深入，引导学生思考。首先，通过"阅读材料—问题思考—探究活动—多维度评价"的方式，学生从国情、制度优势及实践标准三个维度，分析为什么要坚持党的全面领导，明确党的领导的重要性及必要性；其次，以"问题探究—深入思考—观点辨析—教师总结"的方式，利用学习通资源在辨析讨论中帮助学生理解党的领导是全面、系统、整体的，从而对学生进行积极的价值引领；最后，通过"合作学习—观点表达—教师引导—总结升华"的方式，明确新时代我们如何健全和完善党的领导制度体系。着力培养大学生使命担当，引导学生矢志不渝听党话跟党走，争做社会主义合格建设者和可靠接班人。

（四）设计特色

1.本课是在大中小学思政课一体化教学的背景下，围绕《习近平新时代中国特色社会主义思想概论》教学大纲，遵循学生的认知发展逻辑、生活拓展逻辑、思维进阶逻辑，充分考虑学生的认知水平、思维特点与知识储备，面向学生生活实际，通过内容相关、层次分明的"问题链"导引教学，引导学生在自主探究、合作学习、观点辨析的学习过程中，深化对本课学习内容的理解，增强学生对党的领导的政治自觉，坚决维护党中央权威和集中统一领导。激励当代大学生积极投身于党领导人民进行的伟大斗争、伟大工程、伟大事业、伟大梦想，践行好拥护党的领导的使命担当。

2.基于本课程的实践性要求，把思政小课堂和社会大课堂相结合，在作业设置当中，增加实践类相关内容，有效提升了学生理论与实践相结合的能力，增强了课堂教学整体的信度、效度。

3.基于"教、学、评一致性"要求，创造性设计了辨析评价量表、课堂分组探讨评价量表等课堂活动的评价量表，采取过程性评价和结果性评价相结合、自评与他评相结合的方式，充分发挥教师、同伴、自我的多元评价主体作用，帮助学生不断储备知识、提高能力、更新观念，从根本上促进发展。

三、学情分析

1.知识储备：本课的授课对象是大学本科二年级的学生，已掌握"党史""国史"等方面的相关理论知识，对中国共产党的领导的必然性和必要性更容易认同。

2.能力水平：学生已具备一定的理性思考和分析问题的能力，具有理论联系实际的自觉性和主动性。但对于一些学理性较强的具体内容，学生难以自己理解，需要教师设置相应的问题，以问题启发学生思维，层层深入培养学生思辨能力，帮助学生实现深度学习。

3.学习特点：对于当下学生而言，处于信息大爆炸时代，丰富的学习资源能够帮助学生多角度看待问题；学生自主意识强，喜欢议题探究、知识辩论等活动，情感丰富。

四、教学目标

根据大中小学思政课一体化的要求，在大学阶段重在培育学生使命担当，结合学生实际情况与《习近平新时代中国特色社会主义思想概论》教学大纲，确立本节课教学目标：

1.通过探究党的百年奋斗征程和二十大报告相关内容，理解中国共产党的领导是由我国国情所决定的、是中国特色社会主义制度的最大优势、是新时代党和国家事业发展的坚强保证，从而明确坚持党的领导的必要性和重要性，在思想上、政治上自觉拥护党中央的集中统一领导，增强政治认同。

2.通过问题探究和观点辨析，理解党的一元化领导与党的全面领导的区别，运用辩证的观点正确理解党的领导是全面的、系统的、整体的，在价值冲突中深化认知，提高辩证思维能力。

3.通过"分粥"视频和合作探究，深度理解制度建设对于坚持党的全面领导的必要性，明确应该如何健全和完善党的领导制度体系，认同党的领导制度是我国的根本领导制度，拥护党的领导制度，树立制度自信。

4.通过总结升华、课后作业，在实际的体验感悟中进一步理解并认同中国共产党的全面领导，学生矢志不渝听党话、跟党走，在行动上自觉和党中央保持高度一致，树立使命担当。

五、教学重点难点

（一）教学重点

1.如何认识中国特色社会主义最本质的特征是中国共产党的领导。

2.如何理解党的领导是全面的。

依据：

1.对学生而言，部分"理论"式结论可能耳熟能详，但如果不能站在历史和实践的维度去理解，可能掌握得并不深刻。因此需要学生分别从理论、历史及实践检验三个维度来理解这个最本质的特征，是本节需重点讲解的内容。

2.关于党的领导的"全面性""系统性"和"整体性"，教材上分别从三个方面进行了理论阐释，其中最核心的内容是党的领导的"全面性"。但这一部分内容对大多数同学而言，由于缺乏对教材上提到的各类"主体"、制定的系列方针政策、进行决策的程序流程等深刻认识，学生并不能很好掌握有关这部分的内容，因此将其确定为教学重点。

（二）教学难点

如何坚持党的全面领导。

依据：坚持党的全面领导，必须依靠制度来保障。健全和完善党的领导制度体系内容复杂，相对前面内容更为宏观，所涉及内容、制度及其具体实践过于庞杂，理解掌握需大量相关经验进行论述，因此确定为本节内容的难点问题。

六、教学设计总体思路

本节课根据教学大纲要求和大学生的认知阶段特点，合理设置问题链，以"为什么坚持党的全面领导""怎样理解党的全面领导""如何坚持党的领导"三个问题贯穿全程。首先，通过"阅读材料—问题思考—探究活动—多维度评价"的方式，学生从国情、制度优势及实践标准三个维度，分析为什么要坚持党的全面领导，明确党的领导的重要性及必要性；其次，以"问题探究—深入思考—观点辨析—教师总结"的方式，利用学习通资源在辨析讨论中帮助学生理解党的领导是全面、系统、整体的，从而对学生进行积极的价值引领；最后，通过"合作学习—观点表达—教师引导—总结升华"的方式，明确新时代我们如何健全和完善党的领导制度体系。通过问题链的形式，帮助学生全方位、多角度理解坚持党的全面领导，自觉在思想上、政治上、行动上拥护党的领导，着力培养大学生的使命担当，引导学生矢志不渝听党话跟党走，争做社会主义合格建设者和可靠接班人。

七、教学过程

（一）教学流程设计

环节一：设问激思　引思导入

教师活动：播放视频《百年风华》，感悟有关建党百年来无数党员为我们今天美好生活所做出的努力。回顾历史，百年来无数党员为我们今天美好生活艰苦奋斗，带领中国人民取得辉煌成就，关键在于我们始终坚持党的全面领导。那么我们"为什么坚持党的全面领导""怎样理解党的全面领

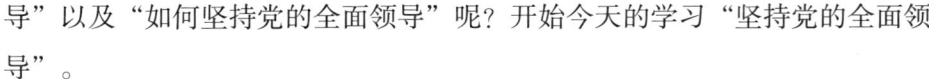

导"以及"如何坚持党的全面领导"呢？开始今天的学习"坚持党的全面领导"。

学生活动：

1.观看视频，感悟百年来党的奋斗历程。

2.积极跟随教师思路，初步思考以上问题。

设计意图：通过这个环节，以问题链的形式层层递进，激发学生兴趣，顺利导入新课，将学生带入建党百年历程中，引起学生的情感共鸣，引导学生加强对中国共产党领导的政治认同、思想认同、理论认同、情感认同提供一定深度的学理支撑，为本节课的内容奠定情感基调，为后续教学做好铺垫。

环节二：研学激思　新课讲授

教师活动：

议题一：为什么坚持党的全面领导？

1.中国最大的国情就是中国共产党的领导。

材料一：

中国有了中国共产党执政，是中国、中国人民、中华民族的一大幸事。只要我们深入了解中国近代史、中国现代史、中国革命史，就不难发现，如果没有中国共产党领导，我们的国家、我们的民族不可能取得今天这样的成就，也不可能具有今天这样的国际地位。在坚持党的领导这个重大原则问题上，我们脑子要特别清醒、眼睛要特别明亮、立场要特别坚定，绝不能有任何含糊和动摇。

——习近平在全国党校工作会议上的讲话（2015年12月11日）

材料二：党的百年奋斗征程

问题思考：结合党的百年征程，分析、思考党的领导地位是如何确立的。

从历史逻辑来说，党的领导地位是在中国共产党长期领导中国人民进行历史奋斗中形成的。中国共产党自成立以来，带领中国人民在新民主主义革命时期、社会主义革命和建设时期、改革开放和社会主义现代化建设时期创造了历史伟业。历史证明，中国人民和中华民族之所以能够扭转近代以后的历史命运，取得今天的伟大成就，最根本的是有中国共产党的坚强领导。

从理论逻辑来说，中国共产党领导关系中国特色社会主义的性质、方向和命运。中国特色社会主义之所以是社会主义，究其根本就在于坚持科学社会主义基本原则，在于坚持中国共产党的领导。

从现实逻辑来说，中国共产党领导是人民当家作主的可靠保障、是实现中华民族伟大复兴的根本保证。只有坚持中国共产党的领导，才能保障人民有广泛、充实、真实的民主，才能凝聚起全党全国各族人民为实现中华民族伟大复兴攻坚克难、团结奋斗的磅礴伟力，确保中华民族伟大复兴号巨轮劈波斩浪、扬帆远航。

2.中国共产党的领导是中国特色社会主义制度的最大优势。

材料：

中国特色社会主义最本质的特征是中国共产党领导，中国特色社会主义制度的最大优势是中国共产党领导。坚持和完善党的领导，是党和国家的根本所在、命脉所在，是全国各族人民的利益所在、幸福所在。

——习近平在庆祝中国共产党成立95周年大会上的讲话

问题思考：为什么说"中国共产党的领导是中国特色社会主义的最大优势"？

中国共产党的领导是带有统领性的根本优势，贯穿于中国特色社会主义制度和国家治理体系其他方面显著优势中。只有坚持党的领导，才能更好发挥党和国家的各方面优势，更好推动中国特色社会主义事业不断向前发展。

（1）中国共产党以马克思主义作为行动指南，在实践中不断推进马克思主义中国化时代化，为坚持和完善中国特色社会主义制度提供强大理论优势。中国共产党用马克思主义及时科学解答时代课题，不断推进马克思主义中国化时代化，是推动中国特色社会主义制度不断完善，确保中国特色社会主义事业始终充满生机活力的根本原因。

（2）中国共产党的自身优势是中国特色社会主义制度的主要来源。中国共产党是中国工人阶级先锋队，同时是中国人民和中华民族先锋队，是中国特色社会主义事业的领导核心。党始终坚持真理、修正错误，自我净化、自我完善、自我革新、自我提高，始终保持强大的创造力、凝聚力、战斗力。只有坚持党的领导才能使党的自身优势充分彰显，不断转化为中国特色社会主义制度优势和国家治理效能。

（3）中国共产党能够集中全党全国力量、凝聚全民族共同意志，在各项事业中发挥总揽全局、协调各方的作用，确保中国特色社会主义制度的显著优势充分彰显。

3.加强党的全面领导为新时代党和国家事业发展提供了坚强保证。

材料：

习近平总书记代表第十九届中央委员会，作了题为《高举中国特色社会主义伟大旗帜　为全面建设社会主义现代化国家而团结奋斗》的报告。党的二十大报告强调："全面建设社会主义现代化国家、全面推进中华民族伟大复兴，关键在党。"

问题思考：在社会主义现代化新征程上，为什么"关键在党"？

党的十八大以来，以习近平同志为核心的党中央坚持和加强党的全面领导，全党全国各族人民对坚持党的领导的认识不断深化，党的领导制度体系更加健全，党在应对各种风险挑战中发挥了中流砥柱的作用，为党和国家事业取得历史性成就、发生历史性变革提供了根本保证。

第一，坚持和加强党的全面领导，使党的领导核心作用充分彰显；第二，坚持和加强党的全面领导，使党的政治领导力、思想引领力、群众组织力、社会号召力显著增强；第三，坚持和加强党的全面领导，为推进新时代中国特色社会主义事业提供了政治保证，使党成为风雨来袭时中国人民最可靠的主心骨。

学生活动：

1.跟随老师引导，仔细阅读材料，了解相关信息。

2.学生认真阅读材料，结合书本内容，思考问题并回答。

3.学生结合党的二十大报告相关内容进行思考。

设计意图：从国情、制度优势、实践标准三个维度来阐释坚持党的领导的重要性及必要性，帮助学生深刻理解为什么要坚持党的领导，明确党应运而生，党的领导是历史的选择、人民的选择，感受党英明决策、坚强领导的作用，加深学生的理论素养，在生活中自觉拥护中国共产党的领导，增强当代大学生的使命担当，培养责任意识。

评价设计：

维度	学生自评	小组互评	教师评价
观点表达明确			
回答有理有据、条理清晰			
态度积极主动			

环节三：合作学习　观点辨析

教师活动：

议题二：怎样理解党的全面领导？

观看央视网视频"以党的领导铸就千秋伟业"。

设置问题：思考"全面"是如何体现的？

1.领导对象要全面覆盖。党领导一切，包括党领导的人大、政府、政协、监察机关、审判机关、检察机关、武装力量、人民团体、企事业单位、基层群众性自治组织、社会组织等。

2.领导内容要全面。必须体现到经济建设、政治建设、文化建设、社会建设、生态文明建设和国防军队、祖国统一、外交工作、党的建设等各方面。

3.领导过程要全面。既制定路线方针政策，又协调各方、督促落实，贯穿于治国理政的立法、决策、执行、管理、监督等各项工作之中。

4.领导方法要全面。通过制定大政方针，提出立法建议，推荐重要干部，进行思想宣传，发挥党组织和党员的作用等，坚持依法执政，实施党对国家和社会的领导。

因此，党的全面领导体现在领导对象、领导过程、领导内容及领导方法四个方面。

观点辨析：

辨析问题：坚持党的全面领导是否等同于过去党的一元化领导？

教师总结：党的一元化领导是抗战时期开始形成的领导制度，为中国革命取得抗战胜利起到了重要作用；但后期在"左"的错误思想影响下，出现"家长制""一言堂"，党的一元化领导被极端化、教条化；而党的全面领导既坚持党的集中统一领导原则，坚持党是最高政治领导力量，又坚持民主集中制、发扬党内民主，坚持党的领导与人民当家作主、依法治国有机统一。

所以党的领导既是全面的，又是系统的、整体的，坚持党的全面领导，并不是说党组织包揽包办一切、事无巨细什么都去管，而是在各级各种组织中发挥领导核心作用，既善于总揽全局又善于协调各方，不断增强党组织的领导统筹能力，充分调动方方面面的工作积极性，使党的领导作用贯穿工作全过程。

学生活动：

1.学生观看视频，进行小组讨论，思考"全面"体现在哪里。

2.学生利用"学习通"资源：党的一元化领导。

3.学生思考，根据辩题结合所学知识进行自由发言。

4.通过教师分析，学生对党的全面领导这一内容能够从不同角度进行理解思考，培养学生透过现象看本质的思维能力。

设计意图：通过以上活动，在辩析讨论中帮助学生理解党的领导是全面、系统、整体的，激发学生学习动机，培养学生辩证思维能力和语言表达能力，帮助学生澄清错误价值理论，在价值冲突中深化理解，进行积极的价值引领。

评价设计：

维度	学生自评	小组互评	教师评价
积极参与小组讨论，提出有意义的回答			
积极主动分析观点，逻辑表达清晰			
对辩论进行反思，做出正确价值判断			

环节四：创设情境　深度思考

教师活动：

议题三：如何坚持党的全面领导

播放视频：罗尔斯"分财富粥"。

提出问题：上述视频对我们当下坚持党的全面领导有何启示？

教师总结：说明不同的制度安排，就会在制度出台以后随之形成不同的结果。因此，坚持党的全面领导，就必须通过制度体系来保驾护航。

材料一：

习近平指出："中国特色社会主义制度是一个严密完整的科学制度体系，起四梁八柱作用的是根本制度、基本制度、重要制度，其中具有统领地位的是党的领导制度。"

材料二：

习近平指出："我国社会主义政治制度优越性的一个突出特点是党总揽全局、协调各方的领导核心作用，形象地说是'众星捧月'，这个'月'就是中国共产党。"

提出问题：我们应如何健全和完善党的领导制度体系？

教师总结：

1. 坚持党的领导制度是我国的根本领导制度。中国共产党领导是国家治理体系的核心，党的领导制度是中国特色社会主义制度建设的关键，是党的领导核心地位的必然反映和内在要求，明确了我国政治生活的领导关系、领导主体、领导对象，在国家治理体系和治理能力现代化建设的过程中，发挥着提纲挈领、无可替代的作用。因此，我们必须坚持党的领导这一根本领导制度。

2. 健全党中央对重大工作的领导体制。党中央对重大工作的领导体制，是加强党的全面领导的制度安排，是实现党的全面领导的直接体现，加强党的全面领导必须加强党中央对党和国家重大工作的领导。

3. 完善党的全面领导制度。第一，必须完善党在各种组织中发挥领导作用的制度；第二，必须完善党协调各方的机制；第三，必须完善党领导各项事业的具体制度。

学生活动：

1.学生观看视频，思考有何启示，回答问题。

2.阅读材料，深入思考，小组合作讨论，对讨论结果进行表述。

设计意图：通过理解制度建设对坚持党的领导的必要性，进而通过教师引导讲解和学生小组讨论，明确新时代我们如何健全和完善党的领导制度体系，在各方面自觉拥护党的领导，增强制度自信。

评价设计：

维度	学生自评	小组互评	教师评价
积极参与小组讨论，提出有意义的问题并回答			
积极主动分析观点，逻辑表达清晰			
主动进行展示与分享			

（二）课堂小结

《中共中央关于党的百年奋斗重大成就和历史经验的决议》指出："只要我们坚持党的全面领导不动摇，坚决维护党的核心和党中央权威，充分发挥党的领导政治优势，把党的领导落实到党和国家事业各领域各方面各环节，就一定能够确保全党全军全国各族人民团结一致向前进。"感悟中国共产党领导是中国特色社会主义最本质的特征，是中国特色社会主义制度的最大优势，坚持党的全面领导是坚持和发展中国特色社会主义的必由之路。

党的领导是全面的、系统的、整体的，明确新征程上必须坚决维护党中央权威和集中统一领导，增强学生对党的认同，在思想上、行动上、政治上同党中央保持高度一致。

（三）板书设计

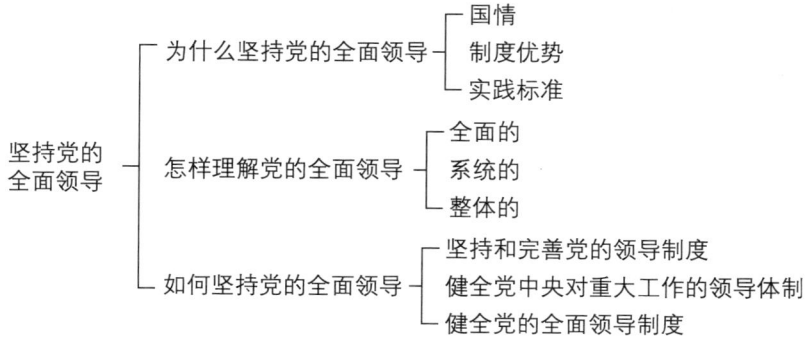

（四）作业设计

基础作业：以"永远跟党走"为主题，自拟题目，撰写一篇主题征文，题材不限，表达对中国共产党的热爱及向往之情。

实践作业：辽宁"六地"红色文化见证着革命传统，传承着红色基因，记录着中华儿女砥砺奋进的伟大征程。参观所在地的革命历史博物馆，感受中国共产党可歌可泣的奋斗故事，将思政小课堂融入社会大课堂。

拓展作业：以"中国共产党团结带领中国人民实现伟大复兴"为主题，开展"请党放心　强国有我"主题班会活动，增强做中国人的志气、骨气、底气，认识作为一名普通的大学生党员或者是党的后备军的共青团员的时代使命。

延伸阅读：（1）《中国共产党简史》，人民出版社，2021年；（2）《习近平谈治国理政（第三卷）》，外文出版社，2020年。

设计意图：根据学生学情和教学大纲要求，可布置多样化、多层次的作业，特别是增加实践类作业设计，把思政小课堂和社会大课堂有机结合起来，培养当代大学生使命担当。适当增加学生阅读任务，培养学生阅读材料、积累知识的良好习惯，为未来学习打下良好基础。

（五）参考资料

1.习近平：《高举中国特色社会主义伟大旗帜　为全面建设社会主义现代化国家而团结奋斗：在中国共产党第二十次全国代表大会上的报告（2022年10月16日）》，《光明日报》，2022-10-26(1-5)。

2.习近平：《思政课是落实立德树人根本任务的关键课程》，人民出版社，2020年。

3.丁俊萍：《坚持党的全面领导和全面从严治党——〈习近平新时代中国特色社会主义思想概论〉第三章、第十七章的内容逻辑和重难点解析》，思想理论教育导刊，2024(01)：4-12。

4.刘峰：《新时代大中小思政课一体化建设长效机制研究》，教育理论与实践，2023，43(9)：46-49。

5.冯建军：《大中小学思政课一体化的内容要求与推进措施》，课程·

教材·教法，2023，43(2)：59-66。

6.张帆，邵献平：《大中小学思政课一体化建设略探》，学校党建与思想教育，2023(2)：56-58。

7.徐满，黄瑞雄：《党的二十大精神融入大中小学思政课一体化教学探析》，学校党建与思想教育，2023(19)：71-73。

8.国家教材委员会：《关于印发〈"党的领导"相关内容进大中小学课程教材指南〉的通知》，中华人民共和国教育部公报，2021(12)：9-14。

八、教学总结与反思

本课是在大中小学思政课一体化教学的背景下，围绕《习近平新时代中国特色社会主义思想概论》教学大纲，基于本课程理论性、实践性特点，对"坚持党的全面领导"这一教学主题进行深入探索。

1.教学环节的巧妙设计。"为什么坚持党的全面领导""怎样理解党的全面领导""如何坚持党的领导"三个议题贯穿全程，简明扼要、直抒胸臆，又环环相扣、层层递进，以问题引领式探究教学，构建了严谨的知识逻辑框架，提升了课程的高阶性。

2.充分尊重学生的主体地位。秉承"学生主体、教师主导、知识主线"的教学理念，通过案例、活动、辨析、设问启发等多样化的教学方法和手段，引导学生多角度探究问题，激发了学生的创新思维，最大程度调动学生的积极性、主动性，让每一个学生都得到发展的机会。

3.思政小课堂和社会大课堂相结合。布置多样化、多层次的作业，特别是增加实践类作业设计，让学生在实际的参观体验中感悟理解党的全面领导，增强了课堂教学的信度、效度。

4.关注教学评价，力求评价多元高效。本课教学依据实际需要，设计了辨析评价量表、课堂分组探讨评价量表等三个课堂活动的评价量表，专注于核心素养的行为表现，采取过程性评价和结果性评价相结合、自评与他评相结合的思路，充分发挥教师、同伴、自我的多元评价主体作用，让学生不断储备知识、提高能力、更新观念，从根本上促进发展。

后　记

本书在结合教学活动实际情况和实践经验的基础上，精心整理了28篇辽宁省"大中小学思政课一体化建设"专题教学设计案例征集活动中的优秀教学案例并汇编成册。每篇教学设计包含课程基本信息、教学设计概述、学情分析、教学目标、教学重点难点、教学设计总体思路、教学过程以及教学总结与反思等内容，充分开发思想政治理论课课程资源，体现思想政治理论课政治认同、科学精神、法治意识和公共参与核心素养，为广大教师的教学活动提供借鉴。在案例的设计与汇编上，内容全面，涵盖中国共产党百年征程、传承百年红色基因、培养家国情怀、全心全意为人民服务、党的主张与人民意志的统一、民主法治、自我革命、中国梦、坚持党的全面领导等多方面；同时结合不同学段学生的学情特点，按照小学、初中、高中、大学四个学段进行排序，以此希望为广大教育工作者的教学活动提供帮助和借鉴，共同提升教学质量。在案例具体内容上，充分体现问题意识，结合学生生活实际，探寻与学生密切相关的"社会场景真实问题"，深化学生爱党爱国意识，提高学生知识素养、实践能力和理想信念。

在本书的编写过程中，主编谢晓娟、高亮、王建为本书的编写作了许多组织策划和审阅编辑等工作，包括制订本书的编写计划及大纲、协调各方资源，对优秀案例的内容、逻辑等方面进行深度审阅，提出修改意见，并积极推进本书编写进度，严格校对文本内容并对其进行润色，确保文本内容的准确性与流畅性，对格式、排版进行精心设计和调整等，确保成书质量。参与本书编写的教师还有杨一婷、李欣恬、李雪、迟慧、夏宇、朱雪微、张汇钰、刘畅、王丽、孔立冰、王玉翠、魏洁、张海彬、卫瑶、季承前、靖海超、苗笑、刘娜、董玲玲、赵磊、回娜、王忠宝、陈晓庆、姜珊、吴静媛、孙晓媛、王皓、马宝娟。本书的成书是大家共同努力的结果，在此向各位教师表示诚挚的谢意。

思想政治理论课不仅仅是知识的传授，更是对学生实践能力和思辨能力的提升，对学生情感、态度、价值观的塑造，思政课始终要落实立德树人的根本任务。因此，本书注重加强教师与学生之间的互动与探讨，围绕学生实际生活，引导学生形成正确的价值观，培养学生的爱党爱国情怀，坚定学生的理想信念。

在本书的编写过程中，参考了一些关于大中小学思想政治教育一体化建设的教学方法和教学设计实际案例、论文著作以及相关研究文献，在此我们致以诚挚的谢意。

《坚持党的领导融入大中小学思想政治理论课一体化教学设计案例集》的编著，是深入建设大中小学思想政治教育一体化的生动体现，也是新时代思政课教师顺应时代潮流、提升课堂质量、培养高质量人才的生动体现。

限于编者水平，书中难免存在疏漏，敬请诸位专家学者和广大读者予以批评指正。

2024 年 10 月